UNSERE ENTSCHEIDENDEN JAHRE

WELCHE GRENZEN ÜBERSCHRITTEN SIND, WO WIR NOCH GESTALTEN KÖNNEN, WER UNS DARAN HINDERT

EUROPA VERLAG

-- IMPRESSUM

Unsere entscheidenden Jahre

Welche Grenzen überschritten sind,
wo wir noch gestalten können,
wer uns daran hindert

— — — — — — —

Autor: Martin Häusler

Illustrationen: Romina Rosa

Gestaltung. Till Schaffarczyk

Bildhinweis: Seite 179 (Vorlage für Illustration: @ Peter Kiefer)

© 2024 Europa Verlag AG, Zürich
Umschlaggestaltung, Layout & Satz: Till Schaffarczyk, Dreieich
Illustrationen: Romina Rosa, Würzburg
Druck & Bindung: Gugler GmbH, Melk
ISBN 978-3-95890-604-4
Alle Rechte vorbehalten. Redaktionsschluss Januar 2024

Europa Newsletter: Mehr zu unseren Büchern und Autoren kostenlos per E-Mail!

www.europa-verlag.com

FÜR

~~ALLE~~
MUTIGEN

INHALT

TAUZIEHEN UM DIE ZUKUNFT DER ERDE
EINE EINLEITUNG   Seite 8

SPHÄRE 1 -- KLIMA   Seite 34
DIE KATASTROPHE KOMMT. NUR WIE STARK?

SPHÄRE 2 -- LUFT   Seite 72
DIE GRÖSSTE VERNICHTUNG ALLER ZEITEN

SPHÄRE 3 -- WASSER   Seite 100
DIABOLISCHER DREIKAMPF: ABPUMPEN, VERKAUFEN, VERSEUCHEN

SPHÄRE 4 -- **BODEN**   Seite 134

DIE FRONT IM KAMPF DER CHEMIE GEGEN DIE NATUR

SPHÄRE 5 -- **BIODIVERSITÄT**   Seite 162

JEDE ART ZÄHLT!

WIR SIND DAZU VERDAMMT, DAS TAUZIEHEN ZU GEWINNEN!
EIN SCHLUSSAPPELL   Seite 194

DIE UNBEANTWORTETEN FRAGEN AN DIE CEOs   Seite 208

QUELLENHINWEISE   Seite 210

DER AUTOR   Seite 222

DIE ILLUSTRATORIN   Seite 224

TAUZIEHEN UM DIE ZUKUNFT DER ER

EINE EINLEITUNG

DE

Gestatten Sie mir, dass ich in diesem Buch einen härteren Ton anschlage. Denn meine Geduld ist am Ende. Wir haben das Jahr 2024 erreicht. Wenn es um die Gefährdung unserer Lebensgrundlagen geht und die unserer Kinder und Enkel und den Lebensraum von Abermilliarden anderer Lebewesen, können wir heute keine Diskussionen mehr führen wie noch vor 50 oder auch nur 20 Jahren. Der Weg der reinen und immer zu Kompromissen bereiten Klima- und Umweltschutzdiplomatie hat sich ganz eindeutig als unzureichend erwiesen. Auch Nobelpreise, Manifeste, Massendemonstrationen und Straßenblockaden scheinen nur eine begrenzte Durchschlagskraft zu haben. Deshalb ist sicher nicht nur meine Geduld am Ende. Es ist die Geduld von Millionen, wenn nicht Milliarden von Menschen. Ich meine die Geduld mit denjenigen, die seit Jahren und Jahrzehnten dabei sind, für monströse Geschäftsmo-

RESSOURCEN IM WERT VON

7,3 BILLIONEN DOLLAR

WERDEN DER NATUR JEDES JAHR GERAUBT

WÜRDE DIE NATUR IHRE LEISTUNGEN IN RECHNUNG STELLEN, WÜRDE KEIN INDUSTRIEZWEIG GEWINNE EINFAHREN

-- EINLEITUNG

delle und glänzende Geschäftsbilanzen unseren Planeten zu zerstören, und die in keinster Weise daran denken, ihr Verhalten zu ändern. Sie wissen, wen ich meine. Ich spreche von den CEOs, deren Namen in der Ausbuchstabierung der Umweltkrisen viel zu selten fallen.

Diesen sogenannten Managern spielt ein großes Dilemma in die Karten: dass die Natur ihnen keine Rechnung stellt. Bereits 2013 fand eine durch das UN-Programm *The Economics of Ecosystems and Biodiversity (TEEB)* in Auftrag gegebene Studie heraus, dass die globale Wirtschaft den Ökosystemen jedes Jahr Werte in der Summe von 7,3 Billionen Dollar entnimmt. Kein einziger Industriesektor, so die Studie, würde Gewinne einfahren, würde für das genutzte Naturkapital gezahlt werden müssen. Bitte, stellen Sie sich das einmal in Ruhe vor: Niemand aus dieser glorreichen Riege von Unternehmensbossen hätte sich im Licht positiver Jahresbilanzen sonnen dürfen. Keiner der historischen Helden florierender Wachstumsbranchen hätte heute in Chroniken, Ahnengalerien, Lehrbüchern oder gar politischen Reden Anerkennung verdient. Ihr Erfolg wurde allein deshalb möglich, weil es statthaft war (und ist), jemanden auszubeuten, der nicht in der Lage war (und ist), seinen Anteil am Erfolg einzufordern oder – davon wäre wohl eher auszugehen – seine Beteiligung an den destruktiven Liefer- und Abfallketten zu verweigern.

Profit auf Pump also. Ein paar Großkonzerne sind zu Großschuldnern unseres Planeten geworden, können aber fast ungestraft ihre zerstörerischen Pläne von Wachstum und Expansion weiterfahren. Im ostdeutschen Braunkohlentagebau, in westdeutschen Chemielaboren, in schweizerischen Zementwerken, in kanadischen Ölsanden, in amerikanischem Frackingschiefer, unter arabischen Wüsten, in chinesischen Zechen und Fangnetzen, im brasilianischen Dschungel, in rumänischen Urwäldern, in indischen Plastikfabriken, bald wohl auch in den Tiefen der Ozeane auf der Jagd nach Manganknollen. Über 30 Klimakonferenzen zum Trotz, über 15 Artenschutzkonferenzen zum Trotz. Der Wissenschaftsbetrieb ist sich nahezu einig darüber, dass alles bisher Unternommene sowohl viel zu spät kommt als auch viel zu kurz greift. Alle diskutierten Net-Zero-Ziele und deren Zieljahre sind falsch – auch die im Dubai-Kompromiss verabschiedeten.

Dennoch bemühte man sich am Ende der Weltklimakonferenz, in den vielen, vielen Abschluss-Statements der nationalen Verhandlungsführer, Zuversicht auszustrahlen aufgrund des Erreichten, eine Zuversicht, die klang wie das Pfeifen im Walde. UN-Generalsekretär António Guterres kommentierte dies umgehend mit der Mahnung, dass das 1,5-Grad-Ziel ausschließlich mit dem Ende der fossilen Ära zu erreichen sei. „Der Ausstieg ist unvermeidbar", schrieb er bei X, „hoffen wir, dass er nicht zu spät kommt." Wird er aber. Es steht zu befürchten, dass wir bei der aktuellen Langsamkeit und Halbherzigkeit auf gutem Wege in eine Welt sind, die drei bis fünf Grad wärmer sein wird als zu Beginn der Industrialisierung. Und nicht nur das. Es droht eine Welt, die im Müll ersäuft, die von Krankheiten geplagt wird, deren fruchtbare Landschaften sich in tote Steppen verwandeln und deren filigran verwebtes Netz der

-- EINLEITUNG

Artenvielfalt immer poröser wird. Das ist kein apokalyptisches Gerede. Das sind reale Szenarien. Die Skeptiker hatten recht, und zwar diejenigen, die annahmen, dass die Warnungen der Wissenschaft noch zu milde ausgefallen sind. Ich bin grundsätzlich ein positiver Mensch, und all meine Bücher handelten am Ende letztlich immer von der Hoffnung auf eine bessere Welt. Aber Menschen, die sich partout nicht ändern wollen, kann man den Blick in den Abgrund, der auch sie demnächst schlucken könnte, nicht ersparen. „Um ein Problem zu beheben", sagt die finnische Greenpeace-Aktivistin Kaisa Kosonen, „müssen wir uns zunächst in vollem Ausmaß mit dem Problem auseinandersetzen, und zwar mit brutaler Ehrlichkeit. Derzeit bereiten sich die Regierungen weder auf die 1,5-Grad-Welt vor, auf die wir zusteuern sollten, noch auf die 2,7-Grad-Welt, in die wir hineinschlittern. Wir lassen uns einfach treiben. Völlig unvorbereitet auf die komplexen Gefahren, die vor uns liegen." Ich habe daher jedes Verständnis für Aktivisten, denen die Nerven reißen, weil sie in ihrer Hilflosigkeit nicht mehr weiterwissen. Ich habe Verständnis für jede Sekunde, die ein fucking Privatjet dazu gezwungen wird, am Boden zu bleiben. Ich habe volles Verständnis für jede einzelne Träne, mit der dieser wunderschöne Planet beweint wird.

DIE MEISTER DES ÖKOZIDS

Die sich zuspitzende Weltlage treibt mich immer mehr zu dem Gedanken, Parallelen ziehen zu können, ziehen zu dürfen, ziehen zu müssen zwischen den Auftraggebern von Genoziden und den Auftraggebern des gerade stattfindenden Ökozids, den manche schon Planetozid nennen, die Vernichtung eines gesamten Planeten.

Wir Deutschen haben uns ausführlich mit den abgrundtiefen Verbrechen auseinandergesetzt, die unsere Väter, Großväter und Urgroßväter unter der NS-Diktatur begangen haben, und diejenigen, die ihnen die Befehle dazu gaben. Sofern nicht an der Front, sondern in ihren Hauptquartieren, organisierten diese Menschen tagsüber die Vernichtung, protokollierten sie fein säuberlich in morbiden Listen, stellten sich ab und zu für Propagandazwecke in Uniform vor die Massen, und dann kamen sie abends nach Hause, setzten sich ans Klavier und streichelten ihren Kindern über die blonden Köpfe. Auch die Nachkommen großer Seefahrernationen und Kolonialmächte, Briten und Franzosen, Niederländer und Belgier, Italiener, Spanier und Portugiesen, kümmerten sich – mal mehr, mal weniger – um die verabscheuungswürdigen Taten ihrer Ahnen, die auf Raubzügen und Landnahmen millionenfach mordeten und ganze Völker unterjochten, um dann, als Helden gefeiert, nach Hause zurückzukehren und von ihren königlichen oder kirchlichen Auftraggebern geehrt zu werden.

Nun, die Auftraggeber des Ökozids tragen keine Uniformen und sie agitieren auch nicht in hetzerischen Reden, die ins kollektive Gedächtnis der Menschheit eingehen könnten. Sie tragen feine Anzüge, zuweilen Kandora, sie äußern sich höchstens in Jahreshauptversammlungen, sitzen meist in klimatisierten Büros hoch oben in den Chefetagen, ziehen sich in ihren Urlauben auf die schon jetzt errichteten Alterssitze

DARF MAN PARALLELEN ZIEHEN ZWISCHEN DEN TÄTERN VON GENOZIDEN UND DEN TÄTERN DES AKTUELL LAUFENDEN ÖKOZIDS?

-- EINLEITUNG

zurück, die ironischerweise in wunderschönen Landschaften liegen. Geschützt von Mauern, Zäunen und verdunkelten Scheiben, sind die Herren für die große Öffentlichkeit nahezu unsichtbar. Aber auch sie führen morbide Listen, auch sie geben Befehle, für die eine Unterschrift reicht, ein Klick, ein Anruf, ein Handshake. Befehle, die dazu führen, dass Leben geschädigt und beendet wird. Nicht das Leben einer Volksgruppe oder einer gegnerischen Armee, sondern das Leben von Heerscharen von Lebewesen, die unseren Planeten in der unwirtlichen Kälte des Alls zu dieser wundervollen Oase machen. Das sind Bäume, Blumen, Pilze, Algen, Mikroorganismen, Fische, Amphibien, Reptilien, Insekten, Vögel, Säugetiere – und ganz normale unschuldige Menschen, die nichts weiter wollen als gesund und glücklich leben. Die Kraft der Befehle dieser Männer reicht inzwischen bis in den letzten Winkel unseres Planeten, bis in die Filterorgane jeder gottverdammten Muschel, bis in die Nieren verdurstender Giraffen, bis in die Lungen von in Großstädten auf Gummiplätzen spielenden Kindern.

Das Glück dieser Männer ist, dass die breiten, öffentlichen, medial getriebenen Debatten über die Zerstörung unseres Lebensraums zu oft bei der phänomenologischen Beschreibung von Klimawandel, Artenschwund & Co. hängen bleiben. Die Symptome, über die fortlaufend berichtet wird, sind Updates eines Sterbeprozesses, Aktualisierungen von Patientendaten, derer wir uns alle bewusst sein müssen. Doch wir müssen auch endlich schonungslos diejenigen aus dem Schatten ziehen, die die

DAS TOTALE **DILEMMA** DER WELT ZEIGT SICH IN **LEVERKUSEN** WIE IN EINEM BRENNGLAS

Verantwortung für die Erkrankungen tragen. Das ist eben nicht Oma Lieschen mit ihrem lächerlichen CO_2-Fußabdruck, das sind die Konzernchefs! Warum, habe ich mich oft gefragt, begnügt man sich in den namhaften Talkshows und den täglichen Nachrichtensendungen damit, Vertreterinnen und Vertreter der Wissenschaft beharrlich den Niedergang erklären zu lassen oder Aktivistinnen und Aktivisten zu grillen, die angeblich mal wieder zu weit gegangen sind, während die Schuldigen in Ruhe gelassen werden? Warum traut sich kaum jemand aus der ersten Reihe der reichweitenstarken, meinungsbildenden Multiplikatoren, Ross und Reiter zu nennen und damit ein Verhalten zu ächten, das absolut menschenfeindlich ist?

Ich werde es wohl nie verstehen, wie diese Männer – ja, es sind meist Männer – abends nach Hause kommen und guten Gewissens in die Augen ihrer eigenen Kinder blicken können. „Und was hast du heute im Büro gemacht, Papa?" Dann legen sie ihre Hausausweise von Cargill, Shell, Saudi Aramco, Nestlé oder Bayer auf die Anrichte und denken sich irgendetwas aus, das sie vielleicht selbst nicht glauben. Ich, der Autor, komme aus Leverkusen; einer Stadt, deren Name durch Bayer weltweit bekannt geworden ist; durch einen einzigen Chemiekonzern, der – vom Kaiserreich über zwei Weltkriege hinweg bis heute – zuerst das Bergische Land, dann das Rheinland, Deutschland und schließlich den ganzen Planeten maßgeblich prägt mit zum Teil höchst zweifelhaften Produkten und Geschäftsmodellen. Ich werde in diesem

-- EINLEITUNG

Buch noch mehrfach auf meine Heimatstadt zurückkommen müssen und auf diesen dubiosen Konzern, zu dem seit 2016 bekanntlich der ebenso dubiose amerikanische Agrar-Riese Monsanto gehört. Ich muss es tun, weil sich das totale Dilemma der Welt in Leverkusen zeigt wie in einem Brennglas.

Ja, diese Stadt hat von dem Konzern profitiert. Aber zu welchem Preis? Was konnte der Konzern über 150 Jahre Umwelt und Menschen antun? Wie viele Vätergenerationen haben sich dort einspannen lassen? Ich meine noch nicht einmal die traurigen Mitläufer, die Soldaten. Ich meine die Generäle, die Topmanager. Sie und ihre Kollegen vieler anderer ähnlich agierender Großkonzerne sind die Meister einer nie da gewesenen Vernichtung, einer ökologischen und atmosphärischen Plünderung, die in grotesker Skrupellosigkeit fortgesetzt wird, obwohl längst klar ist, wohin sie führen wird. Ich frage mich nicht nur, was die Führungskräfte am Abendbrottisch ihren Kindern berichten. Ich frage mich auch, wie solche Männer ihre Frauen finden konnten, Frauen, die mit ihnen das Bett teilen, die mit ihnen um die Welt fliegen, die von ihrem Wohlstand profitieren, die ein gemeinsames Leben bestreiten. Was fragen diese Frauen? Was hinterfragen diese Frauen? Zu fast jedem CEO gehört eine Frau, die die Agenda der Vernichtung mitträgt. Genau wie damals. Es ist also nicht nur ein männliches Phänomen.

72 % DER FÜHRUNGSKRÄFTE FÜRCHTEN, BEIM GREENWASHING ERWISCHT ZU WERDEN

Und sollte der Mann dann einmal seiner Frau und seinen Kindern stolz davon berichten, dass der Konzern doch nachhaltiger geworden ist, auf dem Unternehmensgelände ein paar Quadratmeter Wildwiese gesät worden sind, im Portfolio jetzt auch grüne Finanzprodukte stehen, in den Supermarktregalen nun zehn Prozent der Waren ein Biosiegel tragen oder die Firmenflotte teilweise elektrisch geworden ist, dann ist davon auszugehen, dass dieser Mann sogar innerhalb seiner Familie Greenwashing betreibt. Denn in der Tat: Die schöne Erzählung von grüner Transformation, die Verehrung der ESG-Kriterien, das Verfolgen von Nachhaltigkeitszielen wurden bereits vielfach als Betrug entlarvt, ein Betrug, der flugs in die bisherigen ausbeuterischen Geschäftsmodelle integriert wurde. Im *Google Cloud Sustainability Survey 2023* gaben 72 Prozent der befragten Führungskräfte zu, dass die meisten Unternehmen ihrer Branche bei einer „gründlichen Untersuchung beim Greenwashing erwischt würden". Dieselbe Umfrage kommt zu dem Ergebnis, dass neun von zehn Unternehmen zwar von Nachhaltigkeitsverpflichtungen sprechen, aber nur 22 Prozent messen, ob diesen auch nachgekommen wird. Anfang 2024 hat das EU-Parlament endlich ein Gesetz verabschiedet, das irreführende Aussagen zur Umweltfreundlichkeit verbietet und unter Strafe stellt. Bislang, kann vermutet werden, haben sich die Konzernstrategen ob der laschen Kontrolle ins Fäustchen gelacht. Und auch jetzt werden sie sicher wieder nach Lücken im Gesetz suchen, nach neuen Tricks und Möglichkeiten der Täuschung.

Und sollten jene Führungskräfte beim Dinner mit Freunden über die prächtig eingedeckten Tische hinweg selbstzufrieden und selbstgerecht erzählen, sie würden doch ihre Emissionen mithilfe von Wiederaufforstungs- oder Waldschutzprojekten kompensieren, dann sollten die Zuhörer auch diese Behauptungen infrage stellen. Eine im August 2023 in *Science* veröffentlichte Studie eines Teams um den an der Uni Amsterdam forschenden Umweltwissenschaftler Thales A. P. West kam jedenfalls zu dem Schluss, dass die meisten der untersuchten Projekte „die Entwaldung nicht signifikant reduziert haben, und dass die Vorteile derjenigen, die dies taten, wesentlich geringer waren als behauptet".

Aber, hey, was soll's, ein bisschen schummeln mit diesen Bäumen, das muss man den sonst so erfolgreichen Herren doch verzeihen, solange die fetten nachhaltigen Fonds in Ordnung sind, in die sie investieren, oder? Na ja. Zu den irreführenden Narrativen von Corporate Sustainability passt auch, was im Mai 2023 der ehemalige BlackRock-Investmentmanager Tariq Fancy einem Journalisten der *Neuen Zürcher Zeitung* zu Protokoll gab. Er äußerte seine Zweifel, „ob es klug ist, New Yorker Bankern das Schicksal des Planeten anzuvertrauen". Letztlich ginge es in diesen Kreisen auch im Umgang mit den angeblich so nachhaltigen ESG-Kriterien von Finanzprodukten nur um Profit. Fancy: „Wenn man beim Wort ‚Greed' den Buchstaben ‚d' durch ‚n' ersetzt und dadurch Finanzprodukte hochpreisiger verkaufen und gleichzeitig staatliche Regulierungen und Steuern umgehen kann, tut man das selbstverständlich Tag und Nacht." Anlagen mit grünem Anspruch, oft nur ein Placebo.

DIE KILLER KILLEN?

Der Liverpooler Professor David Whyte spricht inzwischen aus, was sich jahrzehntelang nicht gehörte. In seinem 2020 erschienenen Buch *Ecocide – Kill The Corporation Before It Kills Us* nennt er die Täter beim Namen und wirft ihnen vor, dass sie „eine Zukunft planen, in der die Ölkonzerne länger überleben als wir". Es bestehe kein Zweifel, sagt er, „dass wir uns in einer Ära des grünen Marktfetischismus befinden, in dem der Ökozid – wie jede andere menschliche Krise auch – als Geschäftschance gesehen wird. Unternehmen aus allen großen Branchen, die in die ökologische Krise verwickelt sind, planen, Profit aus dem Klimawandel zu schlagen." Konzerne schaffen Zerstörung, und dann bieten sie für diese Zerstörung Scheinlösungen an. Dies, so Whyte, sei die Mechanik, die seit Jahrzehnten dazu führt, dass sich Geschichte wiederholt. Darum zitiert er Hegel, der, groß geworden inmitten der industriellen Revolution, genau das erkannt hatte: „Geschichte wiederholt sich. Zuerst haben wir es mit einer Tragödie zu tun, beim zweiten Mal mit einer Farce." Aus Tragödien Profit zu schlagen, das ist die sich ständig erneuernde Farce, in der wir heute leben. Das Anthropozän, also das vom Menschen geprägte Zeitalter, könnte, so Whyte, eine Etappe in unserer Geschichte kennzeichnen, in der dieser Kreislauf abrupt erlischt. „Ganz einfach, weil nichts mehr übrig ist, was sich wiederholen könnte."

-- EINLEITUNG

Was wäre die Schlussfolgerung? Für Whyte ist eindeutig: Wir müssen den Urgrund der Selbstauslöschung beseitigen, das Wesen der Konzerne, der Aktiengesellschaften. „Wir müssen mit allen Mitteln versuchen, ihren tödlichen Griff zu lösen." Der Blick in die Geschichte zeige, dass das Unternehmertum die Schlüsselrolle gespielt habe beim Diebstahl des Allgemeinguts – damit meint Whyte all das, was jetzt so bedroht ist. Sein fabelhaft mutiges Buch, verfasst an der wichtigsten Wegscheide der Menschheit, schließt er mit folgendem Gedanken:

> „DER KAMPF, SICH DER KONZERNE ZU ENTLEDIGEN, MAG UNMÖGLICH ERSCHEINEN, ABER ES IST FÜR UNSER ÜBERLEBEN ABSOLUT NOTWENDIG. ES IST WOHL KAUM RADIKAL VORZUSCHLAGEN, JEMANDEN AUFZUHALTEN, DER IM BEGRIFF IST, UNS ZU TÖTEN."
>
> PROF. DAVID WHYTE

Es ist absolut notwendig. Vor dem, was nun in unbarmherziger Härte eintritt, wurde bereits vor einem halben Jahrhundert gewarnt. Wie Dokumente aus dem Innern der Mineralölkonzerne zeigen, war das vielen Verursachern ebenso lange klar. Doch statt rechtzeitig umzulenken, wurden die alten Geschäftsmodelle weitergetrieben und gleichzeitig Milliarden in die Desinformation von Politik und Öffentlichkeit gesteckt. Es sind Generationen von Managern, die sich schuldig gemacht haben. 2016 schrieb Claudia Black-Kalinsky einen bemerkenswerten Aufsatz im *Guardian*. Die Headline hieß „My father warned Exxon about climate change in the 1970s. They didn't listen". Die Tochter beschreibt, wie ihr Vater Dr. James F. Black, der als Wissenschaftler beim Mineralölkonzern Exxon arbeitete, 1977 das Top-Management über die Risiken der Verbrennung fossiler Energieträger unterrichtete. Ein Jahr später, so erinnert sich Claudia Black-Kalinsky, schrieb ihr Vater in einer firmeninternen Mitteilung: „Nach heutiger Auffassung hat der Mensch ein Zeitfenster von fünf bis zehn Jahren, bevor die Notwendigkeit harter Entscheidungen über Änderungen der Energiestrategien kritisch werden könnte." Vater Black sprach damals von einem „Super-Inter-Glazial", das dem Planeten noch vor 2050 drohen könnte, eine extreme Warmzeit. Das von ihm empfohlene Handlungsfenster von zehn Jahren ist längst Geschichte. Exxon nutzte es damals nicht, um gegenzusteuern oder das Produktportfolio zumindest zu diversifizieren. Im Gegenteil. Black-Kalinsky beschreibt, wie die Führungskräfte des Unternehmens nicht nur den Weckruf der eigenen Wissenschaftler ignorierten, sondern daraufhin anfingen, Forschungsprojekte zu streichen und in den sogenannten Spin zu investieren, heute würde man es „Narrativ" nennen, in diesem Fall ein „falsches Narrativ". Exxon habe Millionen von Dollar in Lobbygruppen und PR-Kampagnen gesteckt, die darauf abzielten, die wissenschaftliche Realität des Klimawandels in Zweifel zu ziehen. Ihr Vater hatte immer beklagt: „Ein Unternehmen kommt in Schwierigkeiten, sobald es in die Hände der Buchhalter gerät." Wenn schon nicht politische Vernunft in der Lage ist, solche Controller zu stoppen, liegt vielleicht die letzte Hoffnung in der künstlichen Intelligenz. Könnte sie nicht so gefüttert werden, dass ökologische Komponenten Teil der Bilanzierung sind?

Der Vorstandsvorsitzende in der Zeit von Blacks Warnungen hieß Clifton C. Garvin, ein Chemieingenieur, der seit dem Zweiten Weltkrieg in der Branche aufgestiegen war. Die Politik von Ausbeutung und Irreführung setzten nach ihm Lawrence G. Rawl, er war während des Exxon-Valdez-Tankerunglücks tätig, Lee R. Raymond, Rex Tillerson und aktuell Darren W. Woods fort.

EXXON-CHEF DARREN WOODS

Noch 1999 behauptete Raymond, dass Klimaprognosen auf „völlig unbewiesenen Modellen" beruhen würden. Tillerson, zwischenzeitlich Außenminister unter Donald Trump, gab 2019 vor einem New Yorker Gericht unter Eid zu, Exxon sei sich bewusst, dass der Klimawandel ein „echtes und gefährliches Problem" sei, und man alles dagegen getan hätte, nachdem das Problem offensichtlich geworden war. Um anschließend darauf hinzuweisen, dass man sich die Schuld durchaus teilen könne, da Exxon

-- EINLEITUNG

ja schließlich Produkte anbiete, die von der Gesellschaft nachgefragt würden. Darren Woods, der derzeitige Vorstandsvorsitzende, wurde 2021 zusammen mit drei anderen CEOs (von Shell, Chevron, BP) vor den US-Kongress zitiert. In dieser beachtlichen, aber hierzulande kaum beachteten Anhörung bestritten sie alle, wider besseres Wissen Langzeitkampagnen gefahren zu haben, um der Öffentlichkeit die Harmlosigkeit der Ölbranche zu suggerieren. Das Bizarre: Zeitungsarchive lügen nicht. Teile dieser Kampagnen sind immer noch einzusehen. Sie sind nur vergessen worden.

Die Kongressabgeordnete Carolyn Maloney, die die Anhörung leitete, gab sich mit den Äußerungen nicht zufrieden, bezichtigte die Herrschaften sogar der Lüge. Um ihre Haltung zu untermauern, zeigte sie ein von Greenpeace Anfang 2021 heimlich gedrehtes Video, in dem ein Exxon-Lobbyist die Unterstützung seines Konzerns für eine Kohlenstoffsteuer als „PR-Trick" bezeichnete, um ernsthaftere Maßnahmen zur Bekämpfung der Klimakrise zu verzögern. „Wie hat Exxon darauf reagiert?", wollte Maloney von Darren Woods wissen. „Haben Sie nach diesem schockierenden Verhalten reinen Tisch gemacht? Nein! Herr Woods bezeichnete die Äußerungen seines Mitarbeiters als unzutreffend und feuerte ihn dann. Sie lügen offensichtlich, wie es die Tabakmanager taten." Damit spielt sie auf deren jahrzehntelange Strategie an, das Rauchen als harmlos oder sogar als gesund zu bezeichnen.

Und so war es kein Wunder, dass Darren Woods im Dezember 2023 auf der Weltklimakonferenz in Dubai auftauchte – als einer von 2500 Lobbyisten aus der fossilen Energiebranche, darunter weit über hundert Strategen, die nachweislich mithalfen, den Klimawandel zu leugnen. Sie alle suchten den drohenden Entschluss der Staatengemeinschaft zu verhindern, aus Öl, Gas und Kohle auszusteigen. „Nun, wir sehen die Sache so, dass es heute eine Nachfrage nach Öl und Gas gibt, und es wird auch in Zukunft eine Nachfrage nach Öl und Gas geben", sagte Woods auf einem der Podien und entwarf ein Horrorszenario, dass es „ein langwieriger und sehr, sehr kostspieliger Prozess sein wird, etwas völlig Neues zu beginnen". Fragmente eines alten Narrativs, das in den Emiraten vielfach zu hören war. Der indische Klimaexperte Harjeet Singh, Leiter des Bereichs globale politische Strategie im Climate Action Network, bedauert, dass die Menschheit seit der bahnbrechenden Klimakonvention von Rio „drei entscheidende Jahrzehnte des Handelns" verloren hätte, „was größtenteils auf den allgegenwärtigen Einfluss von Klimaleugnern und Lobbyisten fossiler Brennstoffe zurückzuführen ist. Ihr fortgesetztes Engagement stellt eine ernsthafte Bedrohung für die Integrität der globalen Klimapolitik dar."

ES GEHT UM ALLES

Wir wissen also seit vielen Jahrzehnten nicht nur sehr genau, warum unser Planet zugrunde geht, sondern auch, wer mit welchen Mitteln eine Rettung verhindert. Dabei geht es längst nicht allein ums Klima.

ES GEHT UM DEN AUSVERKAUF ALLER IRDISCHER SPHÄREN: KLIMA, LUFT, WASSER, BODEN, BIODIVERSITÄT.

Ich werde nachher zeigen, an welchen kritischen Punkten wir in diesen fünf Bereichen gerade stehen, wo es noch Handlungsspielräume gibt und wer zur Fraktion der Plünderer gehört.

Den Ausverkauf betreiben die Großkonzerne im doppelten Sinn:

ERST WIRD AUSGEBEUTET,

$ $ $

DEN DRECK GIBT'S RETOUR.

DAZWISCHEN LIEGT **DER PROFIT.**

Auf dieser einfachen linearen Struktur basierten die bisherigen Geschäftsmodelle. Mit sehr wenig sehr viel machen. Das hat dazu geführt, dass nicht nur die Entwicklung der Treibhausgasemissionen einem einzigen Trend folgt, sondern auch viele andere Kennzahlen. Wie die Entwicklung der Müllmengen, was dazu führen wird, dass 2050 mehr Plastik als Fisch in den Weltmeeren schwimmen wird. Wie die global eingesetzten Giftmengen, die laut aktuellem Pestizid-Atlas immer neue Höchststände erreichen, während die Insektenwelt drastisch reduziert wird und die Krebsraten in der Bevölkerung ansteigen. Die globale Biomasse von Säugern unter den Nutztieren wie Schwein, Rind, Kuh ist auf über 60 Prozent angewachsen, der Anteil wild lebender Säuger wie Elefant oder Löwe auf vier Prozent gesunken. Weltweit verschwinden jedes Jahr rund zehn Millionen Hektar Wald von der Erde. Das entspricht einer Fläche, die ähnliche Ausmaße hat wie Bayern und Baden-Württemberg zusammen. Die Liste der Vernichtung scheint unendlich, die Liste der natürlichen Abwehrreaktionen ebenso. Trotzdem wollen sich offensichtlich ganze Branchen dem globalen Rettungsplan nicht oder nur äußerst unzureichend anschließen.

-- EINLEITUNG

UN-Generalsekretär António Guterres wählt für diese lebensfeindliche Konzernpolitik immer drastischere Worte. Die fossile Energiebranche halte „die Menschheit bei der Kehle", sagte er 2022. Die Bewohner dieses Planeten seien daher nun „auf dem Highway zur Klimahölle – mit dem Fuß auf dem Gaspedal". Erst im Juni 2023 bekundete er, dass die Antwort der Weltgemeinschaft auf die drohende Klimakatastrophe „erbärmlich" sei. Ob sich daran mit dem Schub der Dubai-Konferenz wirklich etwas ändert? Und Guterres kommentiert nicht nur den Kampf gegen die globale Erwärmung. Auch für die Verursacher der unablässig wachsenden Plastikfluten wählt er harte Formulierungen, indem er appelliert, „mit unserer Sucht nach Plastik zu brechen". Gerichtet an die Feinde der Artenvielfalt bezeichnete Guterres die Menschheit als

„IHR HALTET DIE MENSCHHEIT BEI DER KEHLE!"

ANTÓNIO GUTERRES, UN-GENERALSEKRETÄR

„Massenvernichtungswaffe", die „die Natur wie eine Toilette behandelt" und mit einer „Orgie der Verwüstung" auf dem sicheren Weg Richtung „Selbstmord" sei. Noch einmal an diejenigen Leserinnen und Leser, die älteren, honorigen Personen in hohen Ämtern eher Glauben schenken als jungen, renitenten Aktivistinnen und Aktivisten: Das alles sagt António Guterres, Jahrgang 1949, Ex-Premierminister Portugals, seit 2017 im höchsten UN-Amt tätig. Sein Vorgänger Ban Ki-moon hatte übrigens auch schon gewarnt, nur mit milderen Worten. Ich gehe davon aus, dass Guterres eingesehen hat, dass die Zeit der sanften Töne vorbei ist, vorbei sein muss.

Für die Fortsetzung einer Diplomatie mit dem Florett ist in der Tat zu viel passiert und die Zeit zu weit fortgeschritten.

ES IST DIE STUNDE DER STREITAXT.

Für die Natur sowieso, denn sie verhandelt nicht. Sie nimmt keine Rücksicht auf die ewige Idiotie derer, die doch nur ein erbärmlicher Teil von ihr sind. Sie ist in der Lage, ihre Systeme zu regulieren. Die berühmten Kipppunkte scheinen zum Teil erreicht, Kaskaden auf dem Weg zu einem Wüstenplaneten sind entfesselt worden. Die 2015 mit dem Pariser Klimaabkommen berühmt gewordenen 1,5 Grad sind längst nicht mehr zu erreichen. Das System Erde stellt sich neu ein und wird – je nachdem, wie sehr wir bereit sind, gegenzusteuern, zu schützen, zu renaturieren, Innovation zuzulassen, Disruption zu wagen – das Leben auf diesem Planeten reduzieren, darunter die Spezies, die sich hier ein Jahrhundert lang völlig ungehemmt ausgetobt hat.

Der britische Wissenschaftler James Lovelock verglich in seinem legendären Buch *Gaia* das gesamte Spektrum lebender Organismen auf der Erde als symbiotisch lebende Einheit, die per Zusammenarbeit viel mehr leistet als ihre einzelnen Mitbewohner in der Summe. Lovelocks Rat war, sich daran ein Vorbild zu nehmen und destruktive, egoistische menschliche Aktivitäten in konstruktive, kooperative umzuleiten. Gutgläubig formulierte er das in den Siebzigerjahren des vergangenen Jahrhunderts. Schön wär's gewesen. Die Klientel, auf die es ankommt, zeigte sich gegen alle Expertenratschläge, Manifeste, Proteste und Studien resistent. Irgendwann fing ein desillusionierter Lovelock an, das menschliche Treiben in den vergangenen hundert Jahren als eine große Party zu bezeichnen. „Die Erwachsenen haben die beste Zeit hinter sich, die die Menschheit je hatte. Jetzt ist die Party vorbei, und die Erde rechnet ab." Ja, so fühlt es sich an, wir sitzen im verwüsteten Wohnzimmer und denken, Mensch, was haben wir nur angerichtet, während die Gäste, die für den größten Schaden verantwortlich sind, weiterziehen konnten und nicht müde werden, woanders weiterzufeiern. Öl- und Gasbranche jedenfalls können gerade einen neuen Boom ihrer Energieträger begießen.

-- EINLEITUNG

Es ist an Perversion nicht zu überbieten, dass sich unter diesen dem Exzess huldigenden Menschen, den Haupttätern und ihren Nachfolgern, genau diejenigen befinden, die sich die eigene Rettung durch ihren abartigen Reichtum erkaufen können. In klimatisierten Supervillen, Jets und Jachten an verschiedenen Orten auf der Welt, mit gefüllten Pools, ständig abrufbaren Nahrungsmitteln sowie optimaler ärztlicher Betreuung stirbt es sich nun mal schwerer als in Bangladesch, in Libyen oder in einer überhitzten deutschen Innenstadt.

DIE VERFOLGUNG DER TÄTER

Könnte man den Verursachern trotzdem nachkommen? Die britische Anthropologin und Umweltaktivistin Jojo Mehta bemüht sich seit Jahren, den Ökozid als Straftatbestand vor den internationalen Gerichtshof in Den Haag zu bringen. Warum das nötig ist, erklärte sie einmal so: „Menschenleben gegen Profit, das funktioniert in unserer Gesellschaft nicht, weil Mord eine Straftat ist. Wenn du aber Öl fördern oder Bäume abholzen willst, kannst du dir eine Genehmigung

> **„UM DIE NATUR WIRKLICH ZU SCHÜTZEN, MÜSSEN WIR SIE UNTER DIE ROTE LINIE DES STRAFRECHTS BRINGEN."**
>
> JOJO METHA, ANWÄLTIN

dafür holen oder musst bestimmte Auflagen erfüllen. Um die Natur wirklich zu schützen, müssen wir sie unter diese rote Linie des Strafrechts bringen." Unsere Aufmerksamkeit müsse den Ursachen gelten, den Verursachern, dem, wie sie sagt, Quell des Übels. „Einen anderen Ausweg gibt es nicht. Sonst bleiben wir im Kampf gegen die Zerstörung unserer Erde immer nur Feuerwehrleute, die nicht die Ursachen bekämpfen, sondern sich immer größeren Flammen stellen müssen."

Es sind rund einhundert CEOs, die das Schicksal des Planeten in der Hand haben, und das betrifft allein die Sphäre des Klimas. Einhundert Topmanager, so schockierte der *Carbon Majors Report* bereits 2017, haben in den vergangenen 25 Jahren mit ihren dazugehörigen Konzernen für 71 Prozent der Treibhausgasemissionen gesorgt. Das muss man sich mal vorstellen! Einhundert Menschen, die sich nicht trauen bzw. zutrauen, ihren Aktionären den Kurswechsel zu erklären. Einhundert Menschen, die sogar Dutzende, Hunderte neuer fossiler Projekte vorantreiben, obwohl die in die Zukunft greifenden Krakenarme des fossilen Zeitalters bald auch alle alten Geschäftsmodelle zerstören werden. Einhundert Menschen, die nicht außerhalb oder oberhalb der Gesellschaft schweben, sondern vielleicht Väter sind, Brüder, Ehemänner, in jedem Fall aber Söhne.

Solange nicht gegen diese dreckigen Hundert und gegen all die anderen Führungskräfte weiterer plündernder Branchen ermittelt wird, kann ich diesen als einfacher Autor von hier aus nur zurufen:

VERLASST EURE KONZERNE!

Und solange sie es nicht tun, rufe ich den Ehefrauen dieser CEOs zu: **Verlasst eure Männer!** Und solange es die Eltern nicht tun, rufe ich deren Kindern zu: **Steigt euren Eltern aufs Dach!** Und solange es die Kinder nicht tun, rufe ich den Müttern der Konzernchefs zu: **Redet euren Söhnen ins Gewissen!** Wenn sie schon nicht auf Millionen Stimmen hören, dann ist es vielleicht eure Liebe, die sie dazu bringt, endlich einen neuen Weg einzuschlagen. Und all den Nachwuchsmanagern, die Gewehr bei Fuß stehen, um die Plätze derer einzunehmen, die den Absprung wagen, rufe ich zu: **Verlasst eure Konzerne ebenso** und schließt euch denen an, die mit ihren Startups bei null anfangen und an wahrhaft nachhaltigen Ideen und Geschäftsmodellen arbeiten, die von Beginn an in die Kreisläufe der Natur eingebettet sind!

Auch um die geht es in diesem Buch. Aber es wird eben nicht mehr ausreichen, sich allein an den Geschichten von Hoffnungsträgern zu berauschen und ein noch so beherztes „Wir schaffen das!" in die Welt zu tragen, wenn wir uns nicht gleichzeitig auch diejenigen vorknöpfen, die die positiven Effekte der Transformation auffressen, indem sie so weitermachen wie bisher.

-- EINLEITUNG

Und es wird auch nicht mehr ausreichen, allein auf uns zu schauen, uns Bürger, uns Konsumenten. Ja, natürlich kann jeder von uns seinen kleinen Teil beitragen zu einer besseren Welt. Weniger Fleisch, weniger Auto fahren, weniger fliegen. Ja, alles richtig! Die großen Hebel liegen jedoch bei den Eliten. Ist es nicht entlarvend, dass ausgerechnet der britische Mineralölkonzern BP die erste App zur Berechnung des persönlichen Carbon Footprints lanciert hat? Schaut auf euch! Nicht auf uns! Das war wohl die kaum erkannte Absicht. Was für eine Perfidie! „Die Ölkonzerne haben den Kohlenstoff-Fußabdruck erfunden, um uns für ihre Gier verantwortlich zu machen. Halten wir sie am Haken!", so appellierten 2021 die Kollegen des *Guardian*. Blicken wir mit diesem Buch hier, mit diesem Lagebericht über unsere entscheidenden Jahre, also immer auch auf die Haupttäter. Es wird – wie im Falle unserer Väter, Großväter und Urgroßväter – von den einsetzenden Erkenntnisprozessen und anschließenden mutigen Taten abhängen, ob man ihnen jemals wird verzeihen können oder ob sie in einer Reihe genannt werden müssen mit Hitler, Stalin, Mao oder Leopold II. und ihnen ein spektakulärer Prozess gemacht werden muss – eine Vision übrigens, wie sie der deutsche Regisseur Andreas Veiel 2020 in seinem Kammerspiel „Ökozid" bereits inszenierte.

Der Kampf gegen die Multis biegt gerade genau in diese Richtung ab. Tausende von Prozessen laufen – meist unbemerkt von der Öffentlichkeit. Und wenn wie im September 2023 der US-Bundesstaat Kalifornien beim Superior Court in San Francisco Zivilklage einreicht gegen fünf der weltweit größten Ölgesellschaften (Exxon Mobil, Shell, BP, ConocoPhillips und Chevron) sowie das American Petroleum Institute, einen Lobbyverband, um sie alle wegen langjähriger Täuschung hinsichtlich der Gefahren der Öl-, Gas- und Kohleverbrennung dranzukriegen, dann kommt man hierzulande – teils mit Tagen Verspätung – lediglich der medialen Chronistenpflicht nach, aber richtet das Augenmerk nur selten auf die eigenen Bosse und deren Schuld und Verantwortung, anstatt sie dauerhaft mit den Konsequenzen ihres Handelns zu konfrontieren. Müssten die Medien nicht mit einer ähnlich kampagnenartigen Wucht reagieren wie bei der Berichterstattung über Genozide? Um nur eine Zahl zu nennen: Neun Millionen Menschen sterben jedes Jahr verfrüht an den Folgen von Umweltverschmutzung! Reicht das nicht?

VON MITLÄUFERN UND WAHNSINNIGEN

Doch auch wir müssen selbstkritisch fragen: Warum haben wir die Konzerne gewähren lassen? Warum haben wir ihnen immer wieder Geld überwiesen für den Dreck, den sie uns anboten? Warum haben wir nicht beharrlich vor ihren Konzernzentralen gestanden mit Plakaten, auf die „Lobbyismus kann tödlich sein!" gepinselt war? Wo doch auch die breite Öffentlichkeit seit *Die Grenzen des Wachstums*, dem Club-of-Rome-Bericht von 1972, Bescheid wusste darüber, was uns blühen wird, wenn wir so weitermachen. Ich kann mir es nur so erklären, dass wir so belämmert waren von dem Wohlstand, den Annehmlichkeiten, den Bequemlichkeiten, die der wirtschaftliche Aufschwung nach dem Zweiten Weltkrieg mit sich brachte, dass uns das klare Denken abhandenkam. Die guten Seiten des Kapitalismus wurden gefeiert, und wer die dunklen Seiten diskutieren wollte, war zuerst ein gefährlicher Kommunist, dann ein esoterischer Peacenik, schließlich ein Ökospinner. Heute verkünden Ökonomen mit Nobelpreistitel, dass der später auch von Asien kopierte westliche turbokapitalistische Wirtschaftsstil hochtoxisch ist und nur im Kollaps enden kann. Ein klar umgrenzter Planet verträgt nun mal kein unbegrenztes Wachstum. Diese Logik sollte doch eigentlich auch ohne Doktortitel nicht so schwer zu verstehen sein. Ein klar umgrenzter Planet hat auch nur ein gewisses Maß an Resilienz. Und die Sache mit der Atmosphäre, die sich hauchdünn um ihn spannt, tja, dass man in seinem Wohnzimmer nicht allzu viel grillen sollte, müsste auch einem Volltrottel klar sein. Und im Falle des Planeten haben wir nicht die Möglichkeit, mal eben das Fenster zu öffnen und durchzulüften.

„UNSERE GESELLSCHAFT WIRD VON VERRÜCKTEN GEFÜHRT FÜR VERRÜCKTE ZIELE."

JOHN LENNON

-- EINLEITUNG

• • • • •

Trotzdem haben wir nichts unternommen oder – sagen wir – viel zu wenig. Wir haben mitgemacht, haben eingekauft, mehr eingekauft, als wir brauchten, waren Mitläufer eines grundfalschen Systems und müssen jetzt erkennen, dass wir einer wahnsinnigen Elite auf den Leim gegangen sind, die wahnsinnige Pläne verfolgt. John Lennon hat das 1968 mit Blick auf den seit vier Jahren tobenden Vietnamkrieg ganz ähnlich formuliert: „Unsere Gesellschaft wird von Verrückten geführt für verrückte Ziele. Wenn mir jemand mal aufschreiben könnte, was die amerikanische, die russische, die chinesische Regierung wirklich antreibt, wäre ich sehr erfreut. Bisher kann ich nur davon ausgehen, dass sie alle verrückt sind." Diese Diagnose kann heute immer noch gelten. Ist es nicht gegen die menschliche Natur, seine eigene Heimat und damit sich selbst auszulöschen? Sofern sich die Wahnsinnigen in den Konzernen einem Heilungsplan entziehen, muss ihnen in dem Zeitfenster von etwa zehn Jahren, das uns noch bleibt, um das Allerdramatischste abzuwenden, unser uneingeschränkter Protest gelten, ihnen muss Strafverfolgung drohen, und die Politik muss endlich imstande sein, dem gigantischen Lobbydruck der betroffenen Branchen standzuhalten und sich nicht gegenseitig aufeinanderhetzen zu lassen.

Der große US-Sozialphilosoph und Humanist John Dewey schuf ein interessantes Bild, indem er sagte, dass die Politik der Schatten sei, den das Großkapital auf die Gesellschaft wirft. Und der ebenso große amerikanische Linguistikprofessor Noam Chomsky diagnostiziert sogar seiner Heimat, längst keine Demokratie mehr zu sein, sondern eine Plutokratie, in der „die Regierung von einem ganz schmalen Sektor an der Spitze der Einkommenspyramide kontrolliert wird, während die große Mehrheit da unten praktisch entrechtet ist". Wohlgemerkt, es ist hier nicht etwa von China oder Russland die Rede, sondern von den USA, dem historisch größten und aktuell zweitgrößten Kohlendioxid-Emittenten. Die USA, eine Plutokratie, dieser Meinung ist übrigens auch Ex-US-Präsident Jimmy Carter. Chomsky sagt weiter: „Im Rahmen des real existierenden Kapitalismus ist es im Interesse der kurzfristigen Gewinne der Herren der Wirtschaft und des politischen Systems von höchster Wichtigkeit, dass wir eine törichte Nation werden und uns nicht von Wissenschaft und Vernunft irreführen lassen."

In Chomskys Aussage liegt, wie man vermuten könnte, keinerlei Polemik. Er nimmt Bezug auf die traurige Realität, in der ein ständiges Kräftemessen herrscht zwischen Politik, Wirtschaft und Wissenschaft um die Hoheit über Fakten und die Konsequenzen, die daraus zu ziehen sind. Wie kann man sich so etwas vorstellen? Einblicke hat vor ein paar Jahren der Klimaforscher James Hansen gegeben, der unter mehreren US-Präsidenten für die staatliche Weltraumagentur NASA arbeitete. Ihm passierte etwas ganz Ähnliches wie dem Kollegen Black bei Exxon. Mehrfach. So sollen die erschreckenden Ergebnisse seiner Klimaberechnungen und die damit im Zusammenhang stehenden Pressemitteilungen wochenlang im Weißen Haus verschwunden sein, um nachher in redigierter und entschärfter Version

SCHULDANTEIL AM KLIMAWANDEL

Aus Genoziden sollten wir lernen, aus Ökoziden aber auch. Deshalb dürfen wir die Vergangenheit nicht vergessen. Aus den Prozentsätzen der historischen – also kumulierten – CO_2-Emissionen zeigt sich, wer seinen Wohlstand auf wie viel Verbrennung fossiler Energieträger gründen konnte. Schauen wir auf die aktuellen Zahlen (2022), führt China (31 Prozent) vor den USA (14 Prozent).

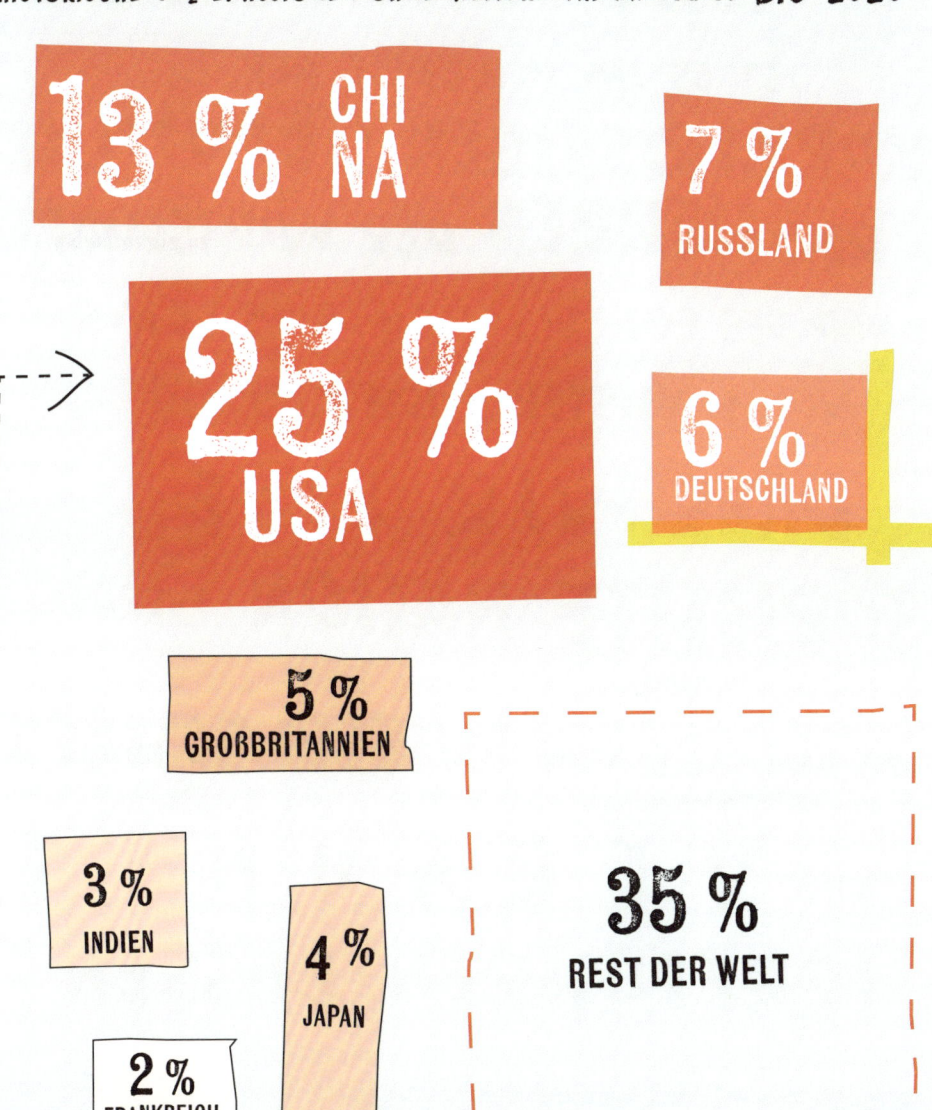

HISTORISCHE CO_2-EMISSIONEN OHNE WEITERE TREIBHAUSGASE BIS 2020

- 13 % CHINA
- 7 % RUSSLAND
- 25 % USA
- 6 % DEUTSCHLAND
- 5 % GROSSBRITANNIEN
- 3 % INDIEN
- 4 % JAPAN
- 2 % FRANKREICH
- 35 % REST DER WELT

Quellen: Our World in Data 2021; tech-for-future.de/co2-ausstoss/

-- EINLEITUNG

„IM RAHMEN DES REAL EXISTIERENDEN **KAPITALISMUS** IST ES IM INTERESSE DER **KURZFRISTIGEN GEWINNE** DER **HERREN** DER WIRTSCHAFT UND DES POLITISCHEN SYSTEMS VON HÖCHSTER WICHTIGKEIT, **DASS WIR EINE TÖRICHTE NATION** WERDEN UND UNS <u>NICHT</u> VON **WISSENSCHAFT** UND **VERNUNFT** IRREFÜHREN LASSEN."

NOAM CHOMSKY

zurück auf den Tisch des Wissenschaftlers zu gelangen – inklusive einiger eingefügter Unsicherheitsfaktoren. Faktoren, die gestatteten, zu fragen, wieso man denn Konsequenzen ziehen sollte, wenn die Wissenschaft noch in der Schwebe ist? Aber sie ist seit Jahrzehnten nicht mehr in der Schwebe. Sie ist sich längst sicher über die Folgen und Ausmaße der Verbrennung fossiler Energieträger. Sehr sicher. Streng genommen seit 1856, als die vergessene US-Forscherin Eunice Newton-Foote erstmals einen Treibhauseffekt in einer CO_2-geschwängerten Atmosphäre nachwies. Doch egal welcher Präsident im Fall von James Hansen am Ruder war – George H.W. Bush, Bill Clinton, George W. Bush –, der Forscher machte überall die gleiche desillusionierende Erfahrung: Darüber spricht man nicht!

„Wissenschaftler sollten in der Lage sein, die Ergebnisse ihrer Wissenschaft zu präsentieren. Sowohl vor dem Kongress als auch gegenüber den Medien. Es macht keinen Sinn, dass sie vom Weißen Haus zensiert werden, bevor der Wissenschaftler sprechen kann. Unsere Demokratie setzt doch voraus, dass Öffentlichkeit und Kongress gut informiert sind. Ich fragte, warum ich meine Aussage vom Office of Management and Budget im Weißen Haus überprüfen lassen muss, bevor sie dem Kongress vorgelegt wird, und man sagte mir: ‚Ihre Aussage muss mit dem Budget des Präsidenten übereinstimmen.' Das macht keinen Sinn."

James Hansen ist heute über 80 und längst nicht mehr im Amt. Aber es ist naiv zu glauben, dass solche Einflussnahmen aufgehört hätten. Vielleicht treibt der real existierende Klimawandel zusammen mit den immer mehr werdenden Aktivistinnen und Aktivisten die politischen Protagonisten nun vor sich her, aber die Lobbypolitik der Großkonzerne steht sicher nicht still. Bloß nicht zu viel Transformation! Aber, es tut mir leid, wenn man mit einer Konzernpolitik aus Täuschung, Trickserei und Verschleierung dafür verantwortlich ist, dass schwerwiegende Probleme seit Jahrzehnten nicht angefasst wurden, darf man sich jetzt nicht wundern, wenn die Konzerne selbst in ihren Grundfesten erschüttert werden und vielleicht komplett von der Bildfläche verschwinden. „Wieso, Herr Doktor, ich hab die Drogen doch immer gut vertragen!" – „Das kann schon sein, trotzdem ist Ihre Leber im Eimer, und Sie sind's gleich mit!" Als lebensrettende Maßnahme Steuermilliarden zu fordern, ist unethisch. Manchmal muss man den unbelehrbaren Patienten einfach sterben lassen.

KAMPF ODER BEWUSSTSEINSSPRUNG

Vielleicht ist es kein Zufall, dass an der großen Weggabelung der Menschheit, an der wir jetzt stehen, die neue Nachrichtengattung der Fake News aufgetaucht ist. Früher reichten punktuell gestreute Lügen, heute haben wir es mit einem nicht abreißenden Lügenstrom zu tun, in Gang gesetzt von denen, die nicht wollen,

-- EINLEITUNG

dass sich etwas ändert. Sie liefern alternative Fakten und sorgen damit derart für Verwirrung, dass selbst gut informierte Normalbürger wie auch Politiker die Orientierung verlieren. In einem Krieg, so heißt es, stirbt zuerst die Wahrheit. Ein Ökozid ist nichts anderes als ein Krieg gegen die Natur. Logisch, dass auch in diesem Krieg die Wahrheit zum Opfer geworden ist. Das ist genau der Grund, warum wir jetzt zu spät dran sind und uns das Unausweichliche droht.

Charles Eisenstein, amerikanischer Philosoph und Mathematiker, verglich die sich häufenden Klima- und Umweltkatastrophen in seinem literarischen Meilenstein *Die Renaissance der Menschheit* mit Geburtswehen. Geburtswehen, die schmerzhaft seien wie ein Kampf, uns aber in eine Zeit führen, in der wir die verloren gegangene Beziehung mit unserem Heimatplaneten Erde wieder aufnehmen können. „Vielleicht wird nur ein totaler Kampf das Überleben unserer Spezies sichern", schreibt er. „Vielleicht können wir nur in solch einem Kampf unser volles Potenzial entfalten und unsere Bestimmung erfüllen. Indem wir die Zerstörungen an der Natur, dem Guten, der Schönheit und dem Leben heilen, werden wir unser altes Sein transzendieren und in ein neues geboren werden." Eisensteins frommer Wunsch ist inzwischen 15 Jahre her. Von einer geglückten Geburt in ein neues Zeitalter, einem Bewusstseinssprung, ist weiterhin nichts zu spüren, am wenigsten bei den Eliten. Doch möglicherweise, denke ich mir, waren Greta Thunberg und die Fridays-for-Future-Bewegung die erste Eskalationsstufe des von Eisenstein ausgerufenen Kampfes, die heutigen Aktionen von Extinction Rebellion und Letzte Generation die nächste logische Folge. Was wird danach kommen? Die große Frage wird sein, an welchem Punkt die ersten Konzernchefs die Seiten wechseln, wann sie den Mut finden werden, voranzugehen, manchmal vielleicht um den Preis einer Karriere. Aber was ist schon eine Karriere, auf die man noch nicht mal stolz sein kann, gegen das Schicksal eines ganzen Planeten?

Einer, der 2022 bereits vorangegangen ist, ist der damals 83-jährige US-Amerikaner Yvon Chouinard, der auf die außergewöhnliche Idee kam, sein drei Milliarden Euro schweres Unternehmen Patagonia, Hersteller von Outdoor-Kleidung, an Umweltstiftungen zu übertragen. Alle Gewinne, so sein Wunsch, sollen in den Kampf gegen die Klimakrise wandern. „Hoffentlich", sagte Chouinard der *New York Times*, „wird dies eine neue Form von Kapitalismus beeinflussen, die am Ende nicht zu ein paar reichen und einem Haufen armer Menschen führt." Auch von solchen Renegaten erzähle ich in den folgenden fünf Kapiteln. Fangen wir nun mit der Sphäre an, über die bislang am meisten geredet wird: die Sphäre des Klimas.

• • • • •

„VIELLEICHT WIRD NUR EIN TOTALER KAMPF DAS ÜBERLEBEN UNSERER SPEZIES SICHERN. VIELLEICHT KÖNNEN WIR NUR IN SOLCH EINEM KAMPF UNSER VOLLES POTENZIAL ENTFALTEN."

CHARLES EISENSTEIN

SPHÄRE 1

KLIMA

DIE KATASTROPHE KOMMT.

↓

NUR WIE STARK?

SPHÄRE 1 -- KLIMA

Der Krieg der Konzerne gegen die Erde wird jeden Tag an vielen Fronten gleichzeitig geführt. Mal sind es kurze Gefechte, meist längere Beutezüge. Auch viele neue fossile Projekte stehen auf den Marschplänen der Manager. Vor Kurzem ist fast unter Ausschluss der Öffentlichkeit ein neues Schlachtfeld hinzugekommen, eines, auf dem sich das Schicksal der Menschheit entscheiden könnte. Und das ist keine Übertreibung. In der Demokratischen Republik Kongo (DRC) droht ein Deal, wie man ihn im Jahr 2024 nicht mehr vermutet. Aus den Tiefen der Regenwälder des Kongobeckens sollen Öl und Gas gefördert werden. Doppelt schlimm: Auf diesem Fleckchen Erde wächst nicht irgendein Dschungel. Wissenschaftler der Universität Gent erklärten das Gebiet, auf dem der zweitgrößte Regenwald der Welt steht und das größte tropische Moorgebiet ruht, zur wichtigsten Kohlenstoffsenke unseres Planeten. Vorläufige Daten würden massive Kohlendioxid-Absorptionsraten offenbaren, so Pascal Boeckx, Professor für Biogeografie. „Die Berechnungen sind noch nicht endgültig, aber wir sind jetzt bei etwa fünf Tonnen CO_2 pro Hektar und Jahr. Das ist fast doppelt so viel wie in einem belgischen Wald und sogar mehr als die CO_2-Aufnahme in den Wäldern des Amazonas." Überdies beherbergen die Torfmoorwälder des Kongobeckens über 3000 bekannte Spezies, darunter mehr Affenarten als jeder andere Ort auf der Welt. 75 Millionen Menschen aus mehr als 150 verschiedenen ethnischen Gruppen, deren Wurzeln in dieser Region teils 50.000 Jahre zurückreichen, sind auch heute noch von der Gesundheit des Waldes abhängig. Versteht es sich nicht von selbst, dass dieses kostbare Stück Erde als unantastbar gelten sollte?

Doch unter Regenwald und Moor hat die kongolesische Regierung 22 Milliarden Barrel Öl identifiziert – und will nun Ausbeutungsrechte versteigern, aufgeteilt in 27 Ölblocks und drei Gasblocks, die teilweise auf Schutzgebieten liegen. Sollten die Vorkommen abgepumpt und verbrannt werden, würde sich das ohnehin hochfragile 1,5-Grad-Versprechen von Paris komplett in Luft auflösen. Zur Treibhausgasbilanz dieses teuflischen Projekts kämen die gefällten Bäume und die trockengelegten Moore noch hinzu. Derartige Plünderungen dürften aus klimatischer Sicht zum jetzigen Zeitpunkt in gar keinem Fall mehr vereinbart werden.

Zur Erinnerung ein kurzer Absatz: Knapp 60 Prozent der weltweiten Öl- und Kohlevorkommen müssen im Boden bleiben, damit die Welt 2050 ihr 1,5-Grad-Klimaziel halten kann. Bei der aktuellen Wucht der fossilen Renaissance ist das noch zur Verfügung stehende CO_2-Budget jedoch in vier Jahren aufgebraucht. Jedes neue Öl- und Gasprojekt ist also falsch. Und natürlich beeinflussen auch Wälder und Moore das verbleibende Budget. Jedes Jahr holen die Wälder unseres Planeten 7,6 Milliarden Tonnen Kohlendioxid aus der Luft. Eine gigantische Leistung. Stellt man diese Zahl dem jährlichen CO_2-Ausstoß unserer Zivilisation gegenüber, zuletzt rund 38 Milliarden Tonnen, wird klar, dass angesichts der stetig wachsenden Treibhausgasemissionen die Kapazitäten der Wälder nicht weiter sinken dürfen, zumal sie weit mehr

Selbst gigantisch große Waldsysteme haben **KIPPPUNKTE**. Der Amazonas-Regenwald ist bereits zu **17 Prozent** zerstört. **20 bis 25 Prozent** sollen ausreichen, um eine **UNUMKEHRBARE** Transformation zur Savanne einzuleiten. Die Konsequenzen für den globalen **KOHLENSTOFFKREISLAUF** wären verheerend.

2022 ermittelte ein deutsch-britisches Forscherteam eine geschwächte **RESILIENZ** von drei Vierteln des Amazonas-Waldes.

22 MILLIARDEN BARREL ÖL LIEGEN UNTER DER WICHTIGSTEN KOHLENSTOFFSENKE DER WELT

Funktionen übernehmen, als Kohlenstoff zu binden. Noch bedecken Wälder etwa 30 Prozent der globalen Landfläche, aber weltweit fallen die Bäume im Sekundentakt, genauer gesagt geht jede Minute die Fläche von zehn Fußballplätzen verloren. Moore speichern, obwohl sie nur drei Prozent der Landfläche bedecken, doppelt so viel Kohlenstoff wie alle Wälder der Welt zusammen. Von 600 Milliarden Tonnen geht man aus. Aber auch hier ist ein stetiger Verlust zu beklagen. 25 Prozent der weltweiten Moore sind bereits zerstört oder geschädigt. Jede Minute gehen weiterhin Moorflächen von der Größe von fast anderthalb Fußballfeldern verloren.

Zahlen, die die kongolesische Regierung nicht schrecken. Auch die Bitte des US-Klimabeauftragten John Kerry, auf die Versteigerung von Ölblocks zumindest in den ökologisch sensiblen geschützten Regionen zu verzichten, wurde umgehend abgeschmettert. „Die Menschen in unserem Land haben das Recht, von unserem natürlichen Reichtum zu profitieren", kommentierte der zuständige Minister Didier Budimbu die vielen Bedenken. „Wir sind ein freies, souveränes Land, und deshalb werden wir unsere natürlichen Ressourcen nutzen." Seine Kollegin, Umweltministerin Eve Bazaiba, sprang ihm bei. „Niemand kann Druck auf uns ausüben. Keine Konvention der Welt, nicht einmal das Pariser Klimaabkommen, verbietet einem Land, CO_2 zu Entwicklungszwecken auszustoßen. Diejenigen, die glauben, dass die Ölblöcke ein Problem darstellen, sollten vorbeikommen und das Ganze neu bewerten." Obwohl der langjährige Präsident Tshisekedi sein Land als „solution country" für die Klimakrise bezeichnet hatte und Waldschutzprojekten zustimmte, klingt das nach einem Paradigmenwechsel und dem Vorwurf des Kolonialismus. Aber wer profitiert denn hier? Es sind nicht westliche Staaten, und es ist nicht das kongolesische Volk. Es sind internationale Konzerne, die man in diesen Ländern gewähren lässt, sowie regionale Potentaten. Bislang gingen alle Ölförderungen der Demokratischen Republik Kongo in den Export. Seltsam nur, dass trotz der im eigenen Land bleibenden Einnahmen laut Weltbank etwa drei Viertel der Kongolesen von weniger als zwei Dollar pro Tag leben müssen. Worum geht es also wirklich?

EIN PHANTOM PLÜNDERT DEN KONGO

Großes Interesse an den zur Debatte stehenden Förderlizenzen hat der britisch-französische Energiekonzern Perenco, in Zentralafrika kein Unbekannter. Seit 1992 beutet das Unternehmen dort Öl- und Gasreserven aus. In Kamerun, in Gabun, im Kongo und in der Demokratischen Republik Kongo, ehemals Zaire. In der Sahelzone ist es der Tschad. Insgesamt bohrt Perenco in 14 Ländern in etwa 80 Löchern. 2022 betrug das Fördervolumen 500.000 Barrel Öl-Äquivalente. Was? Sie haben noch nie gehört von Perenco? Perenco gehört zur Unternehmensgruppe der Perrodos, einer französischen Familie, die ihr Milliardenvermögen heimlich, still und leise auf Erdöl aufbaute und immer noch stolz darauf ist. Darauf lässt zumindest die Selbstdarstellung auf der Firmenwebsite schließen. „Unser Gründer, Hubert Perrodo, war seiner Zeit voraus", heißt es dort. „Perenco entstand aus seiner unternehmerischen Vision, nachdem er im Bereich älterer Öl- und Gasfelder eine Marktlücke entdeckt hatte." Zuerst gründete der Sohn eines französischen Fischers 1975 ein Vermietungsunternehmen für Wartungsschiffe, 1981 das Bohrunternehmen Techfor, das er 1992 verkaufte, um in den Kauf von Öl- und Gasbeteiligungen einzusteigen, der Beginn der Perrodo Energy Company – abgekürzt Perenco. „Hubert konzentrierte sich auf den Betrieb reifer und marginaler Ölfelder", erklärt die Firmenhistorie. Reife und marginale Ölfelder? Was heißt das? Das heißt, dass sich das Unternehmen auf den Aufkauf in die Jahre gekommener Anlagen spezialisierte, die andere Ölkonzerne aufgrund brüchiger Infrastruktur und schwindender Reserven loswerden wollen. Ein riskantes Geschäft, vor allem für die Umwelt. Hätte man die Vision des Gründers Mitte der Siebziger noch mit Unwissenheit begründen können, sagt der heutige CEO Benoît de la Fouchardière, der die Tücken alter Anlagen managen muss: „Unser Mut macht uns zu einem der führenden Anbieter von intelligenten Lösungen für die Öl- und Gasförderung aus reifen und marginalen Feldern. Was uns langfristig erfolgreich macht, ist unsere Fähigkeit, für jedes spezifische Problem die passende Lösung zu finden, auch wenn – oder gerade weil – wir sie erfinden müssen."

Von „Mut" ist hier die Rede. Ist das nicht unglaublich? Was wohl die Einwohner der kongolesischen Regionen dazu sagen, in denen Perenco seit einem Vierteljahrhundert wütet? Die sind nämlich nicht mehr still. Die verweisen nicht wie der eigene Ölminister darauf, dass nun endlich der Kongo dran wäre, nachdem der Westen seit Jahrhunderten seinen Reichtum aufbauen konnte. Nein, die Betroffenen sind empört

SPHÄRE 1 -- KLIMA

darüber, dass man sie nicht von der Auktion neuer Ausbeutungsrechte unterrichtete. Sie sind es leid, inmitten der geschundenen und vergifteten Umwelt zu leben. Deshalb organisieren sie inzwischen Proteste, die Greenpeace Africa dazu veranlassten, sich auf den Weg zu machen in die prekären Gebiete. „Keine politische Elite in Kinshasa würde es akzeptieren, in den ölgetränkten Ökosystemen zu leben, in denen Perenco bohrt, oder die Armut und Einschüchterung hinzunehmen, die das Erbe des Unternehmens sind", sagt der Waldkampagnenleiter von Greenpeace Africa, Patient Muamba. „Die Regierung der Demokratischen Republik Kongo muss auf ihre Bevölkerung hören und Perenco daran hindern, sich um die Ausweitung seines toxischen Unternehmens im Land zu bewerben."

Perenco ist derzeit als einziger Ölkonzern in der Demokratischen Republik Kongo präsent. Seit das Unternehmen Anfang der 2000er-Jahre alternde Ölfelder im Küstenbereich erwarb, hat sich das Land zum Schlaraffenland entwickelt – für Perenco wohlgemerkt, nicht für die Kongolesen. Die Demokratische Republik Kongo gehört weiterhin zu den fünf ärmsten Ländern der Welt. Das Recherchenetzwerk Investigate Europe konnte dort zahlreiche Umweltschäden ausfindig machen, die mit Perenco in Verbindung gebracht werden können. In Frankreich wird das Unternehmen von den NGOs Friends of the Earth und Sherpa deshalb verklagt. Außerdem ermittelt die französische Finanzstaatsanwaltschaft gegen das Unternehmen wegen möglicher Bestechung ausländischer Amtsträger. In Kolumbien soll Perenco das Paramilitär unterstützt, in Guatemala Indigene von ihrem Territorium vertrieben haben. In Gabun und sogar in England, wo das Headquarter sitzt, hat der Konzern Öldesaster zu verantworten. In Peru verklagte Perenco die Regierung, weil diese die Einrichtung eines Naturschutzgebietes plante. Und in der kleinen Gemeinde Muanda an der kurzen Küstenlinie der Republik Kongo fackelt Perenco Gas in unmittelbarer Nähe von Wohngebieten, Äckern und Trinkwasserreservoirs ab. Und so weiter und so weiter. Im Oktober 2023 durfte Perenco-Chef Fouchardière auf der African Energy Week in Kapstadt den Leader's Award for Operational Excellence entgegennehmen. Er bedankte sich mit den Worten: „Diese Auszeichnung ist eine große Ermutigung für uns, unseren Auftrag in vorbildlicher Weise fortzusetzen." Zynischer geht es nicht.

Die Firma deklariert sich selbst als „Europe's leading independent oil and gas group" – aber fast niemand kennt sie. Wie kommt das? Zum Beispiel daher, dass das Unternehmen nicht börsennotiert ist und deshalb keinen Transparenzregeln unterworfen ist wie die Konkurrenz. Investigate Europe und Disclose sind dem Konzern seit einiger Zeit auf der Spur und auf ein riesiges Geflecht aus Geldströmen, Steuervermeidungsstrategien, Beteiligungen und Besitztümern – darunter Immobilien, Weingüter, Medien – gestoßen sowie auf helfende Hände in der französischen Politik. Nachdem der Gründer Hubert Perrodo 2006 bei einem Skiunfall in den französischen Alpen starb, übernahm der älteste Sohn François, nebenbei Rennfahrer, die Geschäfte und führt sie seitdem in seinem Sinne weiter, expansiv. Hubert Perrodos Witwe Carrie, ein Ex-Model, die die Forbes-Liste als „Philanthropin" führt, wird ein Familienvermögen von 8,9 Milliarden Dollar nachgesagt.

BENOÎT DE LA FOUCHARDIÈRE, CEO

VA TE FAIRE FOUTRE

FRANÇOISE PERRODO, ERBE UND RENNFAHRER

PERENCO

Und diese Familie bewirbt sich nun um die Ausbeutungsrechte der klimatisch wertvollsten Kohlenstoffsenke der Welt. Der Prozess zieht sich länger als gedacht, immer wieder wurden Fristen für Bietergebote verschoben, Gerüchte über geheime Absprachen machten die Runde. Ich melde mich im Dezember 2023 noch einmal vor Ort bei Arthur Paul von Greenpeace Africa und bitte ihn um eine Einordnung der Lage und der Rolle Perencos. Bislang schätzt Paul die Auktion als Misserfolg ein. „Das Regime war offensichtlich nicht in der Lage, ernsthafte Bieter für fast alle Blöcke zu gewinnen", sagt er. „Die einzigen Blöcke, um die wir uns wirklich Sorgen machen müssen, sind Yema II und Nganzi in der Coastal Basin Zone. Es ist sehr wahrscheinlich, dass diese Blöcke an Perenco vergeben werden, was ein riesiges Desaster darstellt." Paul erwähnt noch zwei Gasblöcke am Kiwusee im äußersten Osten des Landes, über deren Zukunft bereits entschieden wurde. Er ist wütend, nennt das Ausschreibungsverfahren einen Skandal, das siegreiche Unternehmen einen Witz. Der Grund: Nur zwei Wochen nachdem der Ölminister die Auktion der Öl- und Gasblocks verkündete, wurde die Firma Alfajiri Energy gegründet. Die Zentrale liegt in einem Wohnhaus im kanadischen Calgary. Chef ist ein nach Kanada ausgewanderter Kongolese, zwar studierter Ölingenieur, aber mit wenig Erfahrung für derart große Projekte. Trotzdem schaffte es sein „Start-up" auf die Shortlist der Bewerber.

SPHÄRE 1 -- KLIMA

Zuerst wurde Alfajiri durch das Ministerium aufgrund verschiedener Mängel auf den letzten Platz gesetzt, wenig später auf den ersten Platz. Ein Jahr nach Gründung gewann Alfajiri die Ausbeutungsrechte …

FANAL FÜR DIE LETZTEN KÄMPFE

So weit der Ausflug in den derzeit wohl größten derartigen Konflikt, über den hierzulande jedoch kaum etwas zu erfahren ist. Er steht symptomatisch für die letzten, aber wohl wichtigsten Kämpfe um fossile Energieträger. Die politischen Player Europas und auch die Massenmedien täten gut daran, sich *diesen* Kämpfen zu widmen statt dem überstürzten Austausch von Heizungsanlagen und dessen wochenlang weitergedrehter Skandalisierung. Hätten Bundeskanzler und Staatspräsidenten während ihrer populär gewordenen Afrikareisen nicht einen Abstecher nach Kinshasa machen und Milliardenzahlungen anbieten können für Garantien, ökologisch wertvolle Orte wie diese unversehrt zu halten, Summen, die höher sind als die Gebote der Konzerne? Es ist ungeheuerlich: Das Gegenteil ist passiert. Die Central African Forest Initiative (CAFI) ist eine Gruppe von Geber- und Empfängerländern, die 2015 bei der UNO gebildet wurde. Zu den Gebern gehören auch Deutschland, Frankreich und die EU. Die Mitglieder unterzeichneten auf der Weltklimakonferenz 2021 in Glasgow mit der Regierung der Demokratischen Republik Kongo eine Absichtserklärung, die Unterstützung im Wert von einer halben Milliarde Dollar etwa für besseres Waldmanagement, nachhaltige Landnutzung oder Alternativen zum Feuerholz beinhaltet. Allerdings geht die Erklärung auch einher mit der Aufhebung des 20-jährigen Verbots neuer Konzessionen für Holzeinschlag sowie mit der Freigabe von Öl- und Gasaktivitäten im ganzen Land. Eine Klausel, die fossile Ausbeutung in Wäldern, Torfgebieten und Schutzgebieten verbietet, fehlt. Umweltschützer befürchten, dass sich die internationalen Unternehmen über Öl, Gas und Holz hermachen werden wie über ein Gratisbuffet. Bei der konzernfreundlichen Politik der Regierung ist davon auszugehen.

Das, was dort passiert, im Kongo, hat auch mit uns zu tun. *Zum einen*, weil Perencos Abnehmer bekannte Energie- und Mineralölkonzerne sind, bei denen wir unsere Treibstoffe kaufen. *Zum anderen*, weil in vielen Alltagsprodukten klimarelevantes Tropenholz steckt. Wir werden daran erinnert, wenn etwa Meldungen über Lieferungen von auf Rodungsflächen gewonnenem Palmöl an den Kosmetikhersteller Beiersdorf die Runde machen. Aber wir haben weit mehr Regenwald auf dem Gewissen. Eine gewaltige internationale Langzeitstudie von 2023 mit dem halsbrecherischen Titel *Risk of intact forest landscape loss goes beyond global agricultural supply chains* fand heraus, dass längst nicht nur die Landwirtschaft, sondern auch viele andere Sektoren – von denen man auf den ersten Blick nicht annimmt, dass sie an der Waldvernichtung beteiligt sind – und wenige starke Märkte davon profitieren. Die Ergebnisse zeigen, wie sehr Konzerne (und Konsumenten) in Mitteleuropa, den USA und in China verwickelt sind in die Zerstörung der äquatorialen Urwaldsysteme Lateinamerikas, Afrikas und Südostasiens. Längst nicht nur lokale oder regionale Nachfrage treiben die Abholzung an, sondern ferne Bedarfe (oder Gier!) in der nördlichen Hemisphäre. Länder, die sich selbst mit Waldschutzzielen schmücken, würden, so die Autoren der Studie, „fertige Produkte über globale Lieferketten importieren und so den Landnutzungsdruck und die damit verbundenen ökologischen Auswirkungen über ihr eigenes Territorium hinaus verlagern".

Es gehört inzwischen zur Allgemeinbildung, dass Fleisch von konventionell gemästeten Tieren eng mit Futtermitteln verbunden ist, die fern der Discounter-Kühltruhen dort angebaut wurden, wo vorher prächtige Regenwälder standen. Aber kaum jemand ist sich dessen bewusst, dass Zigtausende von Produkten einen versteckten Holzeinschlag in sich tragen – sei es über Edelmetalle, die unter dem Regenwald herausgeholt wurden, oder über Energie, die gewonnen wurde aus Rohstoffen, denen der Dschungel im Wege stand. Da es für uns Verbraucher nahezu unmöglich ist, nachzuforschen, ob und wie viel versteckter Holzeinschlag in einem Produkt steckt, fordert die Forschungsgruppe „ein stärkeres Engagement der Regierungen und Eingriffe in die Lieferkette". Ende 2022 hat sich die EU zu einem entsprechenden Gesetz durchgerungen. Genauer: EU-Parlament, EU-Kommission und Europäischer Rat konnten sich nach Jahren auf eine Verordnung über waldzerstörungsfreie Produkte und Lieferketten einigen. Konzerne innerhalb der Europäischen Union müssen nun nachweisen, dass ihre Produkte „entwaldungsfrei" hergestellt wurden. Es ist die erste Verordnung ihrer Art weltweit, mit der über die Durchleuchtung von Lieferketten gegen die globale Entwaldung vorgegangen wird. Ob China und die USA nachziehen? Wünschenswert, aber fraglich. Umweltorganisationen wie Greenpeace begrüßten das Gesetz, wiesen jedoch darauf hin, dass die Ambitionen, wie so oft, nicht weit genug gehen. Beispielsweise, weil andere ökologisch und klimatisch wichtige Gebiete wie Savannen oder Feuchtgebiete ausgenommen sind.

DAS 1,5-GRAD-ZIEL IST LÄNGST VERLOREN

Wo stehen wir nun im Zuge der Ausbeutung fossiler Ressourcen und der Vernichtung von Kohlenstoffsenken? Die Weltklimaberichte des IPCC dienen hier seit Jahrzehnten als Wegweiser durch die sich anbahnende Klimakatastrophe. Die höchsten Auguren der Forschung entwerfen verschiedene Pfade, auf die die Menschheit geraten könnte, sofern bestimmte Maßnahmen ergriffen werden – oder eben nicht. Der Syntheseberict des IPCC von 2023 ist alarmierender denn je, doch er enthält durchaus hoffnungsvolle Aspekte, die allerdings im Zusammenhang stehen mit konsequenter und kompromissloser Klimapolitik. Beispielsweise heißt es dort: „Eine tief greifende, rasche und anhaltende Verringerung der Treibhausgasemissionen würde innerhalb von etwa zwei Jahrzehnten zu einer spürbaren Verlangsamung der globalen Erwärmung und innerhalb weniger Jahre auch zu spürbaren Veränderungen der atmosphärischen Zusammensetzung führen." Damit ist das berühmte Zeitfenster gemeint, das wir nutzen sollten, um das Allerschlimmste abzuwenden. Als der Bericht Ende März 2023 der Öffentlichkeit vorgestellt wurde, trat auch der IPCC-Vorsitzende Hoesung Lee vor die Mikrofone. Mit den letzten zwei Sätzen seiner Rede setzte er unsere Zukunft ins Verhältnis zu unserem Willen:

SPHÄRE 1

„HOFFEN WIR,
DASS WIR DIE RICHTIGEN ENTSCHEIDUNGEN TREFFEN. DENN DIE ENTSCHEIDUNGEN, DIE WIR JETZT UND IN DEN NÄCHSTEN JAHREN TREFFEN, WERDEN FÜR HUNDERTE, SOGAR TAUSENDE VON JAHREN AUF DER GANZEN WELT NACHHALLEN"

Und UN-Generalsekretär António Guterres warnte in bewährter Manier: „Die Klima-Zeitbombe tickt. Aber der heutige IPCC-Bericht ist ein Leitfaden zur Entschärfung der Klima-Zeitbombe. Er ist ein Überlebensleitfaden für die Menschheit."

Was heißt das? Schauen wir etwas genauer in den Bericht. Zuerst einmal wird dort klargestellt, dass sich die Zusammensetzung unserer Atmosphäre eindeutig verändert hat. Es scheint mir wichtig, dies auch hier noch einmal anzusprechen, denn selbst vermeintlich kluge Menschen in meinem engsten Umfeld wiegen sich mit der Aussage in Sicherheit, dass es doch immer schon Klimawandel gegeben habe, auch auf einer Erde ohne Menschen. Ja, Leute, aber nie so schnell! 2019, also etwa 250 Jahre nach Beginn der Industrialisierung, war die atmosphärische CO_2-Konzentration mit 410 parts per million höher als zu jedem Zeitpunkt innerhalb der vergangenen zwei Millionen Jahre. Die Konzentration von Methan (= CH_4; 1866 parts per billion) sowie des extrem klimawirksamen Lachgases (= N_2O; 332 parts per billion) waren höher als zu jedem Zeitpunkt innerhalb der vergangenen 800.000 Jahre.

2019 stiegen rund 78 Prozent der Treibhausgase aus den Sektoren Energie, Industrie, Transport und Gebäude in die Atmosphäre. 22 Prozent steuerte allein der Agrarsektor bei. Die G20-Staaten, also die 20 wirtschaftlich stärksten Nationen der Welt, emittieren dabei über 80 Prozent der gesamten globalen Treibhausgase. Und natürlich sitzen genau dort, in den G20-Staaten, auch die Profiteure, die diese Sektoren am Laufen halten. Ich möchte an dieser Stelle kurz den Oxfam-Bericht *Confronting Carbon Inequality* von 2020 zitieren, der darauf hinwies, dass das reichste eine Prozent der Weltbevölkerung für 15 Prozent der Emissionen verantwortlich ist, während die ärmere Hälfte der Menschheit für gerade mal 7 Prozent sorgt. Es sollte also ein für alle Mal klar sein, wer die Schuldigen sind – nämlich sicher nicht die achtköpfige Familie in Somalia oder der sudanesische Hirte mit seinen zehn Ziegen. Es ist die fünfköpfige

Familie in Deutschland mit vier Luxuswagen, drei Immobilien, zwei Rassehunden und mindestens einer Fernreise pro Jahr. Im November 2023 legte Oxfam mit neuen Berechnungen nach, die vor der Weltklimakonferenz in Dubai wachrütteln sollten. Demnach verursacht ein Mensch aus dem reichsten Prozent der Erde in einem Jahr so viel Treibhausgas wie ein armer Mensch in 1500 Jahren. Oder anders: Die jährlichen globalen Emissionen des superreichen einen Prozents der Weltbevölkerung macht die Kohlenstoffeinsparungen von fast einer Million Onshore-Windturbinen zunichte. Noch anders berechnet: Die Emissionen des superreichen einen Prozents des Jahres 2019 verursachten 1,3 Millionen hitzebedingte Todesfälle. Sooft man es dreht und wendet, die Eliten scheinen nicht aus der Verantwortung zu kommen. Auch wenn sie sich gern über derartige Vorwürfe empören – sie wissen das. Auch wenn sich deren politische Statthalter gern empören und „Bevormundung!" schreien und „Kommunismus!" und „Wirtschaftsstandort!" – auch sie wissen das. Superreiche, so die Studie weiter, würden über alle Maßen konsumieren, bei der Bekämpfung des Klimawandels aber nicht ausreichend in die Pflicht genommen. Oxfam hält daher sowohl neue Steuern auf klimaschädliche Konzerne als auch auf die Vermögen und Einkommen der Superreichen für unausweichlich, um die Transformation in eine nachhaltige Welt zu finanzieren.

Aber zurück zum IPCC-Bericht, der selbst in der Zusammenfassung äußerst komplex ist. Mir scheint folgender Satz zentral: „Alle globalen Modellpfade, die eine Begrenzung der Erwärmung auf 1,5 °C ohne oder mit nur begrenzter Überschreitung ermöglichen, und diejenigen, die eine Begrenzung der Erwärmung auf 2 °C bewirken, setzen eine rasche und tief greifende und in den meisten Fällen sofortige Reduzierung der Treibhausgasemissionen in allen Sektoren in diesem Jahrzehnt voraus." Noch einmal die Kernbegriffe, denen man in dem Bericht nicht nur einmal begegnet:

TIEF GREIFEND, SOFORT, ALLE!

Was würde denn tief greifend, sofort und – gemessen an den vermiedenen Tonnen CO_2 – am meisten nutzen? Der IPCC-Bericht gibt Auskunft über die größten potenziellen Beiträge zur Emissionsreduzierung bis 2030. Im Energiesektor wären es die Umstellung auf Solar- und Windkraft sowie die Methanreduzierung bei Öl, Kohle und Gas. Im Agrarsektor wäre am meisten getan, indem die Umwandlung von natürlichen Ökosystemen verringert, die Landwirtschaft zur Kohlenstoffspeicherung beitragen würde sowie Ökosysteme wiederhergestellt und wieder aufgeforstet würden. Im Infrastruktursektor dominiert die Effizienzsteigerung bei Gebäuden. Im Industriesektor die Umstellung auf andere Kraftstoffe.

Was, wenn wir das alles nicht tun? Oder nur einen Teil davon? Oder es zu langsam tun? Und wenn alle anderen auch zu langsam sind? Das sind sie nämlich. Kennen Sie den Klimaschutz-Index? Seit 2005 wird er jedes Jahr von Germanwatch und dem New Climate Institute berechnet und veröffentlicht. Der Index bewertet 59 Länder, die zusammen für 92 Prozent der globalen Treibhausgas-

SPHÄRE 1 -- KLIMA

emissionen verantwortlich sind. Der jeweilige Wert setzt sich zusammen aus dem Anteil der Länder an erneuerbaren Energien, ihrem Energieverbrauch, ihrer Klimapolitik und ihren Treibhausgasemissionen, die stärker gewichtet werden als die anderen Faktoren. Wer steht wohl auf dem Podest? Wer besetzt die Plätze eins, zwei und drei? Niemand! 2023 blieben wie schon in den vergangenen Jahren die Medaillenränge unbelegt. Ein Statement. Denn die Herausgeber des Indexes lesen aus ihren Daten, dass „kein Staat wirklich auf einem 1,5-Grad-Pfad liegt". Ziemlich übel. Wie passt das zusammen mit dem dringenden Aufruf des IPCC-Berichts? Und wo soll das hinführen, wenn die Regierungen in unseren entscheidenden Jahren keine Verringerung der Fossilen planen, sondern – wie es derzeit aussieht – bis 2030 weltweit sogar doppelt so viele Brennstoffe aus dem Boden holen und verfeuern wollen, als mit einer Begrenzung der globalen Erwärmung auf 1,5 °C vereinbar wäre?

Der Form halber wollen wir aber jetzt doch wissen, wer beim Index auf den Plätzen vier, fünf und sechs liegt. Der Klassenprimus im Fach Klima ist – wie schon 2022 – Dänemark, gefolgt von Schweden und Chile. Der größte Sprung nach vorn gelang Estland (Platz 9), Deutschland fällt zurück auf 16, die EU als Ganzes steht auf 19. Dänemark weist als einziges Land eine „gute" („high") nationale und „sehr gute" („very high") internationale Klimapolitik auf, während es bei Treibhausgasen und Erneuerbaren auf „gut" steht, was jeweils Platz fünf bedeutet. Trotz des relativ guten Abschneidens, schreiben die Autoren, sei „die Leistung Dänemarks nicht auf die Begrenzung der globalen Erwärmung auf 1,5 °C ausgerichtet".

Auf den letzten 14 Plätzen der Kategorie Rot (das entspräche in etwa den Schulnoten 5+ bis 6) liegen übrigens absteigend Japan, China, die USA, Ungarn, Polen, Australien, Malaysia, Taiwan, Kanada, Russland, Südkorea, Kasachstan, Saudi-Arabien und der Iran. Wie dumm muss man sein, um in welchem Fach auch immer eine Sechs zu kassieren? Natürlich ist in diesen Staaten manches Signal des Aufbruchs wahrzunehmen, aber weil sich darunter eben auch ganz entscheidende Großverbrenner befinden, die ihre „Carbon Neutrality" ins Jahr 2060 (China, Saudi-Arabien) oder 2050 (USA) schieben, ist man kein Apokalyptiker, wenn man die Prognose wagt, dass selbst das 2-Grad-Ziel nicht mehr zu erreichen ist. Auch weil extrem vom Erdöl profitierende Staaten perfide Pläne geschmiedet haben. Eine Recherche des Centre of Climate Reporting ergab Ende 2023, dass sich Saudi-Arabien etwas hat einfallen lassen, um auch nach dem abzusehenden Abschied der westlichen Kundschaft weiterhin kräftig Öl verkaufen zu können. Man hat das Bemühen Oil Demand Sustainability Programme (ODSP) genannt. Sustainability meint hier nicht etwa Nachhaltigkeit im ökologischen Sinne, sondern bezieht sich auf die Verkaufbarkeit von Erdöl. Gemäß des ODSP besteht die Absicht, vor allem afrikanische Staaten dafür zu gewinnen und dauerhaft aus den alten Energiequellen zu versorgen. Mohamed Adow, Direktor des Thinktanks Power Shift Africa, findet dafür folgende Worte: „Die saudische Regierung ist wie ein Drogendealer, der versucht, Afrika von seinem schädlichen Produkt abhängig zu machen."

EIN GIPFEL UNTER BESCHUSS

Eindeutige Verpflichtungen zum unverzüglichen Ausstieg aus Öl, Gas und Kohle hätte es gebraucht auf der skandalumwitterten **COP28,** der Weltklimakonferenz in Dubai Ende 2023. Heraus kam ein ebenso hochgelobter wie hart verurteilter Kompromiss, der den Erdöl fördernden Ländern noch eine Menge Freiheiten lässt. Abkehr ja, Ausstieg nein. Man hätte vorher darauf kommen können. Weil sich andeutete, dass es eine Konferenz werden würde, die die alten Geschäftsmodelle schneller als gedacht zerbrechen lassen könnte, akkreditierten sich über **2500 Öl-, Gas- und Kohlelobbyisten,** so viel wie noch nie. Ein für deren Bedenken offener Mann leitete den Zirkus: **Sultan Ahmed al Jaber,** Chef der nationalen Ölgesellschaft ADNOC und Industrieminister der Vereinigten Arabischen Emirate.

Täglich pumpt seine Firma bis zu 3,5 Millionen Barrel Öl aus dem Boden. Wie kurz vor dem Gipfel herauskam, führte al Jaber Vorgespräche mit 30 Staaten zwecks Anbahnung fossiler Geschäfte. Eine Recherche förderte zutage, dass al Jaber mit der ADNOC aus bislang noch unerschlossenen Quellen neun Milliarden Barrel Öl pumpen will. Damit solche Geschäfte weitergehen und aus Sicht der Ölproduzenten Schlimmeres verhindert wird, verschickte die OPEC während der COP28 einen **Brief an ihre Mitgliedsländer.** „Es scheint, dass der unangemessene und unkontrollierte Druck gegen fossile Brennstoffe einen Kipppunkt mit unumkehrbaren Folgen erreichen könnte", heißt es darin (siehe Ausriss nächste Seite). Kipppunkte für die Ölindustrie? Den Begriff in diesem Zusammenhang zu verwenden, ist vulgär!

> ORGANIZATION OF THE PETROLEUM EXPORTING COUNTRIES
>
> *Secretary General*
>
> **URGENT**
>
> SGO/2023/OC0975
> 6 December 2023
>
> Excellency,
>
> I am writing to you with a sense of utmost urgency. As the COP28 is approaching its final days, intense negotiations are underway to finalize a decision on the first global stocktaking process (GST) under the Paris Agreement.
>
> It seems that the undue and disproportionate pressure against fossil fuels ==may reach a tipping point== with irreversible consequences, as the draft decision still contains options on fossil fuels phase out (e.g. paragraph 35 of the negotiation text of 5 December 2023 as attached).

Auch die **Sponsoren** der COP28 hätten Misstrauen erwecken müssen. Hier exemplarisch nur zwei von dreißig: die Schweizer Bank HSBC und die Bank of America. Die HSBC wurde 2022 von der britischen Werbeaufsicht dazu gezwungen, eine Kampagne zu stoppen, in der es um Baumpflanzungen gegangen war und um den Plan, Netto-Null-Treibhausgasemissionen zu erreichen. Vorwurf: Irreführung! Greenwashing! Begründung: Dem Publikum sei nicht klar, dass die HSBC „unqualifizierte Behauptungen über ihr Umweltengagement" aufstelle und gleichzeitig „an der Finanzierung von Unternehmen beteiligt ist, die erheblich zu Kohlendioxid- und anderen Treibhausgasemissionen beitragen". Wer sich nur ein wenig mit der Bank of America auseinandersetzt, erfährt, dass dieses Institut mit Immobilienfinanzierungen in großem Umfang dabei mitgeholfen hat, weite Teile US-amerikanischer Naturlandschaften in Städte bzw. Pendlerstädte zu transformieren. Die Transformation der Bank of America zu mehr klimafreundlichem Investment wird seit Jahren konterkariert durch weiterhin stark in fossile Projekte fließende Milliarden. Klimakonferenzen, an denen die Zukunft des Planeten hängt, dürfen sich niemals von solchen Firmen sponsern lassen.

SPHÄRE 1 -- KLIMA

GEHT ES SOGAR IN EINE BRUTALE 3-GRAD-PLUS-WELT?

In was für einer Welt werden wir leben müssen, die noch in diesem Jahrhundert, sagen wir, drei Grad wärmer sein wird als Ende des 19. Jahrhunderts? Wissenschaftler um Luke Kemp vom Centre for the Study of Existential Risk an der Universität Cambridge warfen 2022 in einem öffentlich kaum beachteten Aufsatz dem Weltklimarat – Absender des IPCC-Berichts – vor, einem 3-Grad-Szenario oder noch größeren Erwärmungen bislang zu wenig Beachtung geschenkt zu haben, ja, die Entwicklung sogar zu verharmlosen. Die Analysen hätten sich zu sehr mit den Ausformungen einer Plus-1,5- oder -2-Grad-Welt befasst und – gemessen an den Wahrscheinlichkeiten – zu wenig mit dem, was danach kommen könnte. Warum? Weil der Weltklimarat keine Panikmache betreiben möchte? Weil er keine Scheißegal-Haltung provozieren will, die den Konzernen gestattet, ihre Vernichtungsstrategie weiterzufahren, weil ohnehin alles egal ist?

Blicken wir trotzdem in eine solche Welt. Kemps Studie geht davon aus, dass in weniger als 50 Jahren zwei Milliarden Menschen auf der Erde mit extremer Hitze klarkommen müssen, etwa so extrem, wie man es heute aus der Sahara kennt oder vom Horn von Afrika. Die Katastrophen, die sich daraus ergeben, hätten, so Kemp, nicht nur mit Extremwettersituationen wie Dürren, Stürmen und Fluten zu tun, sondern auch mit kollabierenden Staaten, Finanz- und Ernährungskrisen, militärischen Konflikten, der Ausbreitung von Krankheiten und Migration. „Es gibt viele Gründe für die Annahme, dass der Klimawandel selbst bei moderater Erwärmung katastrophale Auswirkungen haben könnte", so Hauptautor Kemp. „Der Klimawandel spielte bei jedem Massenaussterben eine Rolle. Er hat zum Untergang von Imperien beigetragen und die Geschichte geprägt. Auch die moderne Welt scheint an eine bestimmte Klimanische angepasst zu sein." Der Subtext dieser Äußerung ist klar, oder? Ob es uns nun gelingt, den Klimawandel in der zweiten Hälfte des 21. Jahrhunderts auszubremsen oder nicht: Passen wir uns nicht schnell genug an die schon in der ersten Hälfte des 21. Jahrhunderts prekärer werdenden Umstände an, stehen Hunderte Millionen Menschenleben auf dem Spiel. Der im November 2023 veröffentlichte *Lancet Countdown on Health and Climate Change* spricht von einem Anstieg der Zahl globaler Hitzetoter bis zur Mitte des Jahrhunderts um 370 Prozent – bei einer Welt, deren Erwärmung sogar noch unter zwei Grad liegt. Und das sind nur die Hitzetoten! Um die Größenordnung einmal klarzumachen: Allein in Europa starben 2022 über 60.000 Menschen im Zuge der sommerlichen Hitzewellen.

Der Potsdamer Klimafolgenforscher Stefan Rahmstorf wagt in seinem Buch *Drei Grad mehr* einen Ausflug in mögliche Realitäten. Hitzerekorde sieht er bei dem durchaus denkbaren 3-Grad-Szenario hierzulande dann bei 45 Grad, im Zusammenspiel mit einer hohen Luftfeuchtigkeit eine tödliche Mischung. „Bei einer Luftfeuchte von 70 Prozent, typisch für Deutschland im Sommer, wird die selbst für gesunde Menschen nach einigen Stunden tödliche Kühlgrenztemperatur von 35 Grad bei einer Lufttemperatur von 40 Grad Celsius erreicht", sagt Rahmstorf. Kühlgrenztemperatur. Wer hat den Begriff vorher schon einmal gehört? Enthält die Luft an einem schwülen

SPHÄRE 1 -- KLIMA

Sommertag zu viel Wasser, verdunstet unser Schweiß kaum, unser Körper wird so nicht mehr ausreichend heruntergekühlt. Die Kühlgrenztemperatur beziffert die niedrigste Temperatur, die der Körper durch Verdunstungskühlung erreichen kann. Dieser Zusammenhang wird elementar werden.

Denn die tödlich heißen Gebiete drohen sich signifikant auszuweiten, der Aufenthalt im Freien wird zunehmend gefährlich. Zeitgleich häufen sich Starkregenereignisse, deren Wassermassen der ausgetrocknete Boden längst nicht mehr aufnehmen kann. Der langsamer werdende Jetstream, die Höhenwinde, die bislang auf den Temperaturunterschieden zwischen Polarkreis und gemäßigten Breiten basieren und für ständigen Wetterwechsel sorgen, lassen nun auch ungünstige Wetterlagen länger überdauern. Tropenstürme, die vom erwärmten Oberflächenwasser der Meere Energie ziehen, häufen sich – und kommen auch weiter nordwärts als bisher vor. Überschreitet der grönländische Eisschild seinen Kipppunkt, was in einer 3-Grad-Welt gut möglich ist, schmilzt er komplett ab, was den globalen Meeresspiegel um sieben Meter ansteigen lässt – und da ist der westantarktische Eisschild noch nicht mit eingerechnet. Dies würde auch die großen Zirkulationen der Weltmeere beeinflussen und diese schlimmstenfalls zum Erliegen bringen, was wiederum erhebliche Auswirkungen auf das gesamte Klimasystem hätte. Rahmstorf gibt in seinem Buch auch einen Ausblick auf die fernere Zukunft. Er verweist auf die natürlichen Eiszeiten, die normalerweise bedingt werden durch Erdbahnzyklen. Wir haben es als Menschheit wahrscheinlich geschafft, die in 50.000 Jahren fällige Eiszeit in weite Ferne zu verschieben. „Heizen wir die Erde gar um 3 Grad auf", so Rahmstorf, „werden wohl die natürlichen Eiszeitzyklen der nächsten halben Million Jahre ausbleiben."

EINE LUFTFEUCHTE VON 70 % KOMBINIERT MIT EINER LUFTTEMPERATUR VON 40 GRAD KÖNNEN SCHNELL TÖDLICH WIRKEN.

Dass solche Äußerungen keine unrealistischen Weltuntergangsfantasien sind, hat im Sommer 2023 eine bislang einmalige Großanalyse von Forschern des Ames Research Center der NASA bestätigt, die mit dem Abgleich von 35 Klimamodellen den Fortschritt des Klimawandels noch genauer berechnen konnte – bis hin zu monatlichen Mittelwerten und sogar Tagesschwankungen von Niederschlag, Luftfeuchtigkeit, Windgeschwindigkeit, lang- und kurzwelliger Sonneneinstrahlung sowie der vorhin genannten Kühlgrenztemperatur. Das traurige Ergebnis: Die 2-Grad-Grenze fällt bereits Anfang der 2040er-Jahre, egal ob es der Menschheit gelingt, die Erwärmung zu bremsen oder nicht. Die Nordpolargebiete und die darunterliegenden borealen Zonen erhitzen sich laut Studie weit stärker als Südamerika, Afrika oder Südasien. Die Anzahl der für den Menschen gefährlichen schwülen Hitzetage steigt rasant.

Aber hören wir an diesem Punkt auf. Studien-, Sachbuch- und Romanseiten, die dieses Grauen beschreiben, gehen inzwischen in die Zehntausende. Kurz: Es wäre fürchterlich, es wäre ein Szenario, wie wir es sonst nur aus den düsteren Hollywoodfilmen unseres Weltuntergangsspezialisten Roland Emmerich kennen. Das Leben in einer solchen Welt hätte mit dem heutigen nicht mehr viel gemein. Die Menschheit oder das, was von ihr übrig bleibt, wäre – wohl mit Ausnahme der sich auf Superjachten oder in Hightech-Bunker rettenden Superreichen – in einem Kampf ums reine Überleben gefangen.

DIE UNVERZEIHLICHE SCHULD DER LOBBYISTEN

Und warum? Nur weil einige wenige zu gierig und machtbesessen waren, die Politik zu abhängig von den Gierigen und Machtbesessenen und die Masse zu dumm, zu feige oder zu bequem, um die Gierigen und Machtbesessenen zu stoppen. Es ist zwar beharrlich die Rede davon, dass es noch nicht zu spät sei, aber ganz offensichtlich verläuft die Transformation hin zu einer Net-Zero-Welt viel zu langsam, zu zäh, wird weiterhin schwer bekämpft. Ich erinnere mich gut an eine Kolumne, die der Journalist und Kognitionspsychologe Christian Stöcker 2022 im *Spiegel* veröffentlichte. Ich hatte sie archiviert, weil sie den Nagel so sehr auf den Kopf traf. Die Überschrift hieß „Wir müssen aufhören, auf diese Leute zu hören". Stöcker sah sich veranlasst, auf die Behauptung von Wirtschaftsminister Robert Habeck zu reagieren, die Regierung müsse nun – angesichts der Gasknappheit, die der Überfall Russlands auf die Ukraine mit sich brachte – „nachholen, was in der letzten Dekade versäumt" worden war. Kurz und knapp: Damit meinte Habeck die versäumte rechtzeitige Diversifizierung bzw. Transformierung der Energieträger, die eigentlich schon der Krieg gegen die Natur hätte auslösen müssen und nicht erst der Krieg gegen die Ukraine. Christian Stöcker buchstabiert Habecks Bemerkung so aus: „Wir haben uns politisch von Leuten in die falsche Richtung führen lassen, die mit dieser falschen Richtung viel Geld verdient haben. Von den Lobbyverbänden der Kohle-, Öl- und Gasbranche, von den Lobbyverbänden gewisser Industrien, allen voran der Automobilindustrie. (…) Es ist nicht verboten, dass Branchenverbände und andere Lobbyisten versuchen, für ihre sterbenden oder vor gewaltigen Umbrüchen stehenden Branchen das Beste herauszuholen. Sie vertreten nun einmal Partikularinteressen", schreibt Stöcker am Ende. Dieses Beste sei für die deutsche Wirtschaft als Ganzes wie für den Planeten aber derzeit das Schlechteste. „Um ihre sehr speziellen Ziele zu erreichen, haben die Vertreter vieler Branchen jahrzehntelang gelogen, manipuliert, verzerrt, geschmeichelt und mit lukrativen Jobs für Leute aus der Politik gelockt. Das völlig verzerrte Bild der Arbeitsplätze in den Energiebranchen, das hierzulande noch immer vorherrscht, ist ein hervorragendes Beispiel, der Umgang mit dem Dieselskandal ein zweites. Man hat uns verladen, viele, viele Jahre lang. Spätestens jetzt sollte das allen klar sein." Genau so ist es. Leider verraucht auch ein solch bedeutsamer Kommentar im Netz in nur wenigen Sekunden, während eine bestimmte Spezies von Politikern die gleichen Argumente unwidersprochen immer wieder vortragen darf. Wenn opportun, bestehen plötzlich ganze Parteien aus Menschenfreunden, aber sonst regelt der Markt bitte die Dinge von allein – gern auch mithilfe von ein wenig Subventionen.

> „MAN HAT UNS VERLADEN, VIELE, VIELE JAHRE LANG. SPÄTESTENS JETZT SOLLTE DAS ALLEN KLAR SEIN."
>
> CHRISTIAN STÖCKER, JOURNALIST

Seit der Kolumne sind weitere zwei Jahre vergangen, und ich frage mich, was passieren muss, damit den Vertretern der Klimazerstörer – parteiübergreifend – nur noch beschränkter Einlass gewährt wird zu den Abgeordneten- und Ministerbüros. 38 Lobbyisten kommen mittlerweile in Berlin auf einen Abgeordneten. Besonders aktiv in den vergangenen Monaten war die Gaslobby. Wir wissen: Der Einkauf von russischem Gas war jahrzehntelang extrem billig, was den energieintensiven Industrien sehr zupasskam. Gleichzeitig hieß es beharrlich, dass die Verbrennung von Gas (hauptsächlich Methan) zwar das Klima belaste, aber doch bei Weitem nicht so stark wie die Verbrennung von Kohle und Öl, und sich deshalb gut als Brückentechnologie eigne. Stimmt nicht ganz. Denn während Förderung und Transport entweichen über Leckagen große Mengen des klimaschädlichen Methans in die Atmosphäre.

Nun hat der Verein Lobbycontrol 2023 die Lobbyarbeit der heimischen Gasbranche unter die Lupe genommen, deren Gesamtbudget für Lobbyismus 2021 etwa

-- KLIMA

40 Millionen Euro betrug, wovon unter anderem 426 Lobbyisten bezahlt wurden. Im Lobbyregister des Deutschen Bundestags konnten 74 Unternehmen und zwölf Lobbyverbände aus der Gasbranche identifiziert werden. „Die Interessen und die Macht der dahinterstehenden Konzerne und deren Lobbygruppen wurden in den vergangenen Monaten viel zu wenig thematisiert", sagt Christina Deckwirth von Lobbycontrol. „Dabei ist die Rolle der Gaslobby ein zentraler Grund, warum die Debatte um die Zukunft des Heizens so heftig war: Hier versuchte eine ganze Branche, sich mit aller Macht gegen ihr absehbares Ende zu wehren, um sich weitere Milliardengeschäfte zu sichern. (…) Sie wollen den Ausstieg aus dem Gas so lange wie möglich aufhalten und dazu auch die bestehende Gasinfrastruktur noch möglichst lange weiternutzen." Kennen wir das nicht aus Dubai? Diese Mechanik gilt jedoch nicht nur für die Energiebranche, sondern für alle Branchen, die grundlegend transformiert werden müssen. Wir haben es mit vielen parallel laufenden Überlebenskämpfen zu tun, Sterbeprozessen, während derer es aber immer noch möglich ist, gigantische Summen zu verdienen. Die Konzernbosse der alten Großkonzerne sind deshalb eher traurige Palliativbegleiter als umjubelte Lebensretter, denen unbedingt die Reanimation ihres Patienten gelingen will. Ihre Lobbyisten wirken als Beschaffer von Medikamenten, die den Kranken zwar noch ein paar Geschäftsquartale am Leben halten, aber niemals zur Heilung taugen.

Allein der Chemiegigant BASF investierte 2021 laut Lobbycontrol 3,8 Millionen Euro in die Lobbyarbeit, um die Gaspolitik mitzugestalten. Das rheinland-pfälzische Unternehmen, das einen Energieverbrauch hat wie ein Kleinstaat und daher seit Jahrzehnten mit seinem Tochterunternehmen, dem eng mit Gazprom verzahnten Gasbeschaffer Wintershall (jetzt Wintershall DEA), gut aufgestellt war, profitierte lange Zeit von russischem Gas zum Vorzugspreis. Der Erdgasverbrauch am Firmensitz Ludwigshafen betrug 2021 rund 37 Terawattstunden, ungefähr die Hälfte dessen, was ganz Tschechien in einem Jahr verbraucht. Jeder Pennäler kann dieses kolossale wirtschaftspolitische Versagen verstehen: Wer so viel Energie verbraucht, diese Energie zum Sondertarif hauptsächlich von einem Kunden erhält, der auch noch schwierig ist, und diese Energie seit den Neunzigern wie selbstverständlich über eigene Pipelines von Sibirien ins deutsche Stammwerk rauschen ließ, der darf sich nicht wundern, wenn er irgendwann einmal Probleme bekommt. Und das Klima spielt bei alldem noch gar keine Rolle! Als der Ukrainekrieg den traumhaften Gas-Deal ins Wanken brachte, fantasierte der BASF-Vorstandsvorsitzende Brudermüller vom Untergang und sprach von „historisch beispiellosen Gefahren", selbst Robert Habeck nahm die Begriffe „Massenarbeitslosigkeit" und „Armut" in den Mund. Nicht nur mir schien dieses Szenario maßlos übertrieben. Und was ist es gegen die Drohszenarien der Klimaforschung? **Warum schenken wir offensichtlich *wenigen Konzernbossen* mehr Glauben als *vielen Wissenschaftlern?*** Warum veranlasst eine nur vielleicht vertrauenswürdige Datenlage eines Unternehmens zum schnelleren Handeln als solide Klimastudien, die seit Jahren massenhaft vorliegen? Das ist alles völlig irreal.

EIN KLIMACLUB SOLL DIE WENDE BRINGEN

Wenden wir uns trotzdem noch einmal der Hoffnung zu und hören, warum die G7 und die EU-Kommission im Jahr 2022 in Elmau auf Vorschlag des deutschen Bundeskanzlers Olaf Scholz einen „Klimaclub" gegründet haben. Erinnern Sie sich? Klimaclub! Was sollte das sein? Wieder so ein Ding, wo nichts oder zu wenig passiert? Vielleicht wird es so kommen, aber das Gegenteil ist tatsächlich beabsichtigt – die konsequente Dekarbonisierung des Industriesektors. Begrifflichkeit und Mechanik des Klimaclubs stammen allerdings nicht aus dem Kanzleramt. Sie wurden erfunden von William D. Nordhaus, VWL-Professor in Yale, Wirtschaftsnobelpreisträger, Sohn eines Auswanderers aus Paderborn. Wahrscheinlich ist seine deutsche Herkunft der Grund dafür, dass Nordhaus den Westfälischen Frieden heranzieht, wenn er die Idee seines Klimaclubs erklärt. Die Bemühungen um einen wirksamen Klimavertrag, so Nordhaus, würden durch das „westfälische Dilemma" behindert. Damit meint er, dass beim Westfälischen Frieden von 1648 zwar die zentralen Grundsätze des modernen Völkerrechts festgelegt wurden, Nationen Souveränität und Selbstbestimmung erlangten, Staaten rechtlich gleichgestellt wurden und innere Angelegenheiten ohne Einmischung anderer geregelt werden konnten – seither der Beitritt zu internationalen Abkommen jedoch im Wesentlichen freiwillig geschieht. Wie wir alle wissen, führt Freiwilligkeit in Politik und Wirtschaft zu nichts Gutem. Auch nicht bei vermeintlich guten Zielen. Streng genommen sind bislang alle Klimakonferenzen gescheitert, die globalen CO_2-Emissionen immer weiter in die Höhe geschnellt. Auch das Pariser Klimaabkommen ist freiwillig und rechtlich nicht bindend. Das darunterliegende Problem laut Nordhaus: free-riding, Trittbrettfahrerei. Sie liege vor, „wenn eine Partei die Vorteile eines öffentlichen Gutes erhält, ohne sich an den Kosten zu beteiligen". Bei globalen öffentlichen Gütern sei die Trittbrettfahrerei besonders schwer zu überwinden. „Kein Mechanismus – weder Markt noch Regierungen – ist in der Lage ist, sie effektiv zu behandeln."

Nordhaus überprüfte nun 2015 in einer Studie die Hypothese, ob das Modell eines Klimaclubs einiger weniger Vorreiter, die mit den Mitteln von CO_2-Steuern und Strafzöllen als Sanktionsmittel agieren würden, die Welt in dieser entscheidenden Frage weiterbrächte. Ja! Er kam zu dem Ergebnis, dass es ohne Sanktionen gegen Nichtteilnehmer des Clubs quasi keine Koalitionen für Emissionsverringerung gibt. Ein Club, der geringe Handelsstrafen für Nichtteilnehmer verhängt, würde jedoch eine große, stabile Koalition mit hohen Vermeidungsraten hervorbringen.

Seitdem haben sich viele Klima- und Wirtschaftswissenschaftler auf diese Idee bezogen. Auch Harro van Asselt und Peter Newell vom Massachusetts Institute of Technology (MIT), die Nordhaus' Empfehlung Ende 2022 in Abwandlungen wiederholten, um die Politik aus ihrem Dilemma herauszuholen. Sie schlagen verschiedene Clubvereinbarungen vor, die sich auf bestimmte fossile Brennstoffe beziehen und auf bestimmte Gruppen von Akteuren. „Es wird immer Nichtteilnehmer und Verstöße geben, und es wird heftigen Widerstand gegen Vorschläge geben,

SPHÄRE 1 -- KLIMA

die Versorgung mit den nach wie vor höchst profitablen Energiequellen einzuschränken", schreiben sie. „Aber das anfänglich mangelnde Engagement wie auch der Widerstand der großen Produzenten fossiler Brennstoffe sind kein Argument dafür, dieses Vorhaben aufzugeben. Vielmehr muss der Wille der internationalen Gemeinschaft artikuliert und eine unumkehrbare Dynamik erzeugt werden, um den Übergang weg von fossilen Brennstoffen zu beschleunigen. Die jüngsten wissenschaftlichen Berichte haben einmal mehr unterstrichen, wie wichtig es ist, jetzt zu handeln, um die Weltwirtschaft radikal zu dekarbonisieren, was zwangsläufig eine Begrenzung der Produktion fossiler Brennstoffe bedeutet."

Yale

WILLIAM D. NORDHAUS, GEISTIGER VATER DES KLIMACLUBS

Mit der COP28 in Dubai hat der auf 36 Mitglieder angewachsene Klimaclub seine Arbeit aufgenommen. Es gehört nicht viel Fantasie dazu, sich vorzustellen, dass die Lobbyisten der betroffenen Branchen schon jetzt unter Hochdruck daran arbeiten, Drähte in den Klimaclub zu legen. Es muss Teil der grundlegenden Architektur dieses Clubs sein, das Fundament und die Wände so stabil anzulegen, dass solche Drähte niemals hindurchgelangen. Vielleicht birgt dann diese Initiative wirklich die letzte große Chance, die Klimakatastrophe von politischer Seite aus entscheidend abzumildern.

JURISTISCHE OFFENSIVEN GEGEN DIE KONZERNCHEFS

Sofern das nicht passiert, ist die Zivilgesellschaft gefragt, die immer häufiger die Hilfe von Juristinnen und Juristen in Anspruch nimmt. Das weltweit wohl bekannteste Beispiel dafür ist die sogenannte Klimaklage des peruanischen Bauern und Bergführers Saúl Luciano Lliuya gegen den größten deutschen Energieversorger und Europas größten CO_2-Emittenten RWE vor dem Oberlandesgericht Hamm. Hintergrund ist die Angst Lliuyas, seine Heimatstadt Huaráz und ihre 55.000 Einwohner könnten eines Tages von einer gewaltigen Flutwelle fortgespült werden. Denn oberhalb des Ortes wächst auf einer Höhe von 4560 Metern der Palcacocha-See an, der unablässig vom abschmelzenden Palcaraju-Gletscher gefüllt wird – eine Entwicklung, die Forscher von der University of Washington in Seattle zu annähernd 100 Prozent mit dem menschengemachten Klimawandel in Verbindung bringen. Dass dieser See eine Gefahr darstellt, zeigte sich bereits 1941, als ein jahrtausendealter Moränendamm nicht mehr standhielt und sich Wassermassen und Gerölllawinen auf Huaráz ergossen. Tausende Opfer waren zu beklagen. Seitdem wurden zwar Schutzmaßnahmen getroffen, Dämme verstärkt, Wasser abgepumpt, aber die in der Region ansteigenden Temperaturen beschleunigen die Gletscherschmelze und verstärken das Risiko eines katastrophalen Mega-Ereignisses. Genau das will Bauer Lliuya vermeiden, durch den Bau eines weiteren Damms am liebsten mit finanzieller Unterstützung des RWE-Konzerns, den er zu den Mitverursachern des Klimawandels zählt und damit auch zu den Mitverursachern der lokalen Gletscherschmelze. 2015 reichte er daher mithilfe der NGO Germanwatch Klage ein. Die große Frage dahinter, die bis dahin nicht gestellt wurde, ist die der Kausalität. Inwieweit können Großemittenten haftbar gemacht werden für ganz konkrete Auswirkungen der Erderwärmung? Das Landgericht in Essen wies die Klage ab, das Oberlandesgericht Hamm nahm sie 2017 an und schickte 2022 Gutachter nach Peru, die im Sommer 2023 ihre Einschätzung zu dem Flutrisiko vorlegten. 2024 dürfte es mit der ersten mündlichen Verhandlung in die nächste Runde gehen.

Wie auch immer solche Fälle enden, sie sind schon vor einem Urteil schädlich für die betroffenen Unternehmen. Eine Studie der London School of Economics and Political Science aus dem Frühjahr 2023 sieht einen klaren Zusammenhang zwischen Klimaklagen und Kursverlusten börsennotierter Konzerne. „Das Papier der Wissenschaftlerinnen und Wissenschaftler belegt, dass Klimaklagerisiken für Unternehmen mit großen CO_2-Emissionen höchst finanzrelevant sind. Konzerne sind verpflichtet, diese Risiken in ihren Berichten auch darzulegen und überprüfen zu lassen, tun dies aber bislang selten", kommentiert Christoph Bals, politischer Geschäftsführer von Germanwatch. „Wer weiterhin in fossile Unternehmen investiert, muss wissen, dass er ein schwer kalkulierbares Risiko eingeht. Aber auch auf Unternehmen, die nicht berichten, sowie auf ihre Buchhaltungsunternehmen kommt hier ein Klagerisiko zu." So kam es im Fall von RWE bereits zum Zeitpunkt der ersten Instanz am Landgericht Essen zu einem Kursverlust von knapp sechs Prozent.

SPHÄRE 1 -- KLIMA

SAÚL LUCIANO LLIUYA,
PERUANISCHER BAUER

¿Quién PAGA LA DESTRUCCIÓN?

RWE

MARKUS KREBBER,
RWE-VORSTANDSVORSITZENDER

Der Bauer aus Peru ist längst nicht der Einzige, der einen langen Atem beweist und RWE am Haken hält. Auch der Dachverband Kritische Aktionäre gibt keine Ruhe. Im Zuge der Jahreshauptversammlung im April 2022 initiierte er eine Protestkundgebung unter dem Titel „RWE: Blauer Planet statt Toter Planet". Dort warf Verbandsgeschäftsführer Markus Dufner dem Essener Unternehmen Greenwashing vor. „Die RWE AG nennt ihre Konzernstrategie zwar *Growing Green*. Tatsächlich kommen die hohen Gewinne, die RWE verzeichnet, aus der Produktion von und dem Handel mit fossilen Energieträgern", sagt er. „RWE nennt das *konventionelle* Stromerzeugung. Währenddessen sinken die Gewinne aus den Bereichen Wind, Sonne und Biomasse oder rutschen sogar ins Minus. Dementsprechend muss die Konzernstrategie in *Greenwashing* umbenannt werden."

Sibylle Arians erinnerte während des Protests an die Verleihung des Dead Planet Awards durch ihre ethecon-Stiftung für Ethik und Ökonomie, den RWE 2021 verliehen bekam, weil der Konzern mit dem „Festhalten an fossilen Energierohstoffen wesentlich zu schockierenden Zerstörungen auf unserem Blauen Planeten beiträgt". RWE-Vorstandsvorsitzender Markus Krebber und Aufsichtsratsvorsitzender Werner Brandt, so Arians, würden „zusammen mit Großaktionär und BlackRock-Chef Larry Fink sowie Ex-Ministerpräsident Armin Laschet persönlich Mitverantwortung dafür tragen, dass die Lebenschancen künftiger Generationen massiv bedroht sind".

SPHÄRE 1 -- KLIMA

Schließlich waren auch Vertreter des sogenannten RWE-Tribunals anwesend, einer Initiative, die weiterführt, was der britische Philosoph und Literaturnobelpreisträger Bertrand Russell 1966 angestoßen hatte. Angesichts der erheblichen Vorwürfe, die gegen die USA im Vietnamkrieg erhoben wurden, kamen unter Russells Vorsitz 18 Vertreter aus der Menschenrechts- und Friedensbewegung sowie Publizisten und Wissenschaftler zusammen. Man verfügte weder über politische Sanktionsmöglichkeiten noch über juristische Handhabe, trotzdem wollte man die USA nicht davonkommen lassen und deren Kriegsverbrechen ohne politische Beeinflussung untersuchen und dokumentieren. Nun geht es um Ökozid und gegen RWE. Auf dem vierten Tribunal im März 2023 in Köln sprach beispielsweise der Kinderarzt Christian Döring, der daran erinnerte, dass „die aus den Kohleschloten der RWE-Braunkohlekraftwerke von Niederaußem, Neurath und Weisweiler emittierten Ultra-Feinstäube krebsauslösend" seien. Es sei „wissenschaftlich belegt, dass durch die Schadstoff-Emissionen der RWE-Kraftwerke, selbst bei vorsichtig angewandten Berechnungsmodellen, von 1880 statistischen Todesfällen im Jahr 2016 auszugehen ist". Unter denen, die gehört wurden, war auch Rechtsanwalt Heinrich Comes, Mitverfasser einer Strafanzeige gegen RWE: „Damit die schon heute viele Millionen zählenden Opfer von Hitze- oder Klimawellen, von Extremwetterereignissen oder Dürren sich nicht hinter einem schulterzuckenden *Das ist eben so* verlieren, haben wir am 29. September 2022 Strafanzeige wegen Tötungsdelikten gegen die leitenden Mitarbeiter und aufsichtführenden Personen der RWE Power AG erstattet."

Laut Strafanzeige würde weder die Komplexität der Angelegenheit vor Verfolgung schützen noch der Umstand, dass die Opfer überwiegend nicht namentlich benannt werden können. „Es liegt in der Natur derartiger Taten, dass ihre Folgen anonym wirken, jeden und überall und über lange Zeiträume hinweg treffen können. Das Besondere an dieser Tötungstechnik ist darüber hinaus, dass sie auch in die Zukunft hinein wirkt, also mit heute in Gang gesetzten Verfahren in Kürze wie auch in weiter Ferne zahllose Menschen umbringen wird. (…) Die Beschuldigten sind verdächtig, zahllose Menschen getötet und zukünftige Tötungen in die Wege geleitet zu haben, ferner die globalen Lebensgrundlagen mittels eines bereits in Gang gesetzten, schleichenden Prozesses zu vernichten. Dabei haben sie jeweils als Mittäter gehandelt, indem sie die Entscheidungen für die fortgesetzte Förderung und Verbrennung von Braunkohle gemeinsam getragen haben."

Die Wortwahl ist allerhand. Von Tötung ist hier die Rede, von Tötungstechniken, von Mittätern. 17 deutsche Juristen haben die Strafanzeige verfasst und an drei Staatsanwaltschaften übergeben. Ist das übertrieben? Oder ist es inzwischen nachvollziehbar angesichts der destruktiven Geschäftsmodelle, die trotz besseren Wissens jahrelang weiterbetrieben wurden? Mich interessiert, wie die Beschuldigten zu den Vorwürfen stehen, mit welcher Haltung sie jeden Morgen ins Büro gehen, ob sie zumindest von schlechtem Gewissen geplagt oder von Ausstiegsgedanken umgetrieben werden. Ich verfasse eine standardisierte CEO-Fragenliste (siehe S. 208) und sende sie an RWE-Vorstand Markus Krebber. Es überrascht mich nicht, dass die Antworten ausbleiben. „Bitte haben Sie Verständnis, dass wir Ihr Angebot nicht annehmen möchten", schreibt die Pressestelle. Die zweite Aussendung geht an BASF. Auch über die Haltung von CEO Martin Brudermüller möchte ich Näheres wissen. Gegen BASF laufen Hunderte Klagen wegen der Herstellung sogenannter Ewigkeitschemikalien, die Boden und Grundwasser belasten und um die es später im Wasserkapitel noch ausführlicher gehen wird. Gegen die BASF-Tochter DEA-Wintershall wurde auch eine Klimaklage eingereicht. Damit will die Deutsche Umwelthilfe das Unternehmen dazu bewegen, sich zu einem Paris-kompatiblen CO_2-Budget zu verpflichten und spätestens ab 2026 keine neue Öl- oder Gasförderung mehr zu beginnen. Wie ist einem CEO zumute, der ein nicht allzu nachhaltiges Portfolio zu managen hat und sich tagtäglich mit Klagen auseinandersetzen muss? Doch auch im Falle von BASF wird um Verständnis gebeten, dass Herr Brudermüller „sich nicht an den Interviews beteiligen wird".

MARTIN BRUDERMÜLLER,
BASF-CEO 2018 BIS 2024

BASF HABEN SIE EIN GEWISSEN?!

Wer zur Verfügung steht, ist Prof. Dr. Hermann Ott, der an der Hochschule für nachhaltige Entwicklung Eberswalde *Sustainability Strategies And Governance* lehrt. Ott studierte an der LMU München, an der London School of Economics und an der Freien Universität Berlin Jura, promovierte im internationalen Umweltrecht, arbeitete unter anderem für Greenpeace, die Deutsche Umweltstiftung und das Wuppertal Institut. Von 2009 bis 2013 saß er für die Grünen im Deutschen Bundestag. 2019 gründete Ott am Tag der ersten großen Fridays-for-Future-Demonstration die Umweltberatung Lawyers for Future mit. Ich befrage ihn in seiner Rolle als Volljurist für ClientEarth, eine in England gegründete Organisation, die die Erde als Klientin vertritt und Dutzende Verfahren mit den Schwerpunkten Klima, Energie und Luftverschmutzung angestrengt hat – unter anderem gegen Shell, BP oder die polnische Kohleindustrie. Juristische Klagen, so ist sich Ott sicher, seien gerade die effektivste Form von Umwelt- und Klimaschutz.

Herr Professor Ott, wie kommen Sie zu dieser Feststellung?
Mir ist wichtig zu betonen, dass ich das *momentan* für das effektivste Mittel halte. Es gab Momente, die gehörten der Wissenschaft. Sie legte die Grundlagen, um überhaupt bestimmte Problemlagen einschätzen zu können. In der Politik kann sich auch manchmal für einen Moment ein Fenster öffnen. Die zivilgesellschaftliche Bewegung hatte 2019 mit Greta Thunberg einen großen Moment, mit dem Hoffnung verknüpft und auch viel erreicht wurde. ==Im Moment scheint mir aber das schärfste Schwert in den Händen der Juristen zu liegen.==

Weil alle anderen Gewerke nicht langfristig getragen haben?
Ja, so könnte man sagen. Nach dem Höhenflug von Fridays for Future kam die Pandemie, dann der Ukrainekrieg. Seitdem ist bei Fridays der Dampf raus. Aber auch ohne diese dominierenden Ereignisse wäre es schwierig geworden. Extinction Rebellion und Letzte Generation haben dann quasi übernommen und die Aufmerksamkeit auf sich gezogen. Auf der einen Seite finde ich die beiden Gruppen wahnsinnig toll. Auf der anderen Seite denke ich mir, dass sie sich mit ihren Störaktionen im Straßenverkehr oder in Museen die Falschen aussuchen. Sie müssten sich die verantwortlichen CEOs aussuchen und deren Konzerne gnadenlos blockieren. Da darf kein Postbote mehr reinkommen! Und vielleicht kann man auch fragen, warum damals im Zuge der Anti-Atomkraftbewegung beharrlich die Gleise für die Castortransporte blockiert werden konnten, aber heute in diesem Land noch ungehindert Kohlezüge fahren können? Ziviler Ungehorsam ist ungeheuer wichtig. Man könnte aber noch eine Menge mehr machen, neue bürgerschaftliche Momente initiieren.

Okay, verstanden. Was ist mit dem Momentum der Wirtschaft?
Von der Wirtschaft erwarte ich gar nichts. Wirklich gar nichts. Es gibt natürlich Familienunternehmen und Entrepreneurs, die fortschrittlich sind, aber in der

großen Breite werden Unternehmen immer die Rendite wählen. Mutige Vorreiter wird es unter den Großkonzernen nicht geben.

Und die Politik? Sie saßen selbst mal im Bundestag.
Viel erwarten kann man da auch nicht. Politik wird zu sehr geprägt von äußeren Einflüssen: vom Druck der Lobbygruppen, von der Angst vor der Demoskopie und ungünstigen Umfragen, und auch die Medien treiben die Politik oder bilden mit ihr sogar Netzwerke.

Bleibt also die Juristerei übrig?
Das scheint mir so zu sein. Denn die Juristerei ist das einzige System – zumindest in den Staaten, wo eine unabhängige Justiz existiert –, das nicht marktgängig gestaltet ist wie sonst alle anderen Bereiche des Lebens. Dort gelten andere Werte. Natürlich kann man sich als Reicher die tollsten Anwälte leisten und sich freikaufen, aber die Werte innerhalb der Justiz sind prinzipiell andere und gehorchen nicht der Marktlogik, also dem ständigen Wunsch nach ökonomischer Effizienzsteigerung. Diese übergeordneten Werte sollten wir verteidigen. Ich bezeichne uns ja nicht nur als Verteidiger der Erde, sondern auch als Verteidiger von Demokratie und Rechtsstaat, weil wir auch möchten, dass die Mächtigen zur Verantwortung gezogen werden.

Es ist absolut traurig, den Rechtsraum als einzigen Raum identifizieren zu können, wo turbokapitalistische Abartigkeiten nicht greifen. Erklären Sie bitte, welche Waffen Sie dort finden, die Ihnen bei Umweltklagen hilfreich sind.
Zum Beispiel die Aarhus-Konvention, die kein Mensch kennt. Das ist eine irrsinnig tolle völkerrechtliche Vereinbarung, die wir alle nutzen sollten. Sie trat 2001 in Kraft. Über 47 europäische Staaten haben sie inzwischen ratifiziert, Deutschland 2007. Die Konvention hat drei Säulen. Mit der ersten Säule wurde dort das Recht auf Umweltinformation verankert. Jede Bürgerin und jeder Bürger kann von staatlichen Stellen und auch von Unternehmen Auskunft über umweltrelevante Informationen verlangen, die erteilt werden müssen. Die zweite Säule hat mit der Beteiligung der Öffentlichkeit an Entscheidungsverfahren zu tun, damit Umwelt und Naturschutz gebührend berücksichtigt werden. Sehr interessant ist die dritte Säule. Sie nennt sich „Zugang zu Gerichten in Umweltangelegenheiten". Um diesen Zugang umzusetzen, gibt es in der EU die Rechtsschutzmittel-Richtlinie und in Deutschland das Umweltrechtsbehelfsgesetz. Sie haben Klagerechte für Organisationen oder Verbände möglich gemacht. Früher mussten Verbände die Verletzung subjektiver Rechte ins Feld führen, um als Kläger zugelassen zu werden. Das führte dann dazu, dass der BUND mal eben Grundstücke neben Atomkraftwerken gekauft hat, um zu einem Betroffenen zu werden und eine Klagebefugnis geltend zu machen. Heute kann jeder beim Umweltbundesamt registrierte Umweltverband vor Gericht gehen und sagen: Hier wird objektives Recht verletzt! Seitdem ist tatsächlich eine deutliche Zunahme an Umweltverfahren zu erkennen.

Die auch Sie mit ClientEarth zu verantworten haben. Gibt es eine zentrale Erkenntnis, die Ihnen bei den bisherigen Verfahren gekommen ist?

Mir scheint zentral zu sein, dass die gläserne Decke zwischen Management, also dem Vorstand, und der Verantwortlichkeit gebrochen werden muss. Wenn durch falsche, fahrlässige oder bösartige Entscheidungen Nachteile für das Unternehmen entstehen, schlägt das Strafrecht zu. Wenn durch falsche, fahrlässige oder bösartige Entscheidungen mittel- bis langfristige Nachteile für Mensch und Umwelt entstehen, war bisher kaum etwas zu machen. Das muss sich dringend ändern.

Was muss geschehen, damit der Straftatbestand des Ökozids vor dem Internationalen Gerichtshof verhandelt werden und Topmanager in Den Haag der Prozess gemacht werden kann? Ist das überhaupt realistisch?

Ich finde ja. Wir unterstützen diese Bemühungen auch sehr. Es würde helfen, den Straftatbestand des Ökozids erst einmal in die nationalen Strafgesetzbücher aufzunehmen, aber es funktioniert auch ohne diese Ebene. Die formale Voraussetzung wäre, dass ein Mitgliedsland ein Änderungsverfahren der Satzung des Gerichtshofs einleitet. Jeder Staat würde jedoch gut daran tun, sich vorher zu versichern, dass er starke Unterstützer hat. Vielleicht fehlt es noch daran. Aus Belgien gab es einen Vorstoß, in Deutschland sieht es nicht so aus, als würde sich hier jemand dafür in die Bresche werfen.

PROF. HERMANN OTT,
DOZENT, AKTIVIST

ClientEarth

SPHÄRE 1 -- KLIMA

Haben die CEOs der internationalen Großkonzerne Angst vor einer möglichen Verfolgung oder fühlen die sich sicher?

Ich denke, dass sie noch keine Angst verspüren, weil sie gar nicht wissen, was auf sie zukäme. Jedenfalls habe ich noch nicht wahrgenommen, dass sie ihre Bataillone in Stellung gebracht hätten.

Welcher Unternehmensverantwortliche sollte Ihrer Meinung nach einer der ersten sein, denen in Den Haag der Prozess gemacht werden müsste?

Exxon mit seinem derzeitigen CEO Darren Woods wäre natürlich ein Spitzenkandidat. Aber es sind eigentlich alle großen Ölkonzerne. Wir gehen ja schon in England gegen Shell vor, in Frankreich gegen Total. Das macht alles keinen Unterschied.

Warum scheint bei den Großkonzernen der Wandel von innen heraus nicht zu funktionieren?

Für die CEOs, die etwas ändern wollen, nachhaltiger werden wollen, ist das mit einem hohen Risiko behaftet.

Was ist dieses persönliche Risiko gegen die Risiken des Klimawandels oder des Artensterbens? Ein CEO hat, selbst wenn er entmachtet oder gefeuert werden würde, doch seine Schäfchen längst im Trockenen.

Ja, aber da muss man sich in die Mentalität dieser Menschen reinfühlen. Die fürchten nicht darum, dass sie morgens nicht mehr ihr Croissant essen können. Sie verlieren mit ihrer Machtbasis alles, was sie erreichen wollten, alles, wofür sie gestanden haben. Und es betrifft die ganze Familie, die Ehefrau, die den gesellschaftlichen Status verliert, die Kinder, die in der Schule gemobbt werden.

Umgekehrt gedacht: Könnte nicht eine Familie stolz auf ihren Vater sein, der es wagt, aufzuhören mit der Ausbeutung des Planeten?

Es gab mal eine Phase, Ende der Neunziger, da war genau das Thema. Es waren zarte Pflänzchen einer neuen Wirtschaftsform, einer neuen Humanität zu erkennen, eines neuen ökologischen Bewusstseins, als ein rechtzeitiges Gegensteuern noch möglich gewesen wäre. Damals fragten die Kinder ihre Eltern: „Was macht ihr da eigentlich?" Als Angestellte der Mineralölkonzerne schämten sie sich. Aber der Aufbruch wurde gleich wieder niedergetrampelt.

Kinder hören doch nicht auf zu fragen. Gerade die aus der Generation Thunberg.

Es wäre zu hoffen. Aber anscheinend ist das Thema nicht mehr so mit Scham behaftet, wie es in den Neunzigern mal gewesen ist. Das wundert mich.

Woran könnte das liegen?

Vielleicht haben sich die gesellschaftlichen Klassen schon zu sehr voneinander abgeschottet. Vielleicht leben die CEOs mit ihren Familien in derartigen Parallelwelten, dass die Kinder gar nicht mehr auf den Gedanken kommen, ihre Väter zur Rede zu stellen. Vielleicht wollen die mit den Protestierenden auf der Straße gar nichts zu tun haben. Es gibt ja klare Tendenzen der Eliten, sich etwa auf Inseln oder in Gated Communities von der Realität abzuschotten – vor allem in den USA und in Großbritannien ist das längst der Fall.

Können Sie etwas zu den Persönlichkeitsstrukturen dieser Manager sagen?
Ich kenne keinen CEO der großen börsennotierten Unternehmen persönlich. Aber es scheint so, als ob bei einigen von ihnen die sogenannte *Dark Triade* aus Narzissmus, psychopathischer Störung und machiavellistischen Haltungen greift. Das Modell kommt aus der Psychologie und versucht, den toxischen Mindset von Führungskräften zu begreifen.

Diese drei Ecken müssen wir kurz beschreiben: Von Narzissmus spricht man bei egoistischen Menschen, die zu keiner Empathie fähig sind und glauben, die Welt würde sich um sie drehen. Psychopathen zeichnen sich durch asoziales, rücksichtsloses, selbstsüchtiges, impulsives Verhalten aus. Und der Machiavellismus ist charakterisiert durch das Streben, Macht erlangen und erhalten zu wollen, koste es, was es wolle. Man beutet aus, manipuliert, geht über Leichen, ohne Moralvorstellungen, ohne Skrupel. Eine Idee, wie diese Triaden zu brechen sind?
Wahrscheinlich geht das nur über persönliche Katastrophen wie Krankheiten oder Scheidungen. Diese Männer sind über Gespräche, Argumente, Austausch nicht zu erreichen. Das Phänomen ist mir auch in der Politik begegnet. Man spürt bei diesen Leuten keinerlei persönliche Regung mehr, nur Kälte. Ich denke, das sind Schutzmechanismen, die diese narzisstischen Persönlichkeiten um sich aufgebaut haben. Das ist wahrscheinlich auch der Grund, warum sie nur in ihrer eigenen Blase leben können. Douglas Adams hat das ja sehr gut in *Per Anhalter durch die Galaxis* beschrieben.

Was genau meinen Sie?
Es gibt in dem Roman doch diesen doppelköpfigen Präsidenten Zaphod Beeblebrox. Der kapert ein Raumschiff, wird verfolgt und gefangen genommen. Zur Strafe wird er in eine Maschine gesteckt auf dem entferntesten Planeten des entferntesten Sonnensystems. Diese Maschine nennt sich Total Perspective Vortex, eine Art Seelenzertrümmerer. Darin wird man mit der Unendlichkeit des Alls konfrontiert, was dafür sorgt, dass man nicht nur seinen Verstand verliert, sondern auch seine Seele. Beeblebrox wird reingesteckt, kommt wieder raus und sagt tatsächlich: „Ich wusste schon immer, dass ich der Mittelpunkt des Universums bin!" Er, die Selbstsucht in Person, ist der Erste, der diese Maschine überlebt. Das beschreibt ganz gut, was diese Menschen sich permanent selbst einreden.

SPHÄRE 1 -- KLIMA

Wie lassen sich solche Leute vor Gericht verteidigen?
Es ist eigentlich ganz einfach. Man fährt Bataillone von hoch bezahlten Anwältinnen und Anwälten auf und sorgt dafür, dass die Sache erst gar nicht vor Gericht kommt bzw. gar nicht zugelassen wird. Zum Beispiel ist unsere Klage in Großbritannien gegen Shell von zwei Instanzen gar nicht zugelassen worden. Da sind wir als Aktionäre gegen den Vorstand vorgegangen. Das ist uns auch in Deutschland bei Volkswagen passiert. Wir wollten als Aktionäre erreichen, dass der Vorstand auf der Hauptversammlung über seine Lobbyaktivitäten berichtet. Der Vorstand schmetterte das ab und setzte den Punkt nicht auf die Tagesordnung. Dann sind wir vor Gericht gegangen und auch hier haben wir zweimal eine Niederlage einstecken müssen, beide Male in Braunschweig. Die Gerichte haben zwar anerkannt, dass Aktionäre das Recht haben, Satzungsänderungen einzubringen. Aber die Klage wurde dann mit der Begründung abgelehnt, dass „kein gesteigertes Allgemeininteresse" bestehen würde. Im Grunde wurde hier politisch entschieden.

Das klingt so, als sei das juristische System dann doch nicht ganz wertneutral. Zuletzt bitte eine Prognose: Wird es gelingen, dass die Welt das ihr noch zur Verfügung stehende CO_2-Budget für das 1,5-Grad-Ziel über das Mittel der Klimaklagen nicht überschreitet – oder sind da bereits sämtliche Züge abgefahren?
Da sind sämtliche Züge abgefahren. Das Budget werden wir in jedem Falle überschreiten, und wohl auch das für die 2-Grad-plus-Welt. Wir sind auf einem Pfad Richtung drei Grad. So furchtbar das auch ist und sosehr sich das auswirkt auf meine Motivation und auf meinen Optimismus, muss man sich Klarheit darüber verschaffen, dass wir bestimmte Weggabelungen längst verpasst haben. 2011, als ich noch im Bundestag saß, habe ich Dennis Meadows, einen der Autoren des Club-of-Rome-Berichts von 1972, in die Enquete-Kommission *Wachstum, Wohlstand, Lebensqualität* eingeladen. Er hat sich mit allen Professoren dieser Kommission angelegt, ihnen vorgehalten, dass solche Diskussionsrunden so gut wie gar nichts nutzen, und ihnen klargemacht, dass es längst zu spät ist für eine Umkehr in eine nachhaltige Welt. Jetzt ginge es, so Meadows, vor allem um Resilience Building, also den Aufbau von Widerstandskraft, die es braucht, um mit den neuen Bedingungen klarzukommen. Seitdem sind weitere 13 Jahre vergangen. Ich bin noch nicht so weit, dass ich mich komplett auf Resilience Building konzentriere, aber es wird einen immer größer werdenden Stellenwert einnehmen. Das betrifft sowohl die materiellen, aber vor allen Dingen die sozialen und mentalen Infrastrukturen.

Dennoch haben Sie den juristischen Kampf nicht aufgegeben. Woraus nährt sich diese Resthoffnung, die Sie scheinbar in sich tragen?
Eine schwierige Frage. Erstens ist es immer wichtig, weiterzukämpfen. Never give up. Kennen Sie das Bild von dem Frosch, der beim Storch im Schnabel hängt und versucht, dem Frosch den Hals zuzudrücken? Die Hoffnung darf nie-

SPHÄRE 1 -- KLIMA

mals sterben. Denn, wer weiß: Vielleicht gibt es ja Feedback Loops im System, die wir noch nicht kennen und die dafür sorgen, dass Kipppunkte doch viel höher anzusetzen sind. Ich würde auch nie die Hoffnung aufgeben auf gesellschaftliche Veränderungsprozesse, die manchmal ziemlich schnell Dinge möglich machen. Aber die Klagen sind, wie gesagt, das Wichtigste und Schärfste, was wir gerade haben, um Behörden und Unternehmen juristisch zu zwingen.

Aber längst nicht alle Urteile sind zufriedenstellend. Was haben wir gejubelt, als das Bundesverfassungsgericht 2021 Teile des Klimaschutzgesetzes der deutschen Bundesregierung als unzureichend bewertete und dieses im Sinne nachfolgender Generationen nachformuliert werden musste. Ein Jubel, der schnell verhallte. Denn danach ging es nur noch in die andere Richtung. Weitere Klimaklagen bzw. Verfassungsbeschwerden – etwa zur Einführung eines Tempolimits – wurden sogar reihenweise vom Bundesverfassungsgericht abgelehnt. Ernüchterung bei Juraprofessor Thomas Groß, der 2023 in einer Zwischenbilanz über die halbherzige Rechtsprechung im Verfassungsblog schrieb: „Weil es sich um einen menschenrechtlich begründeten und wissenschaftlich fundierten Anspruch auf Maßnahmen zur Erhaltung von Gesundheit, Leben und Eigentum handelt, kann und muss er auch gegen die träge Mehrheit durchgesetzt werden, denn das ist die originäre Aufgabe der Rechtsprechung, insbesondere der Verfassungsgerichtsbarkeit. Es wird Zeit, die juristischen Instrumente zu schärfen, denn die Freiheit der künftigen Generationen muss durch sofortiges Handeln gesichert werden."

Interessant ist, wie sich gerade die nächste Generation von Juristinnen und Juristen für diesen Kampf wappnet. Seit vier Jahren veröffentlichen die Law Students for Climate Accountability (LSCA) die sogenannte *Law Firm Climate Change Scorecard*. Das sind Jahresberichte über die Verbindungen zwischen Energiebranche und Rechtsbranche. Genauer geht es darum, zu ermitteln, wie sehr Kanzleien Konzernen der fossilen Brennstoffbranche geholfen haben, ihre klima- und umweltschädlichen Pläne umzusetzen, wie sehr sich Juristen mitschuldig gemacht haben auch bei der Ausbeutung gefährdeter indigener Gemeinschaften und der natürlichen Ressourcen des Planeten. Die kurze Essenz des Jahresberichts 2023: ==Diese unentschuldbare Arbeit nimmt weiter zu.==

KANZLEIEN HELFEN BEI DER PLÜNDERUNG

Die Kanzleien, die auf der Vault-100-Liste der größten und renommiertesten Rechtsfirmen aufgeführt sind, haben durch Lobbyarbeit, Transaktionen und Rechtsstreitigkeiten der fossilen Brennstoffindustrie zu neuen Höhenflügen verholfen, während der Klimawandel Gemeinden und die Umwelt verwüstet. Aidan Bassett, einer der Autoren des Berichts und angehender Student am Georgetown

WAS IST ÖKOZID?

„RECHTSWIDRIGE ODER MUTWILLIGE HANDLUNGEN, DIE IN DEM WISSEN BEGANGEN WURDEN, DASS EINE ERHEBLICHE WAHRSCHEINLICHKEIT BESTEHT, DASS DURCH DIESE HANDLUNGEN SCHWERWIEGENDE UND ENTWEDER WEITVERBREITETE ODER LANGFRISTIGE UMWELTSCHÄDEN VERURSACHT WERDEN."

Formulierungsvorschlag der „Unabhängigen Expertengruppe für die rechtliche Definition von Ökozid". Die Gruppe bestand aus zwölf Juristinnen und Juristen mit Expertisen in Straf-, Umwelt- und Klimarecht.

University Law Center, sagt: „Die Firmen auf der Liste sind für ungeheuerliche Schäden verantwortlich und haben Projekte wie die Dakota Access Pipeline ermöglicht, die nun schon seit über sechs Jahren kommerziell betrieben wird. Die Scorecard zeigt, dass es noch nie so dringend war zu handeln wie heute." Die jungen Macher der Scorecard, einer Art von Bewertungsbogen, setzen mit ihrem Engagement auch darauf, dass den involvierten Kanzleien der Nachwuchs ausgehen wird, dass Jurastudenten die unmoralisch agierenden Arbeitgeber abstrafen und bei der nachhaltigen Konkurrenz anheuern, die es mit den Konzernen aufnimmt – auch beim Thema Greenwashing, das inzwischen in vielen Ländern strafbar ist.

DIE ENERGIEWENDE IST NUR VORGESCHOBEN

Überhaupt, was ist mit den Beteuerungen der Energiekonzerne, die Transformation doch eingeleitet zu haben? Hat nicht Anfang 2024 eine Gruppe großer Unternehmen in einem Brandbrief die deutsche Bundesregierung dazu aufgefordert, die Schuldenbremse zu lösen, um die Wirtschaft klimagerecht umzubauen? Geht man nicht mit den Bossen der Konzerne zu hart ins Gericht? Im Falle der Mineralölbranche ganz sicher nicht. Nachdem diese 2022 die höchsten Gewinne ihrer Ge-

VON WEGEN TRANSFORMATION:

92,7 PROZENT IHRER INVESTITIONEN TÄTIGTEN DIE ENERGIEKONZERNE IM BEREICH DER FOSSILEN, NUR **7,3 PROZENT** GINGEN IN DIE NACHHALTIGE ENERGIEERZEUGUNG.

-- KLIMA

schichte eingefahren hatte, wollte Greenpeace wissen, welchen Beitrag „Big Oil" wirklich zur Energiewende und zur Eindämmung der Klimaemissionen leistet – und wie viel Greenwashing hinter Werbebildern von rotierenden Windkraftanlagen und in der Sonne glänzenden Solarparks steckt. Die NGO gab deshalb eine Analyse in Auftrag. Das Hamburger Forschungs- und Beratungsbüro EnergyComment von Dr. Steffen Bukold schaute dafür genauer in die Bilanzen von zwölf in Europa aktiven Energiekonzernen: BP, Eni, Equinor, Ina Croatia, MOL Group, OMV, Petrol Group, PKN Orlen, Repsol, Shell, TotalEnergies und Wintershall Dea. Die Ergebnisse sind wirklich erschütternd. Bukold konnte feststellen, dass im Jahr 2022 die fossilen Investitionen der Konzerne extrem dominierten: 92,7 Prozent wurden durchschnittlich in die Fortsetzung des fossilen Öl- und Gaspfades investiert, nur 7,3 Prozent in den Wandel hin zu nachhaltiger Energieerzeugung. Die Energieversorgung, so Bukold, sei noch einseitiger geworden. „Entgegen der öffentlichen Wahrnehmung ist die Wind- und Solarstromproduktion der großen Ölkonzerne immer noch erstaunlich gering. Im Durchschnitt der zwölf Unternehmen entfallen nur 0,3 Prozent des Energievolumens auf die Produktion von Strom aus erneuerbaren Energien und 99,7 Prozent auf die Öl- und Gasproduktion." Bukold nimmt eine immer größer werdende Kluft zwischen den PR-Aussagen und den unternehmerischen Realitäten wahr. „Diese Lücke wird durch ein vielfältiges und einfallsreiches Greenwashing in Unternehmensberichten geschlossen. Unsere Studie listet zahllose Beispiele dafür auf: irreführende Definitionen von Begriffen und Zahlen, bewusst irreführende Darstellung von Ergebnissen, Verstecken von wichtigen Informationen in Fußnoten und sogar eine fast schon komische visuelle Darstellung der Schwerpunkte der Unternehmensaktivitäten." Der studierte Politikwissenschaftler Bukold sieht darin eine Weiterschreibung einer 50-jährigen von Vertuschung geprägten Geschichte. Auch heute noch werde „massive Lobbyarbeit betrieben, um klimapolitische Initiativen zu blockieren oder zumindest zu verwässern". Die meisten Großaktionäre, vor allem institutionelle Anleger, so Bukold, seien an einem Wandel gar nicht interessiert, da die Ölkonzerne bislang verlässliche Gewinnmaschinen gewesen seien.

Im Zentrum der Kritik steht immer wieder BlackRock als weltgrößter Vermögensverwalter. Anleger haben dem Unternehmen rund acht Billionen Dollar anvertraut. BlackRock-Gründer und Dauer-CEO Larry Fink wurde zuletzt von Anteilseignern vorgeworfen, mit den sogenannten ESG-Kriterien nicht aufrichtig umzugehen und für eine Kluft zwischen dem „Talk" und dem „Walk" im Bereich des nachhaltigen Investierens gesorgt zu haben. Mehr Gerede als Taten also. Fink müsse gehen. Die Vorwürfe sind noch nicht einmal weit hergeholt, bei einer Anhörung vor einem britischen Parlamentsausschuss im Jahr 2022 konnte man klar und deutlich die Haltung BlackRocks vernehmen. Auf die Frage, ob das Unternehmen ein Netto-Null-Szenario für die Weltwirtschaft unterstützen würde, bei dem keine neuen Investitionen in Kohle, Öl und Gas vorgesehen sind, antwortete der anwesende BlackRock-Manager mit einem klaren Nein. „Wir werden nicht aufhören, in Kohle, Öl und Gas zu

SPHÄRE 1 -- KLIMA

GO HOME

BlackRock

investieren." Es sei nicht Aufgabe eines Vermögensverwalters wie BlackRock, ein bestimmtes Ergebnis in der Wirtschaft herbeizuführen. „Wir kennen den endgültigen Weg und den Zeitpunkt des Übergangs nicht." So ist das also. Weil man den genauen Weg nicht kennt, gibt man jetzt noch einmal alles. Stellen Sie sich das vor: Sie fahren in Ihrem Auto durch die Landschaft und kennen den genauen Weg nicht. Sie wissen nur, dass der Weg, den Sie gerade fahren, in eine Sackgasse führt. Was tun Sie? Na klar, Sie geben Vollgas und preschen an zahlreichen Abbiegungen vorbei.

Jedes Jahr schickt Larry Fink einen Brief an seine Aktionäre. Im Schreiben von 2023 sind weitere Programmierfehler des Navigationssystems von BlackRock zu erkennen. „Wir arbeiten mit Energieunternehmen auf der ganzen Welt zusammen, die für die Deckung des Energiebedarfs der Gesellschaft unerlässlich sind", heißt es dort. „Um die Kontinuität erschwinglicher Energiepreise während der Energiewende zu gewährleisten, werden fossile Brennstoffe wie Erdgas – unter Berücksichtigung von Maßnahmen zur Verringerung der Methanemissionen – noch viele Jahre lang wichtige Energiequellen bleiben." In einem anderen Absatz wird klar, welche Zuversicht mitschwingt, kurz vor der Sackgasse doch noch die letzte Ausfahrt erwischen zu können. „Ich habe letztes Jahr geschrieben, dass die nächsten 1000 Einhörner [das sind Start-ups, deren Wert vor Börsengang auf mindestens

LARRY FINK, CEO SEIT 1998

eine Milliarde US-Dollar geschätzt wird, *Anm. d. Autors*] keine Suchmaschinen oder Social-Media-Unternehmen sein werden. Viele von ihnen werden nachhaltige, skalierbare Innovatoren sein – Start-ups, die der Welt bei der Dekarbonisierung helfen und die Energiewende für alle Verbraucher erschwinglich machen. Daran glaube ich nach wie vor."

Fink hofft also auf Innovation. Was meint er damit? Solar- und Windkraft können es nicht sein. Die gibt es schon. Vielleicht spekuliert er auf einen Schub bei der CCS-Technologie, die allerdings schon sehr bald im großen Maßstab Anwendung finden müsste, um hilfreich zu sein. Hinter der Abkürzung verbirgt sich das Carbon-Capture-and-Storage-Verfahren, mit dem Kohlendioxid aus der Luft gezogen und eingelagert werden kann, das jedoch noch Risiken und Unzuverlässigkeiten birgt. Vielleicht setzt er auf den Aufbau einer sogenannten Kohlenstoffwirtschaft, die das Basismaterial des Lebens endlich als kreislauffähiges Element begreift und es statt in die Atmosphäre in neuartige Kunststoffe oder Baustoffe wie Beton gibt. Vielleicht hat er aber auch das Lebenswerk Nikola Teslas studiert und hofft nun auf die ultimative Energieform, die das kroatisch-amerikanische Physikgenie schon vor über 100 Jahren prophezeite: unendliche und völlig emissionsfreie Stromgewinnung aus dem Vakuum, dem vermeintlich so leeren Raum, der uns alle umgibt, eine Innovation, die angeblich das US-Patentamt unter Verschluss hält. Nur eine irre Legende? Oder doch noch Teil einer Strategie? Der Grund für seine gute Laune bleibt vorerst Finks Geheimnis. Gleiches gilt für die gute Laune von Elon Musk. Der Tesla-Chef wurde neulich zur Energieform der Zukunft gefragt, und er antwortete, dass, selbst wenn es einen Knopf geben würde, um die Nutzung fossiler Energieträger zu stoppen, er nicht darauf drücken würde. Und dann sagte er kryptisch: „Wir sind zwar schon in der Nachspielzeit, aber das Spiel wird erst dann zu einem Ende kommen, wenn das Ende absolut sicher ist." Aha, und wer ist hier der Schiedsrichter, der abpfeift? Seltsam.

Selbst wenn es durch irgendeine sensationelle Innovation im Sektor der Energiegewinnung oder der CO_2-Abscheidung gut ausgehen sollte, dürfen wir nie ungesühnt lassen, dass 1.) die Profiteure der Vermarktung alter Energieformen immense Opferzahlen hervorgebracht haben und dass 2.) Investmentfirmen wie BlackRock, Vanguard und State Street mit ihren gigantischen Beteiligungen an der globalen Plünderungsmaschinerie – zusammen kontrollieren sie ein Viertel der Stimmrechte der 500 größten börsennotierten US-Unternehmen – nicht nur das Klima schädigen, sondern letztlich alle anderen bedrohten Sphären auch. Allein mit Klimaschutz ist es nämlich nicht getan.

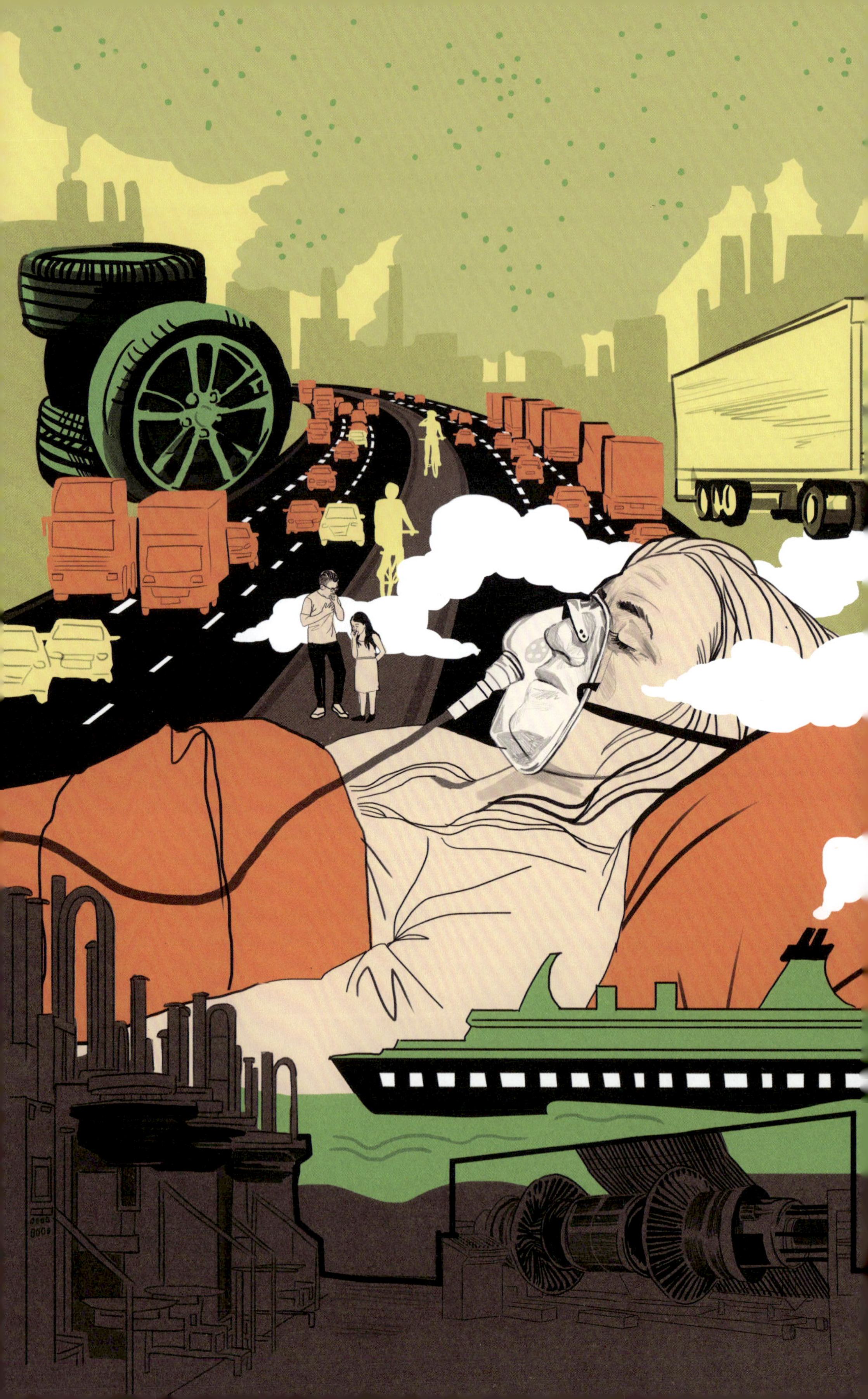

SPHÄRE 2
LUFT

DIE GRÖSSTE VERNICHTUNG ALLER ZEITEN

DIE LEIDEN DER LUFTOPFER

VON DEN AUSWIRKUNGEN SCHLECHTER LUFT IST FAST DER GESAMTE KÖRPER BETROFFEN.
ES IST PURER HORROR.
HABEN WIR UNS ETWA DAMIT ABGEFUNDEN?

Quelle: European Environment Agency, World Health Organization, World Economic Forum

40 % sterben an Lungenentzündung oder der Chronisch Obstruktion Lungenerkrankung (COPD)

Schädigung des Haares

20 % sterben an Schlaganfällen

Irritation von Augen, Schleimhäuten und Rachen

Störung des Hormonhaushalts

34 % sterben an Herzinfarkten

Hauterkrankungen

Knochenerkrankungen

Schädigung von Leber und Milz

Schädigung des Nervensystems

Darmerkrankungen

Schädigung des Fortpflanzungsapparats

Geringes Geburtsgewicht, höhere Kindersterblichkeit

VERURSACHER

Industrie · Offene Feuer und Kamine · Verkehr · Ausgasungen in Innenräumen · Radioaktivität · Landwirtschaft

SPHÄRE 2 -- LUFT

Die Debatten über die Bedrohungen des Klimawandels überdecken die größte Gesundheitsgefahr, die schon jetzt in allen Ballungsräumen dieser Erde lauert: verschmutzte Luft. Allein in der EU, so verkündete 2020 ein Bericht der Europäischen Umweltagentur (EEA), sterben daran jedes Jahr 400.000 Menschen vorzeitig, also vor dem zu erwartenden Durchschnittsalter. Diese Zahl wurde umgehend kritisiert. Aber selbst wenn unter diesen 400.000 Menschen auch welche sind, die nur einen einzigen Tag vor dem statistischen Mittel sterben, ist mir das, ehrlich gesagt, egal. Ich finde diese Zahl auch so absolut grauenvoll. Wir wollen doch alle so lang und so gesund leben wie möglich. 1990, als Schornsteine und Auspuffrohre ihre Abgase noch nahezu ungefiltert in die Luft stießen und auch private Kohleöfen gerade im Osten noch weit verbreitet waren, soll die Zahl der Toten zwar bei einer Million gelegen haben, aber 400.000 sind immer noch verdammt viele.

7 MILLIONEN VORZEITIGE TODESFÄLLE WELTWEIT PRO JAHR AUFGRUND SCHLECHTER LUFT.

IN DER EU SIND ES 400.000 TOTE.

Noch schockierender sind globale Zahlen, die Länder umfassen, in denen weit größere Armut herrscht als in der EU, und sehr verschmutzte Luft ist nun mal ein Phänomen ärmerer Länder. Die WHO veröffentlichte 2022 einen Bericht, wonach 99 Prozent aller Menschen in besiedelten Räumen jeden Tag schlechte Luft einatmen. Sieben Millionen vorzeitige Todesfälle seien die Konsequenz. Grundlage waren Daten zur Luftqualität aus mehr als 6000 Städten und Gemeinden in 117 Ländern, die zusätzlich mit Satellitendaten und mathematischen Modellen verknüpft wurden. Die mieseste Luft wird laut Studie im östlichen Mittelmeerraum geatmet, in Südostasien und in Teilen Afrikas. Die Gefahr steckt zum einen in Gasen wie Stickstoff oder Schwefeldioxid, zum anderen im sogenannten Ultrafeinstaub, dessen Teilchen kleiner als 0,1 Mikrometer sind und die tief in die Lungen eindringen und es sogar bis in die Blutbahnen schaffen können. Herz-Kreislauf-Schwächen, Asthma, Lungenkrebs, Parkinson oder Alzheimer können dadurch ausgelöst werden.

Weltweit am schlechtesten ist die Luft in der indischen Hauptstadt Delhi. Nicht das ganze Jahr über, aber verlässlich im Frühjahr und im Herbst. Dann nämlich entzünden die Bauern rund um die Metropole ihre Erntereste. Sie verwerten sie nicht, kompostieren sie nicht, sondern verbrennen sie. Und sie dürfen das! In welchem Jahr leben wir eigentlich? Die Rauchwolken sind wie bei großen Waldbränden aus dem All zu sehen. Auch Müll wird dort übrigens immer noch in großem Stile unter freiem Himmel verbrannt. Der Dreck breitet sich jedes Mal über Delhi aus, verbindet sich dort mit den Abgasen und Feinstäuben von veralteten Kohlekraftwerken, Fabriken, Lastwagen, Autos, Tuk-Tuks. Immer wieder geht es auf der Skala der Luftqualität in die tiefroten Gefahrenzonen, dann müssen Schulen geschlossen, Baustellen stillgelegt, Kraftwerke heruntergefahren, der Schwerlastverkehr aus der Stadt verbannt, alte Dieselmotoren verboten werden. Auch der Nationalsport Kricket ist betroffen. Matches werden unterbrochen, weil Spieler Atemprobleme bekommen und sich übergeben müssen. 2015 berichtete die *New York Times*, dass 2,2 Millionen Kinder in Delhi aufgrund der schlechten Luftqualität irreversible Lungenschäden davontragen, ihr Immunsystem derart leidet, dass sie ein erhöhtes Risiko haben, von Krankheiten wie Krebs, Epilepsie, Diabetes oder Multiple Sklerose heimgesucht zu werden. Zehn Jahre kürzer als der Durchschnitt lebt ein Mensch, der sich in Delhi durchschlagen muss. Trotz eines dort eingesetzten Air Quality Managements bekommen Regierung und Kommune das Problem nicht in den Griff. Oder wollen sie es nicht in den Griff bekommen? Seit Jahrzehnten geht das so. Einwohner demonstrieren, Greenpeace ist unterwegs. Die Luft bleibt schlecht.

Mangelhafte Ambitionen sind auch in Europas Metropolen zu erkennen. Die Europäische Umweltagentur (EUA) warnte 2023 in einem Bericht, dass „schätzungsweise 1200 Todesfälle bei Menschen unter 18 Jahren jedes Jahr in den EUA-Mitglieds- und Kooperationsländern durch Luftverschmutzung verursacht werden. Kinder und Jugendliche können sich nicht selbst vor der Luftverschmutzung schützen und auch nicht für die entsprechende Politik abstimmen oder sie beeinflussen; das können nur Erwachsene für sie tun, und zwar dringend." 1200 tote Kinder und Jugendliche in Europa aufgrund schlechter Luft! Bitte stellen Sie sich diese 1200 Toten einmal nicht als Zahl vor, um danach weiterzulesen, sondern als Bild von 1200 nebeneinanderstehenden Särgen, in denen Kinder und Jugendliche liegen. Bilder von aufgereihten Leichen kennen wir sonst nur von Erdbebenkatastrophen, Pandemien, Massakern oder Kriegen. Die 1200 sind jedoch keine Toten, die spektakulär und damit medienwirksam gestorben wären, sondern still und leise. Aber sie sind tot, und ihr Tod ist ein Skandal. Denn die Krankheiten und ihre Ursachen sind allgemein bekannt, und da in den vergangenen Jahren keine wirklich radikalen Maßnahmen gegen Feinstaub in Großstädten getroffen wurden, könnte man auf den Gedanken kommen, dass diese Toten schlicht in Kauf genommen werden. In Kauf genommen – man denke an den Dieselskandal – für ungebrochenen Profit.

25% Ruß IN JEDEM AUTOREIFEN.
500.000 TONNEN ABRIEB JEDES JAHR ALLEIN IN DER EU.

Dabei geht es in unseren Städten noch nicht mal allein um den Ruß aus den Verbrennermotoren. Selbst wenn wir zu einhundert Prozent Elektroverkehr auf unseren Straßen hätten, würde uns immer noch der durch die Luft wirbelnde Abrieb von Reifen und Bremsscheiben belasten. Wer schon mal in einer Reifenproduktion gewesen ist, weiß, dass das dem Vorhof zur Hölle gleicht. Die Schwärze der Reifen stammt vom Ruß, der gebraucht wird, um den Kautschuk stabil zu halten. Ruß ist, wie man sich denken kann, verbranntes Material – meist Öl, Gas und Kohle. Er macht rund 25 Prozent eines Reifens aus und findet sich dann neben den Weichmachern und anderen Chemikalien im Abrieb wieder und wird jeden Morgen von den im Lastenrad sitzenden Kindern auf dem Weg zur Schule eingeatmet. Und erst die Weichmacher. Genauer gesagt sind es Weichmacher-Öle, die bei der Reifenproduktion verwendet werden. Diese Öle enthalten polyzyklische aromatische Kohlenwasserstoffe (PAK), von denen einige krebserregend sind. Auch die werden eingeatmet. Sieben Millionen Lufttote jedes Jahr, weltweit! Maria Neira, Direktorin der WHO-Abteilung für öffentliche Gesundheit und Umwelt, nannte die verlorenen Lebensjahre „inakzeptabel". Dieser Empörung kann man sich nur uneingeschränkt anschließen, aber dabei darf es doch, verdammt noch mal, nicht bleiben.

LEVERKUSENER LUFT

Wie gesagt, ich bin in Leverkusen geboren und aufgewachsen. Wir wohnten zwar am grünen Rand Richtung Bergisches Land, wo die Luft einigermaßen schmeckte, aber ich erinnere mich noch gut an die Fahrten in die „City", wie es damals hieß. In Leverkusen liegt sie nicht weit entfernt von dem Teil des Rheins, an dem sich die Bayer-Werke ausbreiten. Während meiner frühen Kindheit in den Siebzigern war die City, je näher wir kamen, zu riechen. Ich weiß nicht, was genau da in der Luft lag, aber was sollte ich tun, außer zu atmen? Es war ein unsympathischer Gestank, keine Fäulnis, wie man sie vom Bauernhof kannte oder vom Bahnhofsklo, sondern eine seltsam künstliche Mixtur, die man mit nichts Bekanntem assoziieren konnte. Wir fuhren hinein, machten in diesem Betonlabyrinth, in dem neben Kaufhof und Hertie auch ein Bayer-Kaufhaus stand, unsere Besorgungen und fuhren wieder zurück. Ältere Semester aus dem Bekanntenkreis berichten, dass es ein paar Jahre vorher noch schlimmer gewesen sein soll in der Nähe des Bayer-Werks. Da hätten aufgrund der aggressiven Stoffe in der Luft die Nylonstrumpfhosen der Damen plötzlich Löcher bekommen. Höhö! Heute wird darüber gelacht und sich auf die Schenkel geklopft. Sicher, die Luft in meiner Heimat ist inzwischen nicht mehr so stark belastet, andernorts auf dieser Welt sind die Leverkusener Verhältnisse von einst aber immer noch traurige Realität.

Das heißt nicht, dass heute alles gut wäre in der Stadt von Aspirin, Makrolon und Glyphosat, einer Stadt, die Pate stehen kann für die Art und Weise, wie achtlos heute in Sachen Luft mit der Gesundheit der Bevölkerung umgegangen und wirtschaftlichen Interessen der Vorzug gegeben wird. Für die folgende Anekdote braucht man jedoch nicht mal das Bayer-Werk. Durch Leverkusen schlängeln sich drei Autobahnen, die A1, die A3 und die A59, dazu die autobahnähnliche B8, die früher stolz „Stadtautobahn" genannt wurde. Seit Jahrzehnten zerschneiden sie verschiedene Stadtteile und

„ES MACHT MICH WÜTEND UND FASSUNGSLOS"

DR. *Norbert Karl Mülleneisen gehört zu den wenigen Bürgern, die wegen der schlechten Luft in Leverkusen auf die Barrikaden gehen. Der Facharzt für Lungen- und Bronchialheilkunde, Allergologie, Sportmedizin und Umweltmedizin gründete 2003 das Asthma- und Allergiezentrum in der Chemiestadt. Es liegt ironischerweise in einem von A1, A3, A59 und A542 gebildeten Viereck. Nach seinem jahrelangen Einsatz bin ich interessiert an seinem aktuellen Gefühlsbild und der Menge seiner Resthoffnung.*

Herr Mülleneisen, was macht es mit Ihnen, wenn Sie Ihre Patienten, die Sie lange und gut kennen, sterben sehen – zumal die Gründe für die Krankheiten ortsbedingt sind und damit vermeidbar gewesen wären.

Es macht mich wütend und fassungslos, wie locker Verantwortliche darüber hinweggehen. Jeder Mord durch Schusswaffen ist eine Schlagzeile. Meine Patienten sterben leise zu Hause im Bett. Das macht keine Schlagzeilen.

Dabei weisen Sie seit Jahren auf die wachsenden Gesundheitsprobleme hin wie beispielsweise die Zunahme der chronisch obstruktiven Lungenerkrankung COPD. Eine COPD-Exazerbation – also eine akute, mehrtägige Verschlechterung der Atemfunktion – hat eine höhere Sterblichkeit als ein Herzinfarkt. Ihr Engagement wird aber wohl leider nicht dazu führen, dass die durch Leverkusen verlaufende A1 in einen Tunnel verlegt wird. Stattdessen soll sie oberirdisch sogar ausgebaut werden. Deuten nicht solche bundespolitischen Entscheidungen darauf hin, dass die Gesundheit der Menschen weiterhin wirtschaftlichen Interessen nachgeordnet wird?

Ja. Ich habe zwei- bis dreimal so viele Krankenhauseinweisungen in Leverkusen wie meine Kollegen in Nordrhein. Warum ist das wohl so? Das Leben an Hauptverkehrsstraßen macht krank. Autoabgase töten. So einfach ist das. Leverkusen ist den Verantwortlichen egal. Sie vermitteln ein Gefühl, das man so beschreiben könnte: „Wer hier wohnt, in so einer Dreckstadt, ist selber schuld." Herr Schäuble, Gott sei ihm gnädig, hatte in seinem Wahlkreis einen Eisenbahntunnel für eine Milliarde Euro durchbekommen. Herr Lauterbach in seinem Wahlkreis schafft es nicht, einen Autobahntunnel durchzusetzen, der weniger als 900 Millionen kosten würde. Sorry, dass ich das so personalisiere. Aber ich bin jetzt alt genug, sodass ich glaube zu wissen, wie Politik funktioniert. Als Arzt sehe ich den einzelnen Menschen. Als Politiker muss man Abwägungen nach Mehrheiten vornehmen. Und wir waren nicht laut genug in Leverkusen.

Ist es mit dieser Erfahrung illusorisch, dass sich irgendwann eine Massenbewegung gegen eine solche Verseuchung entfesselt?

Eine Massenbewegung sehe ich nicht. Es ist total frustrierend. Wir wissen eigentlich, was zu tun wäre, aber wir tun es nicht. Die meisten Ärzte schauen mittlerweile auch weg. Es bringt nur Ärger ein, und Umweltmediziner wird auch keiner mehr. Ich gehöre zu einer aussterbenden kleinen Gruppe.

30.000 NANOPARTIKEL FEINSTAUB
IN EINEM KUBIKZENTIMETER LEVERKUSENER LUFT

machen sie zu lebensfeindlichen Gegenden. Im Februar 2020 hatte die Initiative *Lev muss leben* zu einer Veranstaltung geladen unter dem Titel *Saubere Luft für unsere Stadt,* zu Gast Axel Friedrich, ehemaliger Leiter der Abteilung Verkehr und Lärm im Umweltbundesamt. Am Nachmittag hatte er sich mit einem Messgerät an die Gustav-Heinemann-Straße in der Nähe des Autobahnkreuzes gestellt, um dem ultrafeinen Staub auf die Spur zu kommen. Friedrich berichtete, dass er 30.000 Nanopartikel in einem Kubikzentimeter Luft nachweisen konnte. „Mehr als in Peking", kommentierte er, „ein dramatischer Wert." Leverkusener Lungenfachärzte sind äußerst besorgt (siehe Interview S. 79). Sie bemerken seit Jahren einen Anstieg von Atemwegserkrankungen und fordern spürbare Veränderungen.

Doch die Leverkusener Bevölkerung scheint inzwischen jede Illusion verloren zu haben, dass sich schnell etwas bessert. Im Gegenteil, es wird vermutlich sogar noch schlimmer kommen. Ihre Kommune hat jetzt wohl auch den Kampf gegen die Autobahn GmbH verloren, die Bundes-Tochter für Autobahnangelegenheiten, und bekommt demnächst eine Verbreiterung der Autobahnen im Umfeld des Leverkusener Autobahnkreuzes aufgedrückt, über das täglich ohnehin schon 300.000 Autos und Lkws fahren. Eine Untertunnelung wäre eine luftschonende Alternative gewesen, für die sowohl die Stadt als auch eine Bürgerinitiative jahrelang geworben hatten. Doch anders als etwa in Hamburg, wo seit Jahren die A7 überdeckelt wird, wurde dieses Bauprojekt als zu teuer abgekanzelt. Als hätte es die Großdebatte um die Gefahr von Feinstäuben nie gegeben; als hätte es die Lehren aus den Tücken der autogerechten Stadt, der auch Leverkusen in den Sechzigern geopfert wurde, nie gegeben; als wäre von der notwendigen Transformation zu nachhaltigen, klimagerechten und naturnahen Städten nie etwas in Leverkusen angekommen. Die oberirdische Erweiterung, die die Autobahn GmbH unter dem Namen *A bei LEV* führt, kommt. Aus sechs Spuren werden acht. Auch das Autobahnkreuz wird angepasst.

Seit einiger Zeit lebe ich in Hamburg im elbnahen Stadtteil Ottensen. Eine beschauliche Ecke, in der man jedoch deutlich die Hörner der Kreuzfahrtschiffe hört und,

SPHÄRE 2 -- LUFT

man ahnt es, auch deren Abgase sieht und riecht. Über 280 Kreuzfahrtschiffe legen hier jedes Jahr an. Sie sorgen für genauso hohe Schwefeldioxidemissionen wie der gesamte Hamburger Straßenverkehr. Das fand 2023 eine Studie heraus. Dass die Luft am Hafen sehr schlecht ist, sei lange bekannt, sagt der BUND, doch die Politik würde das Problem nicht ernsthaft angehen. Wie in Leverkusen. Schwefeldioxid ist übrigens kein harmloser Stoff, sondern schon in kleinen Mengen hochgiftig.

Ich erzähle von Leverkusen und Hamburg, weil überall Leverkusen und Hamburg ist. Ständig werden in Deutschland und in Abertausenden Orten der Welt Grenzwerte gerissen, sofern es sie denn überhaupt gibt. Das ist der Politik auch bewusst. Nicht ohne Grund beinhaltet etwa der European Green Deal Maßnahmen für bessere Luft. Kommissions-Vize Frans Timmermans erklärte 2022 die Ziele: „Unsere Gesundheit hängt von einer gesunden Umwelt ab. Krankt die Umwelt, hat dies unmittelbar kostspielige Folgen für unsere Gesundheit. Jedes Jahr sterben Hunderttausende Menschen in Europa vorzeitig, und noch mehr leiden an Herz- und Lungenerkrankungen oder an Krebserkrankungen, die durch Schadstoffe in der Umwelt verursacht werden. Je länger wir den Kampf gegen die Umweltverschmutzung aufschieben, desto höher sind die Kosten für die Gesellschaft. Wir wollen bis 2050 erreichen, dass unsere Umwelt frei von Schadstoffen ist. Das heißt, dass wir jetzt das Tempo anziehen müssen. Unsere Vorschläge zur weiteren Verringerung der Wasser- und der Luftverschmutzung sind ein wichtiger Bestandteil dieses Puzzles." Das ist überaus interessant, weil unfreiwillig komisch. Timmermans gibt zu, dass inzwischen Eile geboten ist, nennt aber das Jahr 2050 als Ziel. Das ist noch ein Vierteljahrhundert. Und bis dahin? Wird weiter munter gestorben, oder was? Bei der Bauwut, mit der Europas Autobahnnetz Jahr für Jahr erweitert wird, und bei der unvernünftigen Verdichtungspolitik in unseren Städten, wo der nächste Apartmentblock fast immer einer grünen Freifläche vorgezogen wird und zusätzlichen Verkehr erzeugt, darf ohnehin bezweifelt werden, dass sogar Timmermans' Ziel termingerecht erreicht wird. Davon, dass Städtebau auch anders geht, liest man zwar immer wieder in schön fotografierten Reportagen ambitionierter Kollegen. Davon, dass man, wie in Barcelona, ganze Blocks zu autofreien Inseln erklärt und so weiter. Ja, auch ich habe schon viel über solche Positivbeispiele geschrieben. Die traurige Wahrheit ist jedoch, dass wirklich nachhaltige Bau- und Verkehrswenden auf breiter Front nicht in Sicht sind bzw. auf die lange Bank geschoben werden. Denn sie sind mit Investitionen verbunden, die die Gewinne zwischenzeitlich schmälern.

DAS RAD MUSS NEU ERFUNDEN WERDEN

Nehmen wir nur mal wieder die Autoreifen. Wie ich aus dem Innern einer angesehenen internationalen Reifenproduktion erfahren durfte, wird dort immer noch nach altertümlichen Methoden und Rezepturen gebaut. Es fehle nicht mal am Willen, schnell nachhaltiger zu werden, sagte man mir, man könne es schlicht nicht. Es fehle an Grundlagenforschung. Das ist schon bedenklich. Anfang der 2020er-Jahre braucht es noch Grundlagenforschung für giftfreie Gummimischungen? In einer Branche, die der weltweit größte Gummiverbraucher ist? Für ein Produkt, das jede Sekunde milliardenfach genutzt wird und dessen Abrieb man kaum entkommen kann? 120 Gramm pro 1000 Kilometer landen in der Umwelt. In der EU summiert sich der Abrieb jährlich auf rund 500.000 Tonnen.

Das hier ist zwar das Kapitel über Luft, aber wie giftig Reifenabrieb ist, wurde schon vor knapp 20 Jahren in einem Fluss nahe der US-Westküstenmetropole Seattle beobachtet. Dort schwimmt eine bestimmte Lachsart zur Eiablage jeden Herbst den Strom aufwärts, doch nur wenige Exemplare erreichten in jener Saison ihr Ziel. Die große Masse starb auf dem Weg. Warum? Wissenschaftler der Washington State University fanden heraus, dass es am Reifenabrieb lag, der nach starken Regenfällen von den Straßen ins Gewässer gespült wurde. „Tausende von Chemikalien" würden „in dieser Suppe" schwimmen, zitierte die *Süddeutsche Zeitung* eine Forscherin, die 2020 herausgefunden hatte, welche Substanz genau den Fischen inzwischen regelmäßig zum Verhängnis wird. Es ist 6PPD-Chinon, ein in der Reifenherstellung verwendetes Antioxidationsmittel, das zusammen mit Ozon reagiert. Die in *Science* veröffentlichte Studie fand Beifall, weil es Forschern wohl erstmals gelungen war, die Gefahr von Zusatzstoffen aus Autoreifen nachzuweisen. Natürlich braucht Politik immer erst einmal Studien, um reagieren zu können und Verbote auszusprechen, manchmal auch Hunderte von Studien. Aber, bitte: Sagt einem nicht der gesunde Menschenverstand, dass giftige Substanzen, wenn sie sich lösen, auch wieder giftig sind oder sogar noch giftiger, weil sie mit anderen Substanzen reagieren oder sich verbinden? Viele andere Fischsterben in den USA werden seitdem mit der Gewässerverschmutzung durch Reifenabrieb in Verbindung gebracht. Forscher des Zentrums für Mikrobiologie und Umweltsystemwissenschaft der Universität Wien konnten 2023 übrigens nachweisen, dass sich Chemikalien aus dem Reifenabrieb sogar im Salat wiederfinden, den wir jeden Tag essen. Die Gifte erreichen den Ackerboden über den Wind, den Regen oder den Klärschlamm, der als Dünger verwendet wird.

GRANULAT:
GESCHREDDERTER AUTOREIFEN AUF BOLZPLÄTZEN IST EINE GEFÄHRLICHE IDIOTIE

Und die abgefahrenen Reifen? 3,4 Millionen Tonnen Altreifen fallen jedes Jahr allein in Europa an – und landen dort oft als Gummigranulat auf Zigtausenden von Kunstrasenplätzen. Auf jedem Quadratmeter rund fünf Kilo. Auf einem ganzen Fußballplatz rund 35 Tonnen. Wissenschaftler des Fraunhofer-Instituts konnten feststellen, dass Sportplätze mit künstlichem Rasen die drittgrößte Quelle für die Ausbreitung von Mikroplastik in der Umwelt sind. Auch hier trägt der Regen viel Granulat weg.

-- LUFT

Aber wenn es trocken ist und es im Zweikampf hoch hergeht, atmen die Kickenden den Feinstaub ein, in Hallen natürlich jederzeit. „In mehreren Ländern in Sporthallen durchgeführte Messungen zeigten, dass die PAK-Konzentrationen mit der Luftbelastung großer Städte im Sommer vergleichbar waren", steht in einem Bericht des Schweizerischen Bundesamts für Gesundheit. In den Niederlanden wurden bereits Tausende Plätze geschlossen, die EU-Kommission ringt seit Jahren um ein Verbot. Auch in diesem Falle – Entschuldigung: Hätte es nicht von vornherein klar sein müssen, dass geschredderte Autoreifen, die aus einem toxischen chemischen Sud gepresst werden, für Sportplätze überhaupt keine gute Idee sind? Wie dumm muss man sein. Eine Alternative wäre zum Beispiel recycelter Kork. Aber der ist teurer. Tja, welches Material kaufen klamme Kommunen wohl eher an? Bis die EU mit ihrem Verbot durch ist, atmen unsere Kinder bei jedem Training diesen Mist ein.

Der stammt letztlich auch aus den Fabriken von Herstellern wie Continental und Michelin. Die Hannoveraner wie die Franzosen wollen bis spätestens 2050 alle Reifen aus nachhaltigen Materialien herstellen. Wieder dieses markante Datum: 2050.

UN PNEU DE VOITURE EST-IL MORTEL?

FLORENT MENEGAUX, CEO MICHELIN

MICHELIN IST MIT EINEM UMSATZ VON RUND 23,8 MILLIARDEN EURO (2021) UND 1,26 MILLIARDEN ABGESETZTEN REIFEN (2019) WELTMARKTFÜHRER IN SEINER BRANCHE. **2020** SAH SICH DER KONZERN VORWÜRFEN GEGENÜBER, KAUTSCHUK AUS PLANTAGEN BEZOGEN ZU HABEN, FÜR DIE INDONESISCHER TROPENWALD WEICHEN MUSSTE

Es klingt halt schön, ist gut teilbar, und es ist noch weit genug hin. Bis dahin scheint man in beiden Fällen eine seltsame Form von Nachhaltigkeit zu praktizieren. Continental antwortet mir, dass man „künftig unter anderem in großem Umfang aufbereiteten Industrieruß in unseren Reifen einsetzen will. Ziel ist es, die stoffliche Verwertung von Altreifen weiter zu optimieren". Über ein Pyrolyseverfahren sollen „die in den Altreifen enthaltenen wertvollen Rohstoffe zurückgewonnen und wiederverwertet werden". Michelin hingegen wirbt damit, Plastikflaschen zu recyceln, indem es deren Material der Reifenmischung beimengt. Moment. Was ist daran nachhaltig, in dem einen Fall alten giftigen Ruß neu zu verarbeiten und in dem anderen Fall den Abrieb um einen weiteren Kunststoff zu ergänzen, den wir ebenso einatmen werden? Beide Maßnahmen kommen mir äußerst absurd vor.

Ich frage den Umweltchemiker Prof. Michael Braungart, der sich seit Jahrzehnten um Alltagsgifte kümmert. Er kommentiert eine grundsätzlich falsche Denke hinsichtlich des Materials von Autoreifen: „Wenn ein Produkt während seiner Nutzung verschleißt, muss es so gestaltet sein, dass seine Bestandteile in biologische Systeme zurückgehen können. Autoreifen halten heute doppelt so lang wie vor 30 Jahren. Die Leute denken, das sei gut, weil man weniger Reifen braucht. Aber die 470 Chemikalien, die in den Reifen stecken, finden sich jetzt in der Umwelt. Vor allem: Dieser Reifenabrieb ist viel brisanter, denn er wird viel leichter eingeatmet als früher. Damals lag der Feinstaub auf den Straßen. Jetzt ist er so fein, dass er in unsere Lungen geht. Man hat die falschen Dinge optimiert, anstatt zu fragen, was das Richtige ist."

Die Alternative wären Laufflächen, deren Abrieb quasi als Nährstoff in die Natur übergehen könnte. Geht nicht? Gibt's längst! Michael Braungart beriet zu dem Thema den Fahrradreifenhersteller Schwalbe mit seinem Geschäftsführer Frank Bohle. Bereits vor zehn Jahren legten sie gemeinsam eine Liste der giftigen Reifenchemikalien an. Am Ende der Bemühungen konnten – bis auf eine einzige – alle ersetzt werden. „Das ist ganz toll, denn Fahrradreifen werden sogar mehr beansprucht als Autoreifen", erklärt Braungart. „Über den Abrieb freuen sich nun die Algen im Meer und die Pilze im Boden. Das könnte man auf die Autoreifen übertragen. Da sehe ich einen Hoffnungsschimmer." Was hindert denn die Reifenhersteller, die Alternativrezepte zu übernehmen? Die Konzerne, so Braungart, seien nur auf Gewinnmaximierung aus, auf die kurzfristigen Quartalszahlen komme es an, der nachhaltige Reifen werde nicht als Innovationsthema begriffen, mit dem langfristig Profit gemacht werden könnte. „Das Versagen der Unternehmen ist eklatant", sagt der Biochemiker, „und die Politik schreibt ihnen nichts vor."

4885 PARTIKEL

NANOPLASTIK RIESELTEN PRO TAG NAHEZU UNSICHTBAR AUF JEDEN QUADRATMETER AUCKLANDS

Stellen wir uns nun noch vor, dass die Massen von Mikro- und Nanoplastik (inklusive der auf ihnen sitzenden chemischen Moleküle!) aus dem Straßenverkehr nicht nur lokale Effekte haben, sondern wie Saharastaub über große Entfernungen transportiert werden können. Wie sonst soll er aufs Eis der Arktis gekommen sein? Eine erschreckende Erkenntnis machten 2022 neuseeländische Forscher, die mit neuer Technologie nachweisen konnten, dass die 1,6-Millionen-Einwohner-Metropole Auckland jedes Jahr mit 74 Tonnen Mikro- und Nanoplastik berieselt wird. 4885 Partikel pro Tag pro Quadratmeter. Die Partikel sind so klein, dass man sie mit bloßem Auge nicht erkennen kann. Zusammengenommen würden sie eine Jahreslast ergeben, die drei Millionen Plastikflaschen entspricht. „Je kleiner die Größenbereiche waren, die wir untersuchten, desto mehr Mikroplastik fanden wir", sagt der Hauptautor der Studie, Joel Rindelaub von der University of Auckland. „Das ist bemerkenswert, weil die kleinsten Größen die toxikologisch relevantesten sind."

DAS GIFT IN UNSEREM STAUB

Natürlich sind es nicht nur die Feinstäube aus Verkehr und Industrie, die teils große Strecken zurücklegen können – auch die Pestizide aus der Landwirtschaft schaffen das. Dazu zwei Studien, beide von 2020: Die eine untersuchte in Deutschland über einen längeren Zeitraum die Flüchtigkeit von Ackergiften und wies an 163 Messstationen Spuren von 138 Pestiziden nach. Die Stationen standen nicht etwa direkt neben den Feldern spritzwütiger Bauern, sondern in ==Schutzgebieten,== an Bioäckern oder in der Stadt. Unter den nachgewiesenen Stoffen waren sowohl in Deutschland seit Jahrzehnten verbotene Gifte wie DDT als auch Glyphosat, das bislang als nicht flüchtig galt. Die andere Studie untersuchte Grasproben von ==Kinderspielplätzen== in Südtirol, das für seinen intensiven Obstanbau unter teils hohem Einsatz von Pestiziden bekannt ist. An knapp 80 Prozent der Standorte wurde mehr als ein Pestizid nachgewiesen! Gemäß der Spritztätigkeit schlugen die Messinstrumente vor allem in Frühjahr und Sommer an. Auch in Südtirol fand sich ein in der EU verbotenes Insektizid, das bei Kindern neurotoxisch wirkt und deren Gehirn schädigen kann.

SPHÄRE 2 -- LUFT

INNEN SCHLECHTER ALS AUSSEN

Wer glaubt, dass man in den eigenen vier Wänden vor verschmutzter Luft in Sicherheit sei, täuscht sich. Auch das weiß kaum jemand besser als Michael Braungart. „Wir verlieren durchschnittlich fünf bis sieben Jahre Lebenserwartung durch die Folgen schlechter Luftqualität. Zu über 80 Prozent unserer Zeit halten wir uns in Innenräumen auf, weshalb einer gesunden Raumluft eine besonders große Bedeutung zukommt. Die Werte vieler Schadstoffe sind in Innenräumen im Durchschnitt aber um das Drei- bis Achtfache höher als die der Außenluft deutscher Großstädte." Grund dafür seien Laserdrucker, Reinigungsmittel, Teppichböden, Farben, Lacke, Silikone, Kunststoffe.

„EIGENTLICH MÜSSTEN WIR ALLES NOCH EINMAL ERFINDEN."
PROF. MICHAEL BRAUNGART

Ich bin Prof. Braungart inzwischen mehrfach begegnet. Er hat mich über Jahre hinweg in langen Interviews und Gesprächen regelmäßig darauf gestoßen, mit welchen Giften wir uns jeden Tag eigentlich umgeben und über welche Übertragungswege diese Gifte in unseren Körpern landen. Braungart hütet einen Schatz an Aphorismen, die uns unmissverständlich klarmachen, dass wir seit langer Zeit auf dem falschen Weg sind. Einer davon wird mir nie mehr aus dem Kopf gehen, weil er so grausam wahr ist. Braungart sagt: „Eigentlich müssten wir alles noch einmal erfinden." In der Beschäftigung damit ist ein eigener Aphorismus entstanden, der mir kam, als ich aus dem Fenster hinunter auf die Straße schaute und dachte: „Eigentlich ist alles, was ich da sehe, falsch." Was meinen wir mit unseren klugen Sprüchen? Sie klingen radikal, sind es aber nicht. Im Gegenteil. Diejenigen, gegen die sie sich richten, sind radikal. Seit etwa 80 Jahren werden überall auf der Welt wie verrückt Kunststoffprodukte auf Erdölbasis hergestellt. Derzeit jährlich 400 Millionen Tonnen. Trennen Sie sich bitte schon jetzt von der Illusion, dass das doch alles recycelt wird! Gerade mal neun Prozent des seit den Fünfzigern weltweit hergestellten Plastiks wurden wirklich wiederverwertet. Die Gruppe reist one way. Das heißt: Immer noch sind die Produkte linear konzipiert. Nehmen wir Verpackungen, Turnschuhe oder Plastikspielzeug: Das Zeug wird erfunden, designt, hergestellt, genutzt und weggeschmissen. Weil inzwischen so viele unterschiedliche chemische Komponenten darin stecken, ist an ein anständiges Recycling nicht zu denken. Die große Masse des Wohlstandsmülls wird in Müllverbrennungsanlagen „thermisch behandelt", wie es so schön heißt, oder Richtung Südhalbkugel exportiert, wo Joghurtbecher und Schokoriegelverpackung nicht selten in der Wildnis oder im Meer landen. Das große Ziel muss sein, sämtliche Produkte aus der Linearität herauszuholen und kreislauffähig und giftfrei herzustellen. Michael Braungart, Erfinder des Cradle-to-Cradle-Prinzips, das bislang schon über 16.000 Produkte in die Endlosschleife gebracht hat, hält das zur Mitte des Jahrhunderts für möglich. Ein Produkt, das zu Müll wird, sagt er, ist einfach nur ein schlechtes Produkt.

An welchem Punkt sind wir also angelangt in Sachen Luft? Man kann nur zu dem Schluss kommen, dass wir längst die Grenzen überschritten haben. Die Luftverschmutzung durch Verbrennung wurde lange unterschätzt, die Luftverschmutzung durch Nanoplastik wird weiterhin unterschätzt. Es gibt keinen Spielraum mehr nach oben. Politische Untätigkeit oder Halbherzigkeit würde bedeuten, dass wir weiterhin Jahr für Jahr Millionen Tote in Kauf nehmen sowie Generationen heranwachsen lassen, die so belastet sind, dass sie sich nicht mehr fortpflanzen können oder behinderte Kinder zur Welt bringen. Mit dieser niemals wiedergutzumachenden Schuld, die nach strenger Religionsauslegung Logenplätze in der Hölle garantiert, müssen Bundeskanzler, Verkehrsminister, Wirtschaftsminister und Konzernvorstände leben.

„Es gibt nichts, was unser Leben mehr von außen begrenzt und was wir nicht beeinflussen können als Feinstaub", sagt Michael Braungart. „Wir verlieren etwa 4,5 Lebensjahre allein durch Feinstaub. Durch Corona haben wir im Schnitt fünf Monate verloren. Die Bundesrepublik Deutschland hat zusammengerechnet 622 Milliarden Euro ausgegeben, um Corona zu bekämpfen. Mit einem Bruchteil davon könnte man das Feinstaubproblem bekämpfen." Ich frage Braungart, wie Politik und Industrie ein solches Megaproblem, das von einer überwältigenden Studienlage nachgewiesen wird, über Jahre und Jahrzehnte nahezu ignorieren konnten und bis heute unzureichend anpacken. Die Antwort schockiert mich: „Sie müssen sich dumm stellen. Das ist die einzige Chance. Sonst hätten sie ein Haftungsproblem. Dann könnte man sie verklagen." Ich frage zur Sicherheit noch einmal nach. Bewusstes Dummstellen von

CEOs und Ministern? „Ja, das müssen sie wirklich. Nach US-amerikanischem Haftungsrecht sind sie unschuldig, wenn sie etwas nicht wissen. Sie müssen sich täglich blöde stellen. Es geht nicht anders."

Aber wie kann man sich dumm stellen, wenn auch die Politik Zugang zu den Studien hat und Gespräche mit den Experten aus der Wissenschaft führt? Braungart vergleicht das Tauziehen zwischen Regulation und Liberalisierung mit den historischen Kämpfen ums Zigarettenrauchen, um die Verwendung von Asbest, Blei oder Bisphenol A, jener hormonell wirksamen Chemikalie, die lange Zeit unter anderem in Thermopapieren wie Kassenzetteln sowie in Babyflaschen zu finden war und seit 2020 in der EU in nur wenigen Produkten verboten ist. Bei all diesen Kämpfen wurden sich jahrelang gegenseitig Studien um die Ohren gehauen. „Ich habe das mal recherchiert", sagt Braungart. „Die Firma Bayer hat 146 Studien in Auftrag gegeben, um nachzuweisen, dass Bisphenol A kein Problem ist. Die 14 Studien, die nicht von Bayer finanziert wurden, sagen ganz klar, dass der Stoff hormonell wirksam ist und extrem gesundheitsbeeinflussend. Wissenschaft ist also bis zu einem gewissen Punkt käuflich. Und die Politik zieht sich darauf zurück, denn solange man forscht, braucht ja niemand etwas zu tun. Es ist genauso eindeutig, dass Glyphosat krebserzeugend ist, aber dann gibt es einfach Studien, die von Bayer in Auftrag gegeben werden, und dann heißt es, die Frage sei wissenschaftlich umstritten. Es wird Zeit, dass man diese Korruption ausschließt."

Die wenigen Hoffnungsträger sind praktisch arbeitende und öffentlich mahnende Wissenschaftler wie Michael Braungart. Allein diesem Mann und seiner Arbeit ist unglaublich viel zu verdanken. Die Haupttäter sind CEOs und deren Abteilungsleiter, die ihre Wissenschaftler dazu auffordern, neue chemische Inhaltsstoffe zu erfinden, wenn andere, ähnliche verboten werden. Die nicht einsehen, ihr Produktportfolio dahingehend ändern zu müssen, damit diejenigen, die diese Produkte nutzen, nicht krank werden, die eigenen Kinder eingeschlossen. Ich rede von skrupellosen Leuten wie Ex-Audi-Chef Rupert Stadler. Bekanntermaßen wurde Stadler 2018 im Zuge der Ermittlungen um Abgasmanipulationen seines Konzerns verhaftet, saß monatelang hinter Gittern, kam unter Auflagen frei. 2023 legte Stadler im Prozess gegen ihn und zwei Mitarbeiter ein Geständnis ab, um weiteren Jahren im Knast zu entgehen. Er legte jedoch gegen das folgende Urteil – Freiheitsstrafe von einem Jahr und neun Monaten auf Bewährung sowie die Zahlung von 1,1 Millionen Euro – Revision ein.

KRIMINELLE ENERGIEN

Wir erinnern uns ganz kurz: Es ging um den Einbau sogenannter Schummel-Software in Dieselmotoren. Die Abgassäuberung schaltete bewusst in bestimmten Momenten ab. Die Emissionen, die im Normalbetrieb in die Luft gelangten, waren weit höher als erlaubt. Den Mut zum Handeln hatte zuerst die US-Umweltbehörde EPA, die 2015 dem Volkswagen-Konzern, zu dem auch Audi gehört, Verstöße gegen den *Clean Air Act* vorwarf. Am Anfang ging es um 482.000 Dieselfahrzeuge in Kalifornien. Audi gab die Manipulation zu, beauftragte eine US-Kanzlei mit Ermittlungen

SPHÄRE 2 -- LUFT

und einigte sich 2017 mit den Behörden auf einen Vergleich, der Volkswagen 4,3 Milliarden Euro an Strafen und Bußgeldern kostete. Aber die Sache war nicht zu Ende. In Deutschland nahm sie jetzt erst so richtig Fahrt auf. Die Staatsanwaltschaft München II begann wegen Betrugs und strafbarer Werbung zu ermitteln. Denn vielleicht waren hierzulande ja auch Autos mit solchen Motoren in Betrieb. Eine Razzia in Ingolstadt überraschte die Audi-Granden exakt am Tag der Jahrespressekonferenz. 15 Monate später, im Juni 2018, wanderte Rupert Stadler in Untersuchungshaft, 2019 wurde Anklage erhoben, 2020 begann der Prozess. Die Anklageschrift war über 90 Seiten dick, 190 Zeugen wurden angehört.

RUPERT STADLER, CEO 2007 BIS 2018

KÖNNEN SOLCHE MÄNNER VORBILD SEIN?

„TARNEN UND TÄUSCHEN WAR LANGE ZEIT EINE ARBEITS-, VIELLEICHT AUCH ANGSTKULTUR."

Ja, hier wurde mal jemand geschnappt, eine nach außen hin glänzende Karriere abrupt beendet, das Ansehen eines Mannes zerstört. Aber reicht das? Ist die Schuld damit gesühnt? Natürlich erhielten einige Autofahrer, die sich einer Sammelklage gegen VW anschlossen, eine Entschädigung, weil sie nicht wussten, dass das Auto, das sie kauften, weit schmutziger war, als sie annahmen. Aber was ist mit den menschlichen Kollateralschäden? Was ist mit den vulnerablen Gruppen, den Kindern, den Alten, den Schwangeren, die den Dreck einatmen mussten und vielleicht deshalb krank wurden? Immerhin fahren etwa zehn Millionen Volkswagen durch

SPHÄRE 2 -- LUFT

die Republik und über drei Millionen Audi. Klar, es ist das „Vielleicht", das eine Strafverfolgung schwierig macht. Außerdem fahren höchstwahrscheinlich auch noch andere Marken mit frisierten Motoren herum. Was geschah noch im Volkswagen-Konzern? Millionen Autos mussten in die Werkstatt, damit die Abschalteinrichtung per Update beseitigt wird. Und wissen Sie was? Das Update enthielt neue Abschalteinrichtungen! Ist das nicht ungeheuerlich? Wie verkommen muss man sein.

Treibende Kraft hinter vielen, vielen Klagen gegen tricksende Autokonzerne und die viel zu lasche Umsetzung der EU-Luftreinhalterichtlinie durch Bundesländer und Kommunen ist die Deutsche Umwelthilfe mit ihrem Bundesgeschäftsführer Jürgen Resch. Seit Jahrzehnten kämpft das Enfant terrible der deutschen Anti-Abgas-Fraktion stellvertretend für betroffene Bürgerinnen und Bürger für ihr Recht auf saubere Luft. Niemand in Deutschland hat wohl mehr Erfahrung mit den zweifelhaften Strategien und Methoden der Großkonzerne gemacht als Resch. Mit ihm muss ich sprechen.

Vor Kurzem hat Resch mit seinem Buch *Druck machen! Wie Politik und Wirtschaft wissentlich Umwelt und Klima schädigen – und was wir wirksam dagegen tun können*

JÜRGEN RESCH

Deutsche Umwelthilfe

„IN DEUTSCHLAND REGIEREN DIE INTERNATIONALEN KONZERNE IN DEN IHNEN WICHTIGEN FRAGEN DURCH."

sein eigenes Resümee der langen Auseinandersetzungen gezogen. Darin schreibt er, dass wir es längst hätten besser haben können. Schon vor 100 Jahren habe man in Deutschland Diskussionen über Luftreinhaltung geführt. Sogar die Technologien dafür habe es gegeben. Doch während diese in anderen Ländern eingesetzt wurden, habe man hierzulande ganz bewusst nicht gehandelt.

· · · · · · · · · · · · · · · · ·

Warum, Herr Resch?
Weil die Industrie in Deutschland erfolgreicher als in anderen Ländern den Teufel an die Wand gemalt hat. Ob es nun Filter bei Großkraftwerken waren oder bei den Verbrennungsmotoren, es hieß immer, dass Zehntausende von Arbeitsplätzen verloren gehen oder Schlüsselindustrien zusammenbrechen würden. Wegen der starken wirtschaftlichen Interessen ist es tatsächlich gelungen, selbst die große Sensibilität um die Luftqualität, die vor knapp 50 Jahren zur Gründung des Umweltbundesamtes führte, zu brechen. Man darf nicht vergessen: Die Vergiftung der Luft mit Verbrennungsrückständen ist das größte ungelöste Umweltproblem. Und es ist empörend, dass jetzt sogar ein grüner Wirtschaftsminister zusammen mit der Autoindustrie gegen die EU-Kommission und viele andere EU-Staaten gegen eine wirksame Verschärfung der Euro-7-Standards für Pkw und Lkw ankämpft. Dabei geht es doch nur darum, den Automobilkonzernen auch hier eine Technologie aufzuerlegen, die beispielsweise in den Exportmodellen für den US-Markt seit Jahren selbstverständlich eingesetzt wird. Die Technik ist also da, aber aus Gründen der Gewinnmaximierung will man Kosten für wirksame Abgasreinigung sparen und mutet den Menschen in Deutschland gesundheitsgefährdende, krank machende, potenziell tödliche Luftverschmutzung zu.

Laut WHO atmen 99 Prozent aller Menschen in städtischen Räumen schlechte Luft. Was ist das für eine grausame Zahl. Trotzdem scheint mir, dass das Problem und die gesundheitlichen Auswirkungen verschmutzter Luft längst nicht die Aufmerksamkeit erhalten, die sie verdienen. Weil sie nicht erwünscht ist?
Die Aufmerksamkeit ist zurückgegangen, weil es der Automobilindustrie gelungen ist, vom Thema Luftqualität abzulenken. Ihr ist es im Jahr 2019 sogar gelungen, die Bundesregierung dazu zu bringen, den Stickstoffdioxid-Grenzwert von 40 auf 50 Nanogramm pro Kubikmeter Luft heraufzusetzen und damit noch mehr Geld durch ungefilterte Dieselfahrzeuge zu verdienen, ungeachtet dessen, dass dabei Menschen vergiftet werden. Wir sind dagegen vor Gericht gezogen, und sämtliche Richter sagten und urteilten, dass eine solche nationale Gesetzesänderung rechtswidrig ist. Sie verstößt gegen EU-Recht. Man hat also nicht nur die Bedeutung der Luftreinhaltung negiert, sondern die Bundesregierung so manipuliert, dass sie gegen den Schutz von Millionen Stadtbewohnern entschied. Umfragen zeigen, dass den Menschen das Thema saubere Luft nicht egal ist. Für verkehrslenkende Maßnahmen beispielsweise haben wir bei allen Umfragen immer eine Mehrheit. Selbst Diesel-Fahrverbote hatten eine Mehrheit. Was hat man uns deswegen alles vorgeworfen. Wir von der Deutschen Umwelthilfe sind keine

Umweltterroristen, die maßlose Forderungen vor Gericht umsetzen wollen. Nein, wir verweisen auf Recht und Gesetz, haben die Menschen hinter uns, aber nicht die Vorstände von Dieselkonzernen.

Warum gelingt es in anderen Ländern eher, die Menschen zu schützen?
Weil in Deutschland vor allem die internationalen Konzerne in ihnen wichtigen Fragen durchregieren. Die Automobilindustrie nutzt ihre Rolle als wichtigste verbliebene Industrie gnadenlos aus. Erst verschwanden mit AEG und Telefunken große Player der Unterhaltungselektronik, vor 15 Jahren verloren wir die Fotovoltaikindustrie und aktuell sind wir dabei, auch die Windkraftindustrie zu verlieren. Als der vor 13 Jahren neu gewählte grüne Ministerpräsident Baden-Württembergs, Winfried Kretschmann, sagte, jedes Auto weniger auf der Straße sei gut für die Umwelt, wurde er von Daimler in die Knie gezwungen. Und er ist bis heute nicht zum aufrechten Gang zurückgekehrt. Wenn selbst einem Kretschmann die Daumenschrauben angelegt und Arbeitsplatzverlegungen oder Betriebsschließungen angedroht werden können, dann zittert die Landesregierung und setzt sich dann auch dafür ein, dass es keine Verschärfung der Klimagasemissionen bei Fahrzeugen gibt. Die Grünen haben ganz offensichtlich inzwischen auf Landes- wie auf Bundesebene einen Deal mit der Autoindustrie. Für das Versprechen, etwas mehr Elektroautos zu bauen, soll sie nicht mehr bei Diesel- und Benzin-Pkws mit zu strengen Grenzwerten geplagt werden. Der Verkehrsminister ist ihr wichtigster Lobbyist im Bundeskabinett. Warum haben wir als Deutsche Umwelthilfe noch nie gefordert, dass ein Verkehrsminister zurücktreten muss? Weil diese nicht die Entscheidungen treffen. In meinem Buch beschreibe ich anhand vieler Beispiele aus den vergangenen Jahrzehnten, wie die Autokonzerne durchregieren.

Darin erklären Sie auch, dass der lange Arm der Autoindustrie bis hinein in die Steuergesetzgebung reicht.
Sollten Sie ein bisschen Geld übrig haben und nicht wissen, wohin damit, dann kaufen Sie sich für 400.000 Euro als Dienstwagen ein Porsche Cabrio und lassen sich von Herrn Lindner 57 Prozent des Preises über die unbeschränkte Abzugsfähigkeit rückerstatten. Das ist deutsche Wirklichkeit. Ein Porschehändler in Baden-Württemberg hat neulich für seine gut verdienenden Kunden zu einem Event geladen. Der zentrale Programmpunkt war das Referat einer Steuerberaterin mit dem Titel *Wie Ihnen das Finanzamt Ihren Porsche finanziert*. Einen neuen energieeffizienten Kühlschrank müssen Sie aus dem versteuerten Einkommen selbst bezahlen. Ein Klimakiller-Dienstwagen hingegen wird mit bis zu 57 Prozent des Kaufpreises vom Staat finanziert – und zwar ohne Obergrenze. Die Franzosen haben eine Obergrenze beim CO_2-Ausstoß und beim Preis. Bei uns können Sie sich einen Bugatti und einen Maybach als Dienstwagen anschaffen und teilfinanzieren lassen. Ich habe mir das mal angeschaut: Über drei Jahre hinweg war hier kein einziger Maybach – die Marke gehört inzwischen zu Mercedes – privat zugelassen. Alle wurden vom Finanzamt als Dienstwagen anerkannt. Das alles

zahlt letztlich der Steuerzahler. Das macht mich fassungslos. Das finden Sie in keinem anderen Land Europas oder der Welt. Früher gab es auch bei uns eine Obergrenze, doch die Autobranche hat dagegen protestiert und, wen wundert's, Erfolg gehabt. Das ist einfach irre.

> „ICH HABE NICHT DIE HOFFNUNG, DASS DIE LANDES- WIE BUNDESREGIERUNGEN — WELCHER ZUSAMMENSETZUNG AUCH IMMER — DIE KRAFT AUFBRINGEN, SICH GEGEN DIE INTERESSEN DER CHEMISCHEN INDUSTRIE, DER FOSSILEN ENERGIEINDUSTRIEN UND DER AUTOINDUSTRIE DURCHZUSETZEN."
>
> JÜRGEN RESCH

Was man ebenso in keinem anderen Land Europas findet, sind so viele Verstöße gegen die Luftreinhalterichtlinie.
Das war früher anders, denken Sie an Willy Brandt und seine Forderung nach dem blauen Himmel über der Ruhr. Wir bräuchten den Mut einer irischen oder niederländischen Regierung, die konkrete Schritte hin zur sauberen Luft gehen – mit einem verschärften Tempolimit und strengeren Grenzwerten. Die Holländer sagen ganz klar: Wenn wir die Grenzwerte der EU-Kommission für Stickoxide einhalten wollen, kommen wir nicht drum herum, tagsüber auf Autobahnen Tempo 100 einzuführen, auch wenn wir das Tempolimit an sich nicht mögen. So eine Diskussion findet in Deutschland nicht statt. Deutschland ist von allen 27 EU-Staaten derjenige, der mit die meisten Vertragsverletzungsverfahren hat wegen nicht oder schlecht umgesetzter Umwelt- und Gesundheitsvorschriften – vor allem in den Sektoren, in denen Industrieinteressen betroffen sind.

Nicht zu vergessen: Selbst wenn wir den kompletten Verkehr elektrifiziert haben sollten, bleibt das gewaltige Problem des Nanofeinstaubs durch Reifenabrieb. Auch der wird jetzt und in Zukunft jeden Tag von Fußgängern, Radfahrern und allen Menschen eingeatmet, die nah an viel befahrenen Straßen wohnen.
Die notwendige Verkehrswende heißt: Halbierung der Zahl der heute knapp 50 Millionen Pkw und dafür Verdopplung von Bahn, Bus, Tram, Fahrrad und Fußverkehr. 2018 leugnete in einer Gerichtsverhandlung zur „Sauberen Luft" in

Frankfurt der Vertreter der hessischen Landesregierung jede Gesundheitsgefahr durch Abgase. Der Richter entgegnete trocken: „Ich bin auch Ausbildungsrichter. Ich habe Referendare in die Pathologie geschickt, wo sie eine schwarze Lunge gezeigt bekamen. Auf den Kommentar, dass das wohl ein Kettenraucher gewesen war, entgegnete der Arzt: „Nein, der war passionierter Nichtraucher. Ich gehe mal davon aus, dass er in einer Erdgeschosswohnung an einer stark befahrenen Straße wohnte." So sehen die Lungen von Menschen aus, die jeden Tag den giftigen Abgasen ausgesetzt sind.

Und dem Nanofeinstaub. Vorerst wird es keine nachhaltigen Autoreifen geben. Es ist nahezu unmöglich, die Menschen zu schützen.
Doch. Beispielsweise indem man die Zahl der Autos in unseren Städten drastisch reduziert und stattdessen geschützte Räume schafft für Fußgänger, für Fahrradfahrer, Bahn und Bus. Die Angebote müssen sicherer, attraktiver und komfortabler werden. So gelingt die Verkehrswende, die Städte werden lebenswerter, und die verbliebenen Fahrzeuge erzeugen auch mit den Reifen weniger Feinstaub. Die Liste mit möglichen Maßnahmen ist lang, und wir können uns an unseren Nachbarstaaten orientieren. Aber es stimmt, wir lösen das Problem nicht, wir reduzieren nur die Dosis der Luftschadstoffe.

Mich würde noch interessieren, welche Gesinnung Sie bei den CEOs erlebt haben, bei den Topmanagern, die Verschmutzungen, Gefährdungen und Schädigungen wie diese zu verantworten haben.
Sie meinen Moral? In den vergangenen Jahren hat sich die Tendenz der Selbstbereicherung von großen Konzernen noch einmal um Größenordnungen verstärkt. Moralische Betrachtungen spielen allenfalls in der Kommunikation eine Rolle, nicht im Tagesgeschäft eines CEOs. Wobei sich CEOs nie die Finger schmutzig machen. Die Drecksarbeit machen andere.

Mag sein, aber CEOs wissen davon, höchstwahrscheinlich.
Aber auch da gibt es Vorkehrungen. In Deutschland sind ganze Abteilungen nur damit beschäftigt, sicherzustellen, dass die Erfolge immer der Chef mit irgendwelchen Anregungen ausgelöst hat, er aber, wenn irgendetwas schiefläuft, nichts davon wusste. Das große Problem bei Aktiengesellschaften ist ja, dass CEOs zwar in der Kommunikation ungeheuer nachhaltig rüberkommen können, sich aber strafbar machen, wenn sie den Erfolg des Unternehmens bewusst schmälern, weil sie etwa auf Gewinne verzichten. Das führt oft dazu, dass erst dann eine echte Transformation eingeleitet wird, wenn eine Krise kommt – oder sie wegen Verstößen verklagt werden. Freiwillig auf hohe Gewinne zu verzichten, um nachhaltiger zu werden, das kenne ich bei den Aktiengesellschaften nicht. Ich habe auch nicht die Hoffnung, dass die Landes- wie Bundesregierungen – welcher Zusammensetzung auch immer – die Kraft aufbringen, sich gegen die Interessen der chemischen Industrie, der fossilen Energieindus-

trien und der Autoindustrie durchzusetzen. In anderen weniger gut organisierten Branchen mag das noch etwas anders aussehen. Aber in diesen drei Branchen sehe ich nach über 40 Jahren die einzige Lösung in klaren gesetzlichen Vorgaben und der Durchsetzung von Ordnungsrecht.

Was ist mit der Strahlkraft von Aussteigern, von Vorbildern?
Herr Diess von Volkswagen hat es ein wenig versucht und ist gescheitert. Ich kenne keine erfolgreichen Fälle aus den letzten Jahren und auch keine Versuche mehr. Bei mittelständischen Betrieben sehe ich noch am ehesten Persönlichkeiten, die kurzfristig auf Gewinne verzichten, um wirklich nachhaltiger zu wirtschaften. Aber gerade diese brauchen langfristig gesetzte staatliche Ziele und klare Regeln, die dann auch durchgesetzt werden, wenn dagegen verstoßen wird. Aktuell verweigert der Staat gegenüber Industrie und Handel eine wirksame Kontrolle von Recht und Gesetz.

Hilfreich wäre die Reform des Unternehmensstrafrechts.
Absolut. In Deutschland haben wir ja die völlig absurde Rechtssituation, dass ein Unternehmen nichts Strafbares getan haben kann. Das hat zur irren Folge, dass ein Vorstand persönlich überführt werden muss, die entsprechende Entscheidung getroffen zu haben. Deswegen auch diese jahrelangen Verfahren gegen Leute wie Rupert Stadler. Der Abgasbetrug ist seit acht Jahren nachgewiesen. Strafrechtlich vorgehen kann der Staat aber nur gegen Vertreter der Unternehmen. Es ist der größte Industrieskandal der deutschen Nachkriegsgeschichte. Der Hintergrund ist übrigens ein deutscher: Während des Wiederaufbaus nach dem Ende des Dritten Reichs wollte man vermeiden, dass deutsche Unternehmen in großem Maße verklagt werden. Denn sehr viele von ihnen – wie Bayer oder BASF, die Nachfolgekonzerne der zerschlagenen IG Farben also – hatten große Schuld auf sich geladen. Das galt natürlich auch für Österreich. Aber selbst Österreich hat seit 15 Jahren ein neues Unternehmensstrafrecht. In Deutschland wurde es zwar in mehreren Koalitionsvereinbarungen angekündigt, aber die Lobbyisten der Wirtschaft lächeln das weg. Ein Fingerschnipsen, und die Absicht ist auch für die aktuelle Regierungsperiode erledigt. Wir sehen ja jeden Tag überall, wie reibungslos das geht. In Anbetracht der globalen Lage können wir sie nicht mehr gewähren lassen. Daher, ja, nutzen wir das Rechtssystem, aber ich halte auch gesellschaftliches Engagement für so wichtig wie nie. Auch hier müssen wir Druck machen!

DAS KREUZ MIT DEN KREUZFAHRTEN

Die Deutsche Umwelthilfe prämiert jedes Jahr die „dreisteste Umweltlüge" mit dem Goldenen Geier. 2023 befand sich unter den Nominierten auch ein Unternehmen, dessen Geschäftsmodell in schwerstem Maße mit der Luftverschmutzung in Zusammenhang steht. Würde man sich dies eingestehen, wär's ja nur halb so

SPHÄRE 2 -- LUFT

schlimm. Wenn jedoch ein Kreuzfahrtschiff wie die *Costa Smeralda* des amerikanischen Kreuzfahrtgiganten Carnival als nachhaltig dargestellt wird und „verantwortungsvolle Entdecker" an Bord gelockt werden sollen, scheint das in der Tat preisverdächtig. In der Begründung für die Nominierung schreibt die Deutsche Umwelthilfe: „Costa suggeriert Verbraucherinnen und Verbrauchern, dass sie auf der *Costa Smeralda* einen nachhaltigen Kreuzfahrttrip machen können. Wie das gehen soll? Man wirbt mit der Nutzung von Flüssigerdgas (LNG), das ganz nebenbei ohne jegliche Fakten als *sauberster Brennstoff der Welt* betitelt wird. Doch die Sache hat gleich zwei Haken. Zum einen wird LNG häufig durch umweltbelastendes Fracking gewonnen, und laut ICCT (International Council on Clean Transportation, 2020) ist LNG in der Schifffahrt mindestens genauso klimaschädlich wie konventionelle Kraftstoffe. Zwar entstehen bei der Nutzung von LNG deutlich weniger rußförmige Luftschadstoffe, jedoch kann die Klimawirkung sogar noch deutlich schlechter ausfallen, da bei den in der Schifffahrt üblichen Motoren bauartbedingt besonders viel Methan entweichen kann – ein wahrer Klimakiller. Wir sagen: Daumen runter für so viel Augenwischerei!"

Die *Costa Smeralda* gehört zur Flotte der Costa Cruises, die wiederum ist Teil der Carnival Corporation, dem weltgrößten Kreuzfahrtanbieter. 90 Schiffe steuern Tag für Tag 700 Häfen an. Gründer des Unternehmens ist der 1999 verstorbene Milliardär Ted Arison, der von seinem Sohn Mickey Arison beerbt wurde. 2022 musste Carnival mit 40 Millionen Dollar die höchste jemals verhängte Geldstrafe für Umweltverschmutzung durch Schiffe zahlen. Unter anderem war es darum gegangen, dass Carnival nicht nachweisen konnte, was mit den fünf Millionen Plastikflaschen passiert, die auf den Schiffen ausgetrunken werden. Werden sie wirklich in den Häfen entsorgt oder vielleicht doch im Meer verklappt? Um die Emissionen war es gar nicht gegangen, darum, dass, wie 2022 eine Studie ans Licht brachte, allein 63 Kreuzfahrtschiffe der Carnival Corporation mehr Schwefeldioxid ausstoßen als alle Autos in Europa zusammen.

Der Arison-Familie sitzt die Aponte-Familie im Nacken. Während ich dieses Buch schrieb, trat ein Mann aus dem Schatten, den quasi niemand kennt, der aber der reichste Mann Europas sein soll. Gianluigi Aponte, genannt „Comandante" und Eigentümer der Mediterranean Shipping Company (MSC), will im großen Stile in die Betreibergesellschaft des Hamburger Hafens einsteigen. Auch das noch. Er ist doch jetzt schon mit einer Flotte von 730 Schiffen, die mehr als 4,8 Millionen Container befördern könnten, ganz gut aufgestellt. Über den Miliardario autoprodotto, den Selfmade-Milliardär, der offenbar nicht genug kriegen kann, kursieren filmreife Legenden. Dass er aus einem Dorf am Golf von Neapel stammt und als armer Matrose seine Laufbahn begonnen haben soll, dass er als Erster Offizier auf einer Fährfahrt nach Capri seine spätere Ehefrau Rafaela, eine Schweizer Bankierstochter, kennengelernt haben soll, dass er nach einem Abstecher in die Finanzbranche per Kredit sein erstes Frachtschiff gekauft haben soll, dass er früh den Siegeszug der Fracht per Standardcontainer erkannte und voll darauf setzte, dass er rechtzeitig als zweites

Standbein eine Kreuzfahrtsparte etablierte und so weiter und so weiter. Gianluigi und Rafaela halten jeweils 50 Prozent am Unternehmen. Gianluigi ist Vorstandsvorsitzender, Rafaela sitzt im Vorstand und ist Stiftungsvorsitzende, Sohn Diego darf

**GIANLUIGI APONTE,
EIGENTÜMER MSC**

RESPIRA LA TUA SPORCIZIA

MSC

DIE 21 SCHIFFE SEINER KREUZFAHRTFLOTTE STOSSEN FAST SO VIEL SCHWEFEL AUS WIE **ALLE 291 MILLIONEN** AUTOS IN EUROPA.

Auch bei dieser Erfolgsstory scheint zu gelten, dass hier jemand nur deshalb zum Milliardär wurde, weil er die Sphäre der Luft als offene Deponie für Verbrennungsrückstände missbrauchen konnte, ohne dass die Erde ihm dafür eine Rechnung hätte stellen können. Denn jahrzehntelang fuhren (und fahren) Container- wie Kreuzfahrtschiffe mit billigem Schweröl, einem extrem schwefel- und schwermetallhaltigen Abfallprodukt von Raffinerien. Nur mal eine Zahl dazu: Autodiesel enthält heute nur noch etwa 0,001 Prozent Schwefel. Bis 2020 durften im Schweröl für Schiffe maximal 3,5 Prozent Schwefel stecken. Inzwischen liegt der weltweite Grenzwert bei 0,5 Prozent. Eine Verbesserung, aber doch immer noch viel zu viel. Sowieso scheinen mir die Ankündigungen nachhaltiger Schifffahrt in den allermeisten Fällen Geschwätz zu sein.

Von Landstromanschlüssen ist die Rede, die aber kaum genutzt werden, von Flüssiggas ist die Rede, das zwar das Schweröl ersetzen wird, aber viel klimaschädlicher ist. Hier wird der Teufel mit dem Beelzebub ausgetrieben.

Dass irgendetwas in dieser glanzlackierten Heile-Welt-Branche nicht stimmt, förderte 2023 die Studie *The Return Of The Cruise – How luxury cruises are polluting Europe's cities* zutage. Kernaussage: Das Kreuzfahrtgeschäft ist nach dem Corona-Einbruch stärker als je zuvor! Die Zahl der Schiffe, die Verweildauer rund um die Häfen, der verbrauchte Sprit – in allen drei Bereichen war ein Anstieg um etwa 25 Prozent feststellbar gewesen. Europas größter Verpester ist, wen wundert's, Gianluigi Apontes Unternehmen MSC Cruises, dessen 21 Schiffe umfassende Flotte fast so viel Schwefel ausstoßen soll wie alle 291 Millionen Autos in Europa. Und das, obwohl der Konzern beteuert, „bis heute 15 der 21 Schiffe der MSC Flotte mit EGCS [Abgasreinigungssystemen, *Anm. d. Autors*]" ausgestattet zu haben, „um den Schwefelgehalt der Schiffsemissionen um 98 Prozent zu reduzieren".

SIE SIND WIEDER DA:
NACH DER PANDEMIE ERLEBTE DAS KREUZFAHRTGESCHÄFT EINEN BOOM. PLUS 25 % MEHR SCHIFFE UND KRAFTSTOFFVERBRAUCH!

Die erwähnte Studie weist übrigens auch einen Aufsteiger- und einen Absteigerhafen aus. Wobei es freilich nicht rühmlich ist, in der Rangfolge der am meisten durch den Schiffsverkehr belasteten Städte aufgestiegen zu sein. Dieser Aufsteiger ist Hamburg, was mich natürlich besonders wütend macht, da der Hafen nur einen Hundespaziergang entfernt liegt. 2019, vor der Corona-Pandemie, lag die Hansestadt noch auf Rang 16, nach Corona auf Platz 6. Der glückliche Absteiger hingegen ist Venedig, das von Rang 1 auf Rang 41 fiel. Und warum? Weil hier endlich mal die Politik Rückgrat bewiesen hat und große Kreuzfahrtschiffe für den innenstadtnahen Hafenbereich mit einem Bann belegte. So etwas in Hamburg? Nein, auch das nur eine Illusion. Die Stadt, die sich so gern als grün und nachhaltig darstellt, würde niemals die Gesundheit ihrer Einwohner über die Wettbewerbsfähigkeit ihres Hafens

SPHÄRE 2 -- LUFT

stellen. Als dieses Buch entsteht, kommt heraus, dass nur ein Drittel der am Kreuzfahrtterminal Hamburg-Altona festmachenden Schiffe den zur Verfügung gestellten Landstrom nutzt. Zum Vergleich: Hamburgs Partnerhafen in Los Angeles hat seit 2004 stolze 79 Landstromanschlüsse in Betrieb genommen. Eine Landstrompflicht wurde in der Hansestadt angeblich noch nicht realisiert, weil man Standortnachteile im Kampf gegen andere große nordeuropäische Häfen befürchtet. Was in dieser Zeit die Hamburgerinnen und Hamburger inklusive der Millionen sich im Hafengebiet tummelnden Touristen einatmen müssen – egal.

Trotzdem ist nicht Deutschland, sondern Italien das Land Europas, das mit weitem Vorsprung vor Spanien, Griechenland und Norwegen mit Schwefeldioxid aus Kreuzfahrtschiffen belastet wird – und da sind die Containerschiffe noch gar nicht mitgezählt. Aber ich will nicht unfair sein. MSC Cruises kündigt an, bis 2050 einen emissionsfreien Kreuzfahrtbetrieb etabliert zu haben. Damit es auch bis dahin schöne Schlagzeilen gibt, betreibt Gianluigi Aponte natürlich eine Stiftung, die MSC Foundation seiner Ehefrau. Auf der Website heißt es, die Stiftung sei motiviert „von unserem tiefen Verantwortungsbewusstsein für den Planeten und seine Ressourcen, insbesondere die Ozeane, und angetrieben von unserer gemeinsamen Pflicht, künftigen Generationen eine bessere Welt zu hinterlassen". Wie schlecht wird Ihnen bei diesen Worten? Für wie blöd hält uns diese Stiftung? Dass ein Reeder das Wasser schützen will, also das Medium, auf dem seine Kähne unterwegs sind, erscheint erst einmal logisch. Aber Wasser bringt wohl kein Schiff voran, Comandante.

Falls Sie sich an dieser Stelle fragen, warum Sie das scheren sollte, weil Sie doch in den Bergen wohnen und nicht an den Küsten Deutschlands oder Italiens, sei noch kurz angefügt, dass auch die angeblich so saubere Bergluft trügerisch ist – zumindest in den von Ballungsräumen umzingelten Alpen. Erkenntnisse darüber sind dem PureAlps-Projekt zu verdanken, einer deutsch-österreichischen Kooperation, die seit 2005 zwei hochsensible Messanlagen auf der Zugspitze und dem Hohen Sonnblick betreibt. Die Wissenschaftler sind schwer abbaubaren und sich anreichernden Giften auf der Spur, die mit dem Wind bis hinauf ins Gebirge transportiert werden können. Derartige Stoffe entstehen bei der Kunststoffproduktion, beim landwirtschaftlichen Spritzen und bei Verbrennungsprozessen aller Art. Natürlich werden sie dort oben jeden Tag fündig. Unter den Chemikalien längst verbotene Klassiker und auch solche, die völlig neu zu sein scheinen. Selbst Spuren des Insektizids DDT, dessen breite Verwendung seit dem Zweiten Weltkrieg zu extremen genetischen Schäden bei Mensch und Tier führte, zu Missbildungen der Geschlechtsorgane und Krebs, sind in 3000 Metern Höhe immer noch in der Luft. Fast überall wurde die Nutzung von DDT untersagt, in Indien wird es jedoch noch in erheblichem Maße in der Landwirtschaft eingesetzt, in wenigen Staaten Afrikas zur Beherrschung von Malaria. Das einzig Positive: Sobald sich die Politik zu einem Verbot einer Substanz durchgerungen hat, kann bei den Messungen ein drastischer Rückgang der jeweiligen Belastung festgestellt werden. Null werden die Messsysteme jedoch nie anzeigen. Dazu haben zu viele Länder zu viele unterschiedliche Regelungen, und über den Wolken gibt es nun mal keine Grenzen.

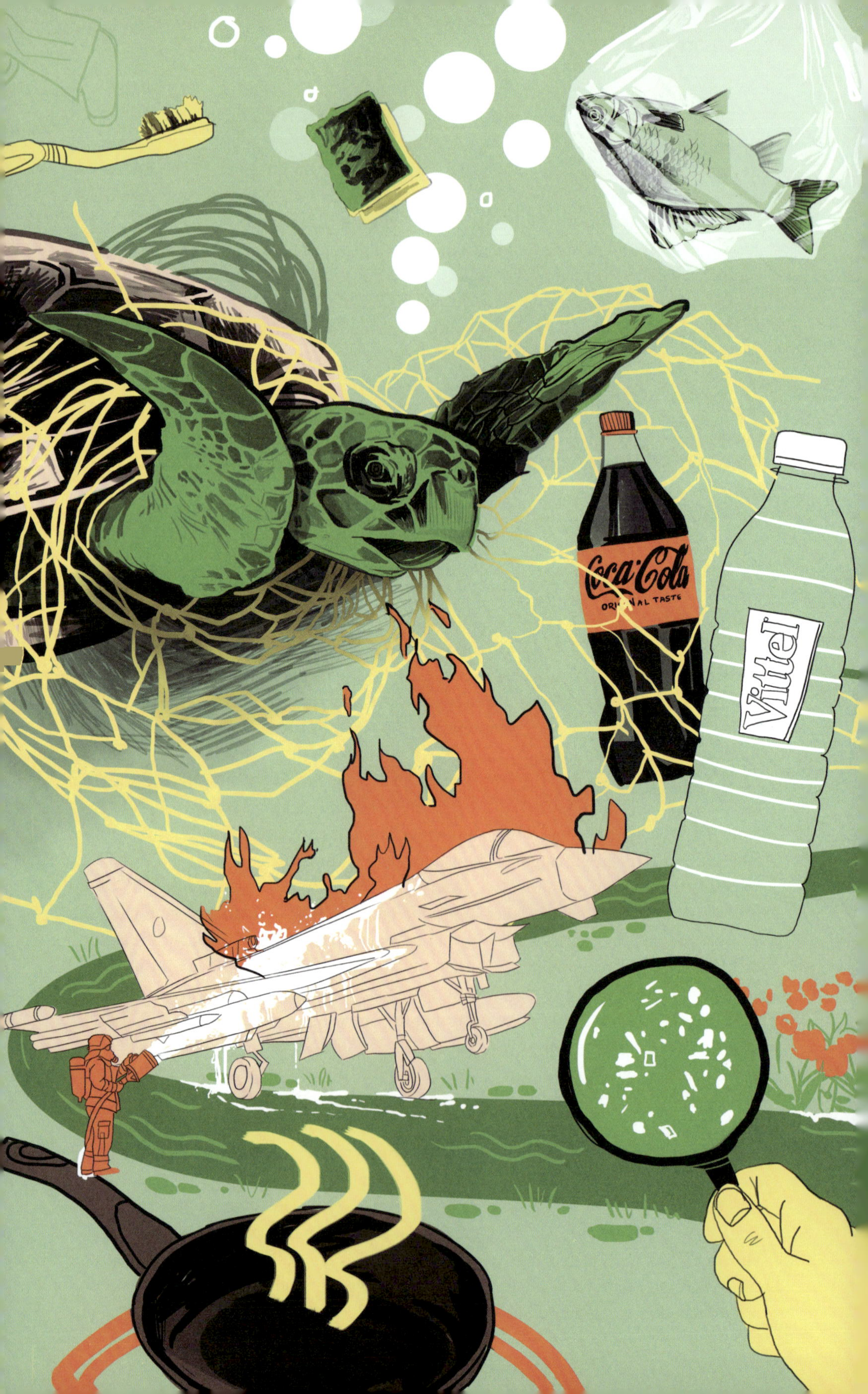
Coca-Cola
ORIGINAL TASTE
Vittel

SPHÄRE 3
WASSER

DIABOLISCHER DREIKAMPF:

ABPUMPEN, VERKAUFEN, VERSEUCHEN

SPHÄRE 3 -- WASSER

Um den Gesundheitszustand der Wassersphäre zu umreißen, müssen wir uns ihr von zwei Seiten nähern. Einerseits muss es um ihre Ausbeutung gehen, andererseits um ihre Verschmutzung. Beginnen wir mit der Ausbeutung und einer Geschichte aus Mexiko, die mir nicht mehr aus dem Kopf geht, seit ich vor einigen Jahren über ARD-Kollegen davon erfahren habe. Inzwischen haben einige internationale Medien darüber berichtet, in Deutschland wurde das Thema kurz gestreift und wieder vergessen. Was ist schon Mexiko! Dabei steht diese Geschichte symptomatisch für die Perversion der großen Corporates auf dem ganzen Planeten. Sie spielt im Süden des Landes in der Region Chiapas, die sich mit ihren Gebirgswäldern an die Grenze Guatemalas schmiegt. In Chiapas liegt auf 2200 Metern Höhe die pittoreske Kolonialstadt San Cristobal de las Casas, Heimat von etwa 216.000 Einwohnern. Viele von ihnen, vor allem im Umland, gehören indigenen Gemeinschaften der Maya an.

Im Westen, etwa zehn Minuten vom Stadtzentrum entfernt, hat einer der größten Arbeitgeber der Stadt seinen Sitz: das Abfüllwerk von Coca-Cola Femsa. Es ist auch der größte Abfüller im gesamten Coca-Cola-System. Seit 1994 werden hier täglich eine Million Liter bestes Grundwasser abgepumpt. Es kommt aus einem natürlichen Reservoir tief unter dem erloschenen Vulkan Huitepec, wird mit den Zutaten des Coca-Cola-Rezepts versetzt, in Flaschen verpresst und ausgeliefert. Jetzt kommt's: Die Stadt hat ein großes Wasserproblem. Sie leidet zum einen unter den Trockenzeiten, die der Klimawandel mit sich bringt, zum anderen an einer maroden Infrastruktur, die löchrig ist und bei Weitem nicht alle Viertel erreicht, vor allem nicht die ärmeren. Das Leitungswasser ist so stark mit Chlor behandelt, dass es kaum trinkbar ist, die Masse der am Stadtrand Lebenden hat aber nicht mal dazu Zugang. Dort liefern Tankwagen rationierte Wocheneinheiten, die sowohl zum Kochen, Trinken, Wäschewaschen, Duschen und für den Toilettengang genutzt und daher akribisch eingeteilt werden müssen. In dieser prekären Situation pumpt das Cola-Werk und pumpt und pumpt und pumpt, als sei die Welt drum herum die gleiche wie vor 30 Jahren. Das hat dazu geführt, dass in San Cristobal de las Casas ein kühler, sauberer Softdrink leichter zu bekommen ist als sauberes Wasser. Bitte, das war der Kernsatz!

Das muss man sich einmal vorstellen: Eine Stadt in den Bergen, an jeder Ecke Coca-Cola-Werbeschilder und -plakate, manche zeigten zeitweise sogar Fotos von indigenen Kindermodels, die Cola-Flaschen wie Puppen im Arm hielten; die Supermärkte und Kioske voll mit dem Zeug, abgefülltes reines Wasser nicht um die Hälfte billiger wie bei uns, sondern zum gleichen Preis wie die Brause. Eine Dreiliterflasche Coca-Cola kostet dort umgerechnet 1,23 Euro. Der Ruf der Bevölkerung nach mehr und tieferen Brunnen sowie einem moderneren Netz für die eigene Versorgung wurde von der Stadtverwaltung bislang nicht erhört. Die kommunalen Brunnen sind 25 Meter tief, die von der Cola-Tochter Femsa 130 Meter. Wer da gewinnt, kann man sich denken. Die Menschen werden quasi zum Trinken von Cola gezwungen. Zwei Liter Softdrinks pro Tag nimmt hier jeder im Schnitt zu sich. Ein Drittel der Bevölkerung hat inzwischen Diabetes. Sogar die Schamanen arbeiten bei ihren Ritualen mit Cola statt mit Wasser.

Wie konnte es so weit kommen? Ganz einfach. Sie kennen sicher Vicente Fox. Er war mal sechs Jahre lang Mexikos Staatspräsident. Raten Sie mal, was er vorher so gemacht hat, beruflich. Richtig, er war unter anderem bei Coca-Cola beschäftigt. Von Mitte der Sechzigerjahre bis Ende der Siebzigerjahre schaffte er es vom Getränkelieferanten bis zum Präsidenten von Coca-Cola Femsa Mexiko und Lateinamerika. Während seiner Amtszeit steigerte sich der Umsatz des Konzerns enorm, Coca-Cola konnte sich zum inländischen Getränkemarktführer aufschwingen – und erhielt unbeschränkte Wassernutzungsrechte im Land. Bis heute. Auch der aktuelle Coca-Cola-CEO James Quincey regierte eine Zeit lang über die Mexiko-Sparte des Konzerns. Mittlerweile haben viele Mexikaner jedoch die Schnauze voll und gehen regelmäßig auf die Straße. Zwischenzeitlich kam es sogar zu gewalttätigen Übergriffen. Lehrer und Studenten hatten in und um San Cristobal de las Casas Zufahrtswege blockiert und Lebensmittel- wie Getränketransporter nicht nur von Coca-Cola angehalten und ausgeraubt. Danach verschwanden über 40 Studenten plötzlich, höchstwahrscheinlich ermordet von der Polizei selbst sowie von

WHAT DO YOU TELL YOUR CHILDREN?

Coca-Cola

JAMES QUINCEY, CEO COCA-COLA

SPHÄRE 3 -- WASSER

kooperierenden Mafiosi. Die Gewalt eskalierte. Allein Coca-Cola verlor 250 Lastwagen. Molotowcocktails wurden geworfen, Coca-Cola-Mitarbeiter als Geiseln genommen. „Fuera Coca Cola" stand auf den Schildern der Protestierenden, ein selbstbewusster Slogan, den man mit dem „Ami, go home!"-Imperativ vergleichen könnte, der nach dem Zweiten Weltkrieg in Westdeutschland aufkam. Von alldem erfährt man hierzulande leider kaum etwas.

Zuletzt versammelten sich 2023 mehrere Hundert Wütende aus verschiedenen Bewegungen in Santiago de Mexquititlán, wenige Kilometer nördlich von Mexiko-Stadt, um ihre Stimmen gegen die skrupellose Geschäftspolitik internationaler Konzerne zu erheben, die in ganz Mexiko Erfolg damit haben, sich Wasserressourcen privatisieren zu lassen. Auf den Schildern war zu lesen: „No es sequia, es saqueo", was so viel heißt wie „Es ist nicht die Dürre, wir werden geplündert!". Die Redner,

NO ES SEQUIA, ES SAQUEO!*

*ES IST NICHT DIE DÜRRE, WIR WERDEN GEPLÜNDERT!

die auf die Bühne stiegen, betonten, dass die Natur und speziell das Wasser zu Handelsobjekten erklärt worden seien und nun ausgebeutet würden. Diejenigen, die sich dagegen wehrten, würden kriminalisiert, bedroht, inhaftiert und sogar getötet.

Und es geht nicht um ein paar Regionen. Ganz Mexiko, vor allem die Hauptstadt, hat Wasserprobleme. Auch hier wird gern der angeblich verschwenderischen Bevölkerung die Schuld in die Schuhe geschoben. Doch die Haupttäter sitzen woanders. Industrie und Landwirtschaft verbrauchen die Masse des Wassers, zusammen mit den plündernden Unternehmen. Denn neben Coca-Cola haben sich zahlreiche Lebensmittelkonzerne wie auch Nestlé in Mexiko niedergelassen wie Zecken auf einem Hund, dessen Herrchen sie vergnügt saugen lassen. Warum Mexiko? Weil eine anständige Wasseraufbereitung fehlt, trinkt dort kaum jemand Wasser aus der Leitung. Große Teile der Bevölkerung sind auf Flaschenwasser angewiesen. Das machen sich die Konzerne zunutze, und die Politik kooperiert, obwohl auch Mexiko zu den 34 Ländern gehörte, die 2010 Wasser und den Zugang zu sauberem Trinkwasser als Menschenrecht anerkannten. Es ist widerlich.

In anderen Ländern geht es nicht so leicht wie in Mexiko. Befasst man sich mit Nestlé, entdeckt man schnell, dass der Schweizer Lebensmittelkonzern inzwischen weltweit verklagt wird aufgrund seiner von vielen Betroffenen wie Umweltschützern als räuberisch empfundenen Wasserförderung – wenngleich diese immer von den jeweils zuständigen Behörden genehmigt wurde. Das prominenteste Beispiel ist sicherlich die französische Stadt Vittel, deren Grundwasserspiegel erheblich gelitten hat. Der Protest gegen Nestlé nahm derart zu, dass sein Vittel-Wasser zumindest aus den Supermarktregalen in Deutschland und Österreich abgezogen wurde. Vorher waren 17 Prozent des in Vittel geförderten Wassers nach Deutschland gegangen. Ein echter Sieg war das nicht. Die Quelle wurde ja weiter genutzt. Doch seit 2023 tut sich nun etwas in dem Vogesen-Städtchen. Nestlé entließ dort 170 von 720 Mitarbeitern. Grund soll der sinkende Grundwasserspiegel sein. Zwei der sechs Quellen sind bereits versiegt. Nicht Richter konnten Nestlé hier zusetzen, sondern die zunehmenden Dürren, die Natur selbst. Über viele Jahre drangsaliert und vergewaltigt, scheint sie zu rufen: „Ich kann nicht mehr! Ich hab nichts mehr! Haut endlich ab!"

PLÜNDERUNG UNSERES KOSTBARSTEN GUTES

Warum ist die Einhegung der Getränkeabfüller so wichtig? Weil *überall* auf der Welt Wasser knapp wird. Es wird zum kostbarsten Gut der Zukunft. Die Erde ist von außen betrachtet zwar ein Wasserplanet, aber schon ein Grundschüler lernt, dass wir es hier zu 97 Prozent mit Salzwasser zu tun haben. Nur etwa ein Prozent vom Rest ist für den Menschen nutzbar. Ein großer Teil der Süßwasserreserven wird derzeit noch gespeichert vom Gletschereis der Hochgebirge und Polarkappen. Doch weil diese in großem Umfang abschmelzen, wird das hinabrauschende Süßwasser in den Ozeanen ebenfalls zu Salzwasser. Ein anderer Speicherort ist deshalb umso wichtiger: die großen Grundwasserleiter, die sogenannten Aquiferen. Sie werden genährt von den Niederschlägen, die auf die Böden treffen. Doch Niederschläge sind bekanntermaßen unberechenbar geworden. Entweder bleiben sie aus oder sie laufen – bei Starkregen – größtenteils oberflächlich ab. Werden die Grundwasserleiter dann auch noch ausgebeutet, wird also mehr Wasser entnommen als nachsickert, fallen sie trocken und sind für Mensch und Natur nicht mehr nutzbar. Anfang 2024 führte eine in *Nature* veröffentlichte Studie vor Augen, wie dramatisch die Situation ist. Weltweit waren die Wasserstände von 170.000 Brunnen über 40 Jahre hinweg gemessen worden. Bereits in 30 Prozent der Aquiferen wurde ein beschleunigtes Absinken festgestellt. Am schnellsten ist der Verlust – mit zwei Metern pro Jahr – in weiten Teilen Spaniens, woher bekanntlich große Teile des in deutschen Supermärkten ausliegenden Grünzeugs stammen.

Die Ausbeutung wird nicht nur von den Konzernen betrieben. Einen großen Anteil daran hat auch die Landwirtschaft. 70 Prozent des Frischwassers sollen laut OECD weltweit für die Bewässerung von dürregeplagten Feldern verwendet werden. Sogar 80 bis 90 Prozent sind es in den USA, 50 Prozent in Dänemark, zehn Prozent in Frankreich. Schaut man sich die Daten für Deutschland an, sollen unsere Bauern lediglich zwei Prozent des Frischwassers nutzen. Wer soll das glauben? Kollegen des Rechercheverbunds Correctiv sind 2023 dieser seltsamen Zahl nachgegangen und kamen zu der Erkenntnis, dass Zweifel an ihr mehr als berechtigt sind. Umweltbundesamt und Bauernverband konnten die zwei Prozent nur wiedergeben, aber nicht bestätigen. Schlicht aus dem Grund, da Bauern hierzulande die Menge entnommenen Wassers zwar im Sinne einer Selbstauskunft melden, aber kaum Rechenschaft über ihre Zahlen ablegen müssen.

70% DES WELTWEITEN FRISCHWASSERS FLIEßEN IN DIE LANDWIRTSCHAFT

Das ist äußerst ungünstig, um das auch hier sinkende Grundwasservolumen in Zukunft managen, gerecht verteilen und ausreichende Mengen der Natur überlassen zu können. Man müsse, so die Recherchen, sogar von einer hohen Dunkelziffer ausgehen, auch weil der ein oder andere Brunnen wohl illegal angelegt wurde. Schlimm ist außerdem, dass in Deutschland je nach Bundesland nichts bis wenig für entnommenes Grund-

SPHÄRE 3 -- WASSER

wasser bezahlt werden muss. NRW oder Bayern zapfen gratis, in Niedersachsen zahlt die Bauernschaft einen Cent pro Kubikmeter. Das ist lächerlich. Denkt man auch nur ein wenig darüber nach, muss man bestimmten Branchen Verhaltensmuster attestieren, die man bislang Kolonialmächten oder Kleptokratien zugeordnet hat. Man dringt ein in ein Ökosystem, nimmt sich, was man – möglichst günstig – kriegen kann, und zum Dank hinterlässt man Verwüstung. In diesem Falle besteht die Verwüstung unter anderem in der ungestoppten Belastung des Grundwassers mit aus zu viel Gülle stammenden Nitraten. Die EU steigt Deutschland deswegen seit Jahrzehnten auf die Füße. In diesem Jahr muss gemäß der Nitratrichtlinie wieder an die EU berichtet werden – und erneut droht Ärger. 2022 ergab eine Auswertung von Daten des Umweltbundesamts, dass bei einem Viertel der 641 Messstellen der Nitratgrenzwert teils weit überschritten wurde. Grüße in den Landkreis Viersen!

Schließlich die Industrie. Auch hier hat Correctiv recherchiert und – zum Teil widerwillig – Daten aus jedem Bundesland erhalten. Diese Daten – und nehmen wir jetzt mal an, dass sie korrekt gemeldet wurden – sind brachial. Der größte Wasserverbraucher überhaupt sitzt in Rheinland-Pfalz, und Sie dürfen nur einmal raten, wer's wohl ist? Genau, BASF. Im Jahr 2020 holte sich der Chemiekonzern 1,35 Milliarden Kubikmeter aus den natürlichen Wasserkreisläufen, darunter waren 20 Millionen Kubikmeter Grundwasser. Im Vergleich mit anderen Nutzern wie der EnBW Energie Baden-Württemberg AG (664,67 Millionen Kubikmeter 2021), der RWE Power AG mit seinen drei Tagebauen in Nordrhein-Westfalen (490 Millionen Kubikmeter 2019) oder Volkswagen in Wolfsburg (2,2 Millionen Kubikmeter) ist das astronomisch. Aber auch die anderen genannten Zahlen sind unappetitlich, wenn man bedenkt, dass Großkonzerne langfristige und manchmal sogar unbefristete Wassernutzungsrechte erhalten – unabhängig davon, wie prekär die allgemeine Wasserlage werden könnte, die vereinbarten Mengen sind quasi garantiert. Es sei daran erinnert, dass in den zurückliegenden Hitzesommern in manchen Kommunen mit horrenden Strafen gedroht wurde, sollten Privatpersonen beispielsweise für ihren Garten Wasser aus einem Bach entnehmen.

1,35 MILLIARDEN KUBIKMETER WASSER HOLTE SICH BASF IM JAHR 2020 AUS DER NATUR

Blicken wir aber aufgrund meiner Herkunft auch noch einmal nach Leverkusen. Was dort früher Bayer-Werk war, nennt sich heute Chempark. Betreiber ist Currenta, vielleicht einigen bekannt aufgrund der Explosion, die 2021 sieben Todesopfer

SPHÄRE 3 -- WASSER

und 31 Verletzte forderte und natürlich nur völlig ungiftige Stoffe in die Gärten der Verwandtschaft blies. Currenta war bis 2020 Bayer-Tochter und gehört jetzt dem US-Infrastrukturdienstleister Macquarie. Im Chempark rührt längst nicht mehr nur Bayer seine Brühen zusammen, sondern viele unterschiedliche Chemieunternehmen. Auf der gesamten Länge von Köln-Flittard über Leverkusen bis hin nach Monheim wurden in den vergangenen Jahrzehnten 50 Brunnen gebohrt. Pro Stunde, so der Betreiber, werden 20.000 Kubikmeter Wasser abgepumpt. Das entspricht 30 Badewannen pro Sekunde. Über neue langfristige Entnahmerechte von Grundwasser aus den Brunnenketten wird derzeit bei der Bezirksregierung Köln verhandelt.

VERSCHMUTZUNG UNSERES KOSTBARSTEN GUTES

Aber es sind nicht nur die Wassermengen, die klingen wie aus einer anderen Welt. Es ist auch deren Verschmutzung. Wobei Verschmutzung noch zu lieb klingt. Es sind großflächige Vergiftungen, die man dem Wasser antut. Wo fangen wir an? Ich berichtete vorhin von Nestlé und Coca-Cola. Solche Konzerne plündern die Quellen einerseits für die Herstellung von Dutzenden Getränkemarken. Und andererseits gehören sie auch zu den größten Verschmutzern von Wasser – und von Boden, Luft und Klima. Einem Report der NGO Tearfund zufolge sind die vier Getränkeriesen Coca-Cola, PepsiCo, Nestlé and Unilever für mehr als eine halbe Million Tonnen Plastikmüll pro Jahr allein in sechs Entwicklungs- bzw. Schwellenländern verantwortlich (China, Indien, Brasilien, Mexiko, Nigeria und Philippinen) – genug, um damit jeden Tag 83 Fußballfelder zu bedecken. Der Bericht kommentiert: „Diese Unternehmen verkaufen weiterhin Milliarden von Produkten in Einwegflaschen, -beuteln und -verpackungen in Entwicklungsländern. Sie tun das, obwohl sie genau wissen, dass der Abfall in diesen Ländern nicht ordnungsgemäß entsorgt wird, ihre Verpackungen daher zur Umweltverschmutzung werden und diese Verschmutzung der Umwelt und der Gesundheit der Menschen schweren Schaden zufügt. Solche Handlungen – mit diesem Wissen – sind moralisch nicht zu rechtfertigen."

Tearfund kritisiert seit Jahren, dass die von den Konzernen verursachten Plastikströme vor allem in einkommensschwache Länder geleitet werden. Diese haben zunehmend mit dem Phänomen des „Plastic-Aggravated Flooding" zu tun, plastikbedingter Überschwemmungen, da die Kunststoffe sämtliche Kanäle verstopfen. Auch in diesem Falle schickte ich meinen CEO-Fragebogen los, dieses Mal in die Schweiz, um Antworten zum Moralverständnis von Nestlé-Chef Mark Schneider zu erhalten. Zurück kam: nichts, gar nichts. Nestlé veröffentlicht zwar – wie alle Konzerne – Kennzahlen zur Nachhaltigkeit, beispielsweise sollen 2022 fast 82 Prozent der Plastikverpackungen recyclingfähig gewesen sein. Aber was hilft das, wenn die Welt mit dem Recycling nicht nachkommt und erst recht nicht die armen Länder, denen der Müll in den Hinterhof und die Kanäle gekippt wird. Umweltorganisationen werfen Nestlé & Co. daher Greenwashing vor. Erst recht, nachdem von Reuters-Kollegen ein perfides System der Entsorgung von Plastik aufgedeckt wurde.

NESTLÉ-CHEF MARK SCHNEIDER — HOW DO YOU SLEEP?

Das sehen viele Lebensmittelkonzerne plötzlich offensichtlich als idealen Brennstoff an. „Der ist nicht nur billig und reichlich vorhanden", heißt es im Reuters-Bericht. „Er ist das Kernstück einer Partnerschaft zwischen Konsumgüterriesen und Zementunternehmen, die ihre Umweltbilanz aufpolieren wollen. Sie preisen diesen Ansatz als Gewinn für einen Planeten an, der an Plastikmüll erstickt. Durch die Umwandlung von Plastik in Energie, so die Unternehmen, werden Mülldeponien und Meere geschont, während Zementwerke auf die Verbrennung von Kohle verzichten können, die maßgeblich zur globalen Erwärmung beiträgt." Die Öfen der energieintensiven Zementproduktion werden also neuerdings mit Müll geheizt. Reuters hat neun Kooperationen ermittelt, die zwischen 2019 und 2021 für diesen Zweck eingegangen wurden. Auch Coca-Cola, Unilever, Nestlé und Colgate-Palmolive sind daran beteiligt. Auf der Zementseite stehen Giganten wie die schweizerische Holcim-Gruppe, Cemex aus Mexiko, Solusi Bangun aus Indonesien und das philippinische Republic Cement. Klar, dass damit das Plastikproblem nicht gelöst ist, oder? Es wurde nur aus der Wassersphäre in die Luft- und Klimasphäre transferiert.

Bei so vielen Ausweichmanövern ist zahlreichen Aktivistinnen und Aktivisten auch hier längst der Geduldsfaden gerissen. 2020 wurden zehn Unternehmen vom kalifornischen Earth Island Institute verklagt: Coca-Cola, Pepsi, Nestlé, Clorox, Crystal Geyser, Mars, Danone, Mondelēz International, Colgate-Palmolive und Procter & Gamble. 72.000 Freiwillige hatten in Zusammenarbeit mit der Aktivistengruppe Break Free From Plastic Strände in der ganzen Welt gesäubert. Die Müllsammelaktion lieferte über die Verpackungsaufdrucke Angaben über die Müllmenge bestimmter Hersteller und bildete so die Datenbasis für den juristischen Angriff auf die Großkonzerne. Ihnen wird nicht nur die Umweltverschmutzung mit Plastik vorgeworfen, sondern auch, dass sie die Verbraucher über die Wiederverwertbarkeit von Einwegplastik täuschen. Mit der Klage sollen die Unternehmen verpflichtet werden, für die Beseitigung der Schäden zu Land und zu Wasser aufzukommen. Außerdem wurde gefordert, dass ihre Produkte nicht mehr einfach als „wiederverwertbar" deklariert werden können. ==„DIESE UNTERNEHMEN SOLLTEN DIE VERANTWORTUNG DAFÜR TRAGEN, DASS UNSER ÖKOSYSTEM IN PLASTIK ERSTICKT",== sagt der Biologe David Phillips, der das Earth Island Institute 1982 mitgegründet hat. ==„SIE WISSEN GANZ GENAU, DASS DIESES ZEUG NICHT RECYCELT WIRD, AUCH WENN SIE DEN LEUTEN AUF DEN ETIKETTEN SAGEN, DASS ES RECYCELBAR IST,== und ihnen das Gefühl geben, dass man sich darum kümmert." Ich will wissen, was aus dem Prozess geworden ist, und schreibe das Team von David Phillips an. Es meldet sich Sumona Majumdar zurück, die früher in der US-Justizbehörde gearbeitet und nun den Posten der CEO von Phillips übernommen hat. „Unsere Klage wurde vor Kurzem abgewiesen", berichtet sie. „Hauptgrund war, dass der Richter festgestellt hat, dass wir als Organisation nicht klageberechtigt sind. Bei der Abweisung geht es also nicht um die Sache, sondern um die Frage, ob eine Organisation diese Art von Klage erheben kann. Aber das Gericht gab uns die Erlaubnis, unsere Klage zu ändern, um sie erneut einzureichen. Wir prüfen derzeit unsere Möglichkeiten." Solche Blockaden sind extrem ärgerlich. Sie werfen die gute Seite um Monate, wenn nicht Jahre zurück, während die Konzerne sekündlich ihren Müll weiter produzieren können.

Wie dringlich auch hier deren Bändigung ist, zeigen Zahlen der OECD. Danach verdoppelte sich die weltweite Plastikproduktion in den vergangenen 20 Jahren – und entsprechend auch die Plastikmüllmenge. Was geschieht damit? Recycling? Ja, aber nur zu neun Prozent. 19 Prozent des Plastiks werden laut OECD-Bericht verbrannt, knapp 50 Prozent gehen auf Deponien, 22 Prozent werden illegal entsorgt. Illegal bedeutet, dass nicht nur unter freiem Himmel verbrannt wird, sondern man vielerorts der Strömung der Flüsse den Abtransport des Mülls überlässt. Schauen wir nur aufs Wasser, befinden sich laut OECD bereits etwa 30 Millionen Tonnen Plastikmüll in unseren Ozeanen, in Flüssen sogar etwa 110 Millionen Tonnen. Allein 2019 kamen 6,2 Millionen Tonnen hinzu. Was passiert mit dem Müll im Wasser? Auch das ist längst bekannt. Kunststoffe zersetzen sich sehr, sehr langsam und werden so zu tödlichen Fallen und zu missverstandenem Futter für die Tierwelt. An die Fotos von strangulierten Schildkröten und mit Plastik vollgestopften Wal- und Möwenmägen scheinen wir uns schon gewöhnt zu haben. Hinzu kommen Unmengen an Mikroplastik und Mikroschadstoffen, die bei den jahrelangen Zersetzungsprozessen (durch Salz, Sonne, Wellengang) freigesetzt werden oder über industrielle Einleitungen oder den gigantischen Reifenabrieb des Straßenverkehrs direkt ins Wasser gelangen. Es gibt keine marine Wasserprobe mehr, die frei von Kunststoffkomponenten wäre.

-- WASSER

Auch hier kommen die langsam einsetzenden politischen Ambitionen, diesen Wahnsinn zu regulieren, viel zu spät und sind viel zu nachgiebig. Grund dafür ist der Druck der Konzerne. Ein Beispiel dafür war die dritte Sitzung eines zwischenstaatlichen Verhandlungsausschusses, der sich im November 2023 in Nairobi am Sitz des UN-Umweltprogramms (UNEP) traf, um ein internationales rechtsverbindliches Instrument zur Bekämpfung der Plastikverschmutzung – vor allem auch der Meere – auszuarbeiten. Die Abkürzung für dieses Treffen lautete INC-3, und die 3 weist darauf hin, dass sich die Verhandlungen in einem fortgeschrittenen Stadium befinden. Weil bekannt ist, was zu diesem Zeitpunkt passieren kann, hatten zivilgesellschaftliche Organisationen und Wissenschaftler das UNEP wie auch das INC-Sekretariat aufgefordert, den Verhandlungsprozess vor dem Einfluss der Industrie zu schützen. Vergebens. Eine Analyse des Center for International Environmental Law (CIEL), unterstützt unter anderem von Greenpeace und Break Free From Plastic, zeigte das ungebrochene Ausmaß des Einflusses der Unternehmenslobby. 143 Lobbyisten der fossilen Brennstoff- und Chemieindustrie hatten sich für die INC-3 angemeldet, ein Anstieg von 36 Prozent gegenüber den Verhandlungen bei der INC-2 – sie stellten damit mehr Teilnehmer als die 70 kleinsten Delegationen der Mitgliedstaaten zusammengenommen. Zudem kam heraus, dass Lobbyisten fossiler Brennstoff- und Chemieunternehmen sogar Teil der Delegation von sechs Mitgliedstaaten waren. Kein Wunder, dass die Ergebnisse der dritten Verhandlungsrunde äußerst ernüchternd ausfielen. „Es war auch enttäuschend, dass einige Mitgliedstaaten nicht bereit waren, auf einen Vertrag hinzuarbeiten, der den gesamten Lebenszyklus [von Plastikprodukten] abdeckt", kommentierte Swathi Seshadri, Programmdirektorin beim Centre for Financial Accountability in Neu-Delhi. „Es ist bedauerlich, dass die Länder, die fossile Brennstoffe fördern und Petrochemie betreiben, nicht in der Lage waren, die lebensverändernden Auswirkungen zu erkennen, die Petrochemikalien, die Ausgangsstoffe für die Kunststoffherstellung, auf die Menschen haben. Es ist an der Zeit, dass die Mitgliedstaaten, die sich gegen vorgelagerte Maßnahmen wehren, erkennen, dass sie auch gegenüber den Menschen, die in der Nähe von giftigen petrochemischen Anlagen leben, rechenschaftspflichtig sind, und sich nicht nur mit den Vorteilen befassen, die eine Handvoll Konzerne erzielen werden. Der einzige Weg nach vorne ist die Regulierung der Kunststoffproduktion und die schrittweise Abschaffung von Neuplastik."

Derweil arbeiten – wie geschildert – immer mehr von NGOs beauftragte Juristen für eine Haftbarmachung. Die Juristen sind aber nicht mehr allein. 2023 fand sich eine Koalition von 183 Investoren zusammen, die Vermögenswerte in Höhe von insgesamt zehn Billionen US-Dollar verwalten. Zusammen forderten sie kunststoffversessene Unternehmen wie Amazon, Pepsi und McDonald's dazu auf, ihre Abhängigkeit von den schädlichen Verpackungen drastisch zu reduzieren. Nicht etwa, weil unsere Meere den Bach runtergehen, sondern weil sich die Unternehmen Risiken aussetzen „angesichts der Welle von Maßnahmen zur Verschärfung der Gesetzgebung auf der ganzen Welt, der zunehmenden Zahl von Klagen gegen Unternehmen und der poten-

Weiter auf Seite 114

UNSERE OZEANE
ALS ENDLAGER FÜR KUNSTSTOFF

270.000 TONNEN
aus Reifenabrieb

230.000 TONNEN
aus entsorgten Plastik-Pellets

190.000 TONNEN
aus Textilfasern

130.000 TONNEN
aus Gebäudeanstrichen

80.000 TONNEN
aus Farben von Fahrbahnmarkierungen

35.000 TONNEN
aus Kosmetik

16.000 TONNEN
aus Schiffsanstrichen

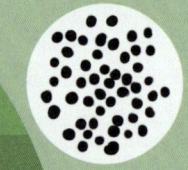

Quelle: eunomia.co.uk/reports-tools/plastics-in-the-marine-environment

Über **12 MILLIONEN TONNEN** Plastik gelangen jedes Jahr allein in die Meere. **5 %** dieses Kunststoffs finden sich sichtbar an den Stränden, sogar nur **1 %** schwimmt auf der Meeresoberfläche, **94 %** sind bereits auf den Meeresgrund gesunken. Unter diesen elenden Sedimenten aus menschlicher Produktion befindet sich auch sogenanntes primäres Mikroplastik, das nicht aus Zersetzungsprozessen größerer Plastikteile stammt, sondern eben schon mikroskopisch klein ins Wasser kam. Von diesem primären Mikroplastik stammen ... (siehe links)

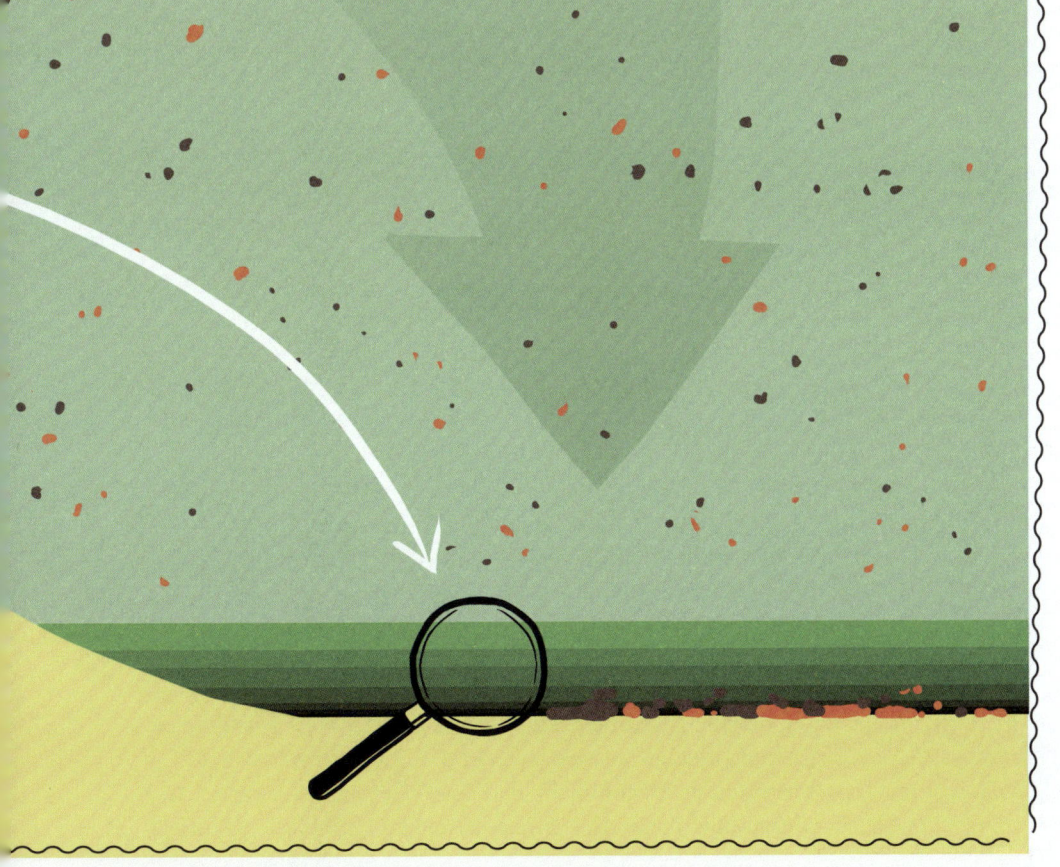

ziellen Bedrohung des Markenwerts". Auch werden die Konzerne in dem Appell aufgefordert, ihre Lobbyarbeit gegen politische Versuche, die Plastikflut einzudämmen (wie per Global Plastics Treaty oder EU-Verpackungsverordnung), einzustellen. Wird der Druck des großen Geldes die längst fällige Transformation forcieren? BlackRock, der weltgrößte Vermögensverwalter, ist übrigens nicht dabei.

KAMPF DEM KUNSTSTOFF

Weil die Mühlen der Politik sehr langsam mahlen und die Großindustrie nur äußerst schwer zu alternativen Herstellungsprozessen zu bewegen ist, gleichzeitig aber die Situation unserer Gewässer immer prekärer wird, sind Idealisten, Aktivisten und Erfinder wie Boyan Slat, Marcella Hansch, Lennart Rölz oder Mary Crowley vorgeprescht und haben begonnen, den Dreck praktisch mit eigenen Händen wieder rauszuholen aus unseren Gewässern. Eine Sisyphusarbeit die sonst aber keiner macht. Stellen Sie sich bitte auch das vor: Niemand, wirklich niemand kümmert sich um die gigantischen Müllstrudel, die sich inmitten unserer Ozeane angesammelt haben. Der Great Pacific Garbage Patch zwischen Kalifornien und Hawaii breitet sich inzwischen über 1,6 Millionen Quadratkilometer aus, das entspricht in etwa der Fläche des Iran oder der Mongolei. Selbst wenn Konzerne Besserung geloben sollten und wie Nestlé irgendwelche Zieljahre in die Welt setzen: In den Weltmeeren schwimmt immer noch ihr Verpackungsmüll aus den Siebzigern, aus den Achtzigern, aus den Neunzigern und so weiter. Wieso muss der von Alt-Ökos weggeräumt werden, die immer schon genügsam gelebt haben? Warum müssen den junge Leute einsammeln, die noch gar nicht geboren waren, als das Plastik hergestellt wurde?

Andere Pioniere wiederum haben es sich zur Lebensaufgabe gemacht, das Zeug erst gar nicht in die Gewässer zu lassen. Selbst für die Beseitigung des industriellen Mikro- und Nanoplastiks im unmittelbaren Anschluss an die Produktionsprozesse gibt es großartige Innovationen. Hier muss der Name Katrin Schuhen fallen, die mit ihrem gemeinnützigen Start-up Wasser 3.0 und einer ebenso einfachen wie genialen Innovation die Wirtschaft verblüffte. Und zwar so sehr, dass sie bereits während ihrer Forschungsarbeit Angebote eines Großkonzerns erhielt, ihr dieses einzigartige Patent abzukaufen. Mit der Absicht, es vielleicht in der Schublade verschwinden zu lassen, weil es die traditionellen Wirtschaftsakteure beschneiden könnte? Hmm ... Schuhen lehnte jedenfalls ab und gründete ihre eigene Firma.

Kurz erklärt, stieß die promovierte Chemikerin, Jahrgang 1980, auf die Fähigkeit von Hybridkieselgelen – einer klaren, ungiftigen Silizium-Kohlenstoff-Kombination –, Giftstoffe im Wasser zu binden: Mikroplastik, Nanoplastik, aber auch Medikamentenrückstände, Pestizide und eine große Menge anderen Zivilisationsdrecks, den man nicht im Grundwasser, in unseren Flüssen und Seen oder im Trinkwasser haben möchte. Je nach Formulierung des Gels bindet es andere Elemente, verklumpt

SPHÄRE 3 -- WASSER

mit ihnen, steigt hoch an die Wasseroberfläche und kann dort abgeschöpft werden. Die Technologie wurde inzwischen marktfähig gemacht, sie durchlief einen einjährigen Test in einer deutschen Kläranlage erfolgreich, erhielt die erste EU-Förderung, wurde mit mehreren Preisen ausgezeichnet, und immer mehr Unternehmen klopfen bei Katrin Schuhen an. Manche, weil sie erkennen, dass sie ein dringendes Wasserproblem haben, das sie lieber heute als morgen lösen wollen. Andere, weil sie sich auf die Zukunft einstellen müssen, denn die EU will die Emissionen von Mikroplastik demnächst (hoffentlich!) regulieren. Mikroplastik entsteht irgendwann, irgendwo in fast jedem Prozessschritt – von der Herstellung bis zum Lebensende eines Produktes. Der von Schuhens Start-up Wasser 3.0 verfolgte Ansatz eines nachhaltigen Prozessdesigns wäre die perfekte Grundlage für Wasser ohne Mikroplastik sowie kreislaufwirtschaftliche Prozesse.

DR. KATRIN SCHUHEN, GRÜNDERIN

SPHÄRE 3 -- WASSER

Vielleicht sollte man den Leserinnen und Lesern zuerst noch einmal die Zusammenhänge erklären. Bislang sind Einleitungen von Mikro- und Nanoplastik in unsere Abwasserströme komplett unreguliert. Jedes Unternehmen konnte und kann wirklich tun und lassen, was es will. Richtig, Frau Schuhen?

Wenn man nur auf das Thema Mikroplastik schaut, im Prinzip ja. Das Problem von Mikro- und Nanoplastik wurde bislang regulativ komplett vernachlässigt. Das hat dazu geführt, dass diese kleinsten Kunststoffteile inklusive ihrer chemischen Beimischungen inzwischen überall sind. Und überall heißt wirklich überall. Diese ungebremste Verschmutzung wird hoffentlich zumindest in der EU bald ein Ende haben. Die Unternehmen, die mit uns zusammenarbeiten, wissen das, und deshalb arbeiten sie quasi mit in die Zukunft. Sie arbeiten proaktiv in Richtung Regulation bzw. Anpassung an die EU-Wasserrahmenrichtlinie. Wenn diese kommt, möchten sie die Ersten sein, die sagen können: „Wir haben das Problem doch schon lange im Griff und die entsprechende Technologie eingebaut!" Bei manchen geht das unter Hochdruck, das heißt innerhalb von sechs Monaten, bei anderen dauert es etwas länger.

Aus welchen Branchen kommen die Anfragen?

Vor allem aus dem kunststoffverarbeitenden Gewerbe, darunter die Textilindustrie, aus der Papier- und auch aus der Recyclingwirtschaft. Sie alle wissen um die Entwicklung der Gesetzeslage. Die Recyclingwirtschaft hat man beim Thema Wasser übrigens oft gar nicht so auf dem Schirm. Unsere Recyclingprozesse brauchen viel Wasser, und demnach fällt auch viel Abwasser an. Meiner Meinung nach sollte man sich überhaupt dringend die gesamten Abfall-, Abwasser- und Abluftrouten genauer ansehen, statt alles auf neue Produkte aus nachwachsenden Rohstoffen zu setzen. Denn oft ist es so, dass sich in dem Moment, in dem du mit einer Substanz kein Geld mehr verdienen kannst, niemand mehr dafür interessiert. In vielerlei Hinsicht gilt hier das Prinzip: Aus den Augen, aus dem Sinn! Warum laufen so viele Produktionsanlagen nachts? Nicht nur weil der Strom billiger ist, sondern weil vielleicht viel seltener jemand mit einem Teststäbchen neben der Anlage steht, um die Qualität des Abwassers zu prüfen. Hinzu kommt, dass das Abwasser teilweise so hochkomplex mit Chemikaliencocktails belastet ist, dass ein Teststäbchen oder ein Überwachungssensor allein nicht ausreicht. Wenn dann noch Stoffe bezüglich ihres Grenzwerts nicht geregelt sind, dann fehlen schlichtweg die Daten, um im Sinne von Umwelt- und Klimaschutz Maßnahmen zu beschließen. Es entwickelt sich ein Teufelskreis, aus dem man nur ausbrechen kann, indem man das System verlässt.

Okay, wir haben es also nicht etwa mit einem kollektiven Erwachen der Branche zu tun nach dem Motto „Was haben wir nur angerichtet!". Viele Unternehmen sind eher von der Sorge getrieben, demnächst mit Strafen überzogen zu werden.

Die Hauptstellschraube ist und bleibt das Geld. Wenn wir unseren möglichen Kunden den ökonomischen Benefit ausrechnen, den wir mit nachhaltigem Pro-

„DIE BELASTUNGEN
DES COCKTAILS AUS CHEMIKALIEN UND MIKROPLASTIK SIND IN DER SUMME EINFACH ZU HOCH"
KATRIN SCHUHEN, WASSER 3.0

zessdesign über die gesamte Wertschöpfungskette hinweg erreichen, dann wird schnell klar, dass es sich lohnt, heute schon für morgen zu handeln. Dass die Betriebe auch mit ökologischen und sozialen Komponenten Gewinn erwirtschaften können, ist der Schlüssel zum Erfolg – und wir kommen ins Geschäft.

Wie gehen Sie vor, nachdem sich ein Unternehmen bei Ihnen gemeldet hat?
Das Vorgehen bei Wasser 3.0 ist klar strukturiert. Nachdem wir die bereits vorhandenen Daten angeschaut haben, komplettieren wir das Gesamtbild mit den Daten, die wir selbst ermitteln. Das beginnt mit einer Probe des Prozessabwassers. Schon beim Betrachten der Wasserprobe zeigt sich, dass Unternehmen nicht nur ein Mikroplastikproblem haben, sondern auch die zugesetzten Prozesschemikalien ein großer Hebel sind, würde man diese aus dem Abwasser zurückgewinnen und dem Kreislauf wieder zuführen. Wenn die Unternehmen dann erkennen, dass wir vollumfänglich den traditionellen Produktionsprozess im Sinne eines nachhaltigen Prozessdesigns upgraden, und das ohne die berühmt-berüchtigten Zusatzkosten, dann bekommen selbst Prozessingenieure und Management strahlende Augen.

Um noch einmal klarzumachen, wie dringlich sinnvolle Lösungen sind: Greenpeace ermittelte 2020 die höchsten Mikroplastikkonzentrationen im Rhein vor den Bayer-Werken in Dormagen und Uerdingen. 2019 stellte das Alfred-Wegener-Institut gigantische Mikroplastikwerte in Schneeproben fest, die an einer bayerischen Landstraße genommen wurden. 154.000 Partikel pro Liter – nur um mal einen Wert zu nennen. Hinzu kommen eine Menge Chemikalien, die das Wasser zusätzlich belasten. Bäche in Tälern von Skigebieten sind voller giftiger PFAS, die aus dem Skiwachs stammen. In den Niederlanden ist das Wasser mancher Grachten neben Tulpenfeldern so pestizidbelastet, dass man das Wasser selbst als Pestizid nutzen könnte. Die Schienenstränge der Bahn wurden bis 2023 mit Glyphosat pflanzenfrei gehalten, zu Höchstzeiten mit 60 Tonnen pro Jahr. Wo ist das Zeug wohl hingesickert? Ins Grundwasser? In die nahe liegenden Gärten? Lässt sich überhaupt sagen, Frau Schuhen, welches aktuell die größte Bedrohung für unser Wasser ist?

Eigentlich ist es der Verbund, der Cocktail aus Chemikalien und Mikroplastik. Bislang ist so viel unter dem Radar geflogen. Es werden jetzt aber immer höhere Werte detektiert, was auch mit der Verbesserung der Nachweismethoden zu tun hat. Letztlich ist es dann egal, ob der Cocktail aus Medikamenten wie Ibuprofen oder Röntgenkontrastmitteln stammen oder von Pestiziden oder einem Autoreifen. Am Ende handelt es sich um verschiedene Belastungen, die einfach in der Summe zu hoch sind. Man kann davon ausgehen, dass die Mikroschadstoffe der Einzelsubstanzen zusammengenommen umwelt- und gesundheitsgefährdend sind. Angenommen, ich habe eine Million solcher Substanzen im Wasser, mit jeweils einem Nanogramm pro Liter, dann habe ich eine Million Nanogramm pro Liter gesundheitsgefährdender Stoffe im Wasser. Und ganz ehrlich, wenn man die Diagnose Parkinson, Demenz oder Krebs erhält, dann stellt sich nicht mehr die Frage, welche genaue Ursache dahintersteckt. Fakt ist aber, ohne sauberes Wasser werden die Krankheiten zunehmen, also gilt es, die Einträge massiv zu reduzieren und die Gesamtkonzentrationen zu senken. Das geht nur gemeinsam, wenn alle an einem Strang ziehen.

Werden wir des Problems, das wir über Jahrzehnte einfach haben laufen lassen, in dem gebotenen Tempo überhaupt Herr werden können?
Jeder Mensch in mitentscheidenden Positionen sollte vom hohen Ross herunterkommen und beim Handeln zuerst an Umwelt und Mitmenschen denken, bevor man schaut, wie viel man am Ende im Portemonnaie hat. Wenn allein die großen Player, die entlang der Rheinschiene oder an der Donau sitzen, mitmachen würden, hätten wir eine deutlich sichtbare Verbesserung der Wasserqualität – und das über die Grenzen hinweg. Das ginge über Technologie, die längst vorhanden ist, und deren beschleunigten Einbau. Das könnte aber auch über sogenannte Cross Evaluations gehen. Roche in Basel würde dreimal im Jahr unangekündigt nach Ludwigshafen kommen und die Werte bei BASF kontrollieren. BASF würde dreimal im Jahr die Werte von Bayer in Leverkusen überprüfen, und die Leverkusener wären dreimal im Jahr bei Evonik in Marl. Über diesen Weg würden sie sich gegenseitig herausfordern, jeweils mit der Erlaubnis, dass über die Ergebnisse auch öffentlich berichtet werden darf, über die positiven wie die negativen. Nach einem Jahr sollte man in einem guten Projektmanagement eigentlich die Meilensteine geschafft haben, dann ist man auf einem guten Weg. Das gilt hier auch. Die Unternehmen sollten zusehen, dass sie aus der Verzögerungstaktik, der Argumentationslinie der Nichttransparenz hinsichtlich Daten und Taten gegenüber der Gesellschaft ausbrechen. Wir brauchen kurzfristige Sprints mit klaren Zwischenzielen. Ziele weit in der Zukunft erreichen zu wollen, wo diejenigen, die sie beschlossen haben, nicht mehr an der Macht oder vielleicht sogar längst tot sind, macht doch wirklich keinen Sinn.

SPHÄRE 3 -- WASSER

Never change a running system, vor allem nicht, wenn es Multimilliarden ausspuckt. Das war die Losung der Vergangenheit, und das ist sie zum Großteil immer noch.

Das war in der Tat so. Vielfach wurden die Chemieriesen – als Träger unseres Wirtschaftssystems – von der Politik in Ruhe gelassen. Das wurde bereits in den Fünfzigerjahren unter Konrad Adenauer vereinbart. Das Druckmittel dafür, dass das so bleibt, war seitdem immer die Drohung mit Abwanderung und folgender Massenarbeitslosigkeit.

Katrin Schuhen spricht hier das gleiche Dilemma an, das Jürgen Resch im zweiten Kapitel dieses Buches thematisierte. Deutsche Politik und deutsche Wirtschaft sind zu eng verknüpft, als dass sich etwas ändern könnte. Diese seit Ende des Zweiten Weltkriegs ganz bewusst in Kauf genommene Nähe wurde erschreckend präzise in einer Titelstory des *Spiegel* am Beispiel der Chemieindustrie beschrieben – und zwar schon im Februar 1966:

Die Geschichte trug die Überschrift „Ungeheure Geschäfte". Man könnte meinen, dass das Wort „ungeheuer" zweideutig zu lesen ist. Im Sinne gigantischer Summen, die mit der Chemie zu erwirtschaften sind, sowie im Sinne der Büchse der Pandora, die geöffnet wurde und seither mit den aus ihr aufsteigenden chemischen Elementen Umwelt und Menschen bedroht. Doch in dem *Spiegel*-Artikel ist keinerlei kritische Stimme zu vernehmen – weder die des Journalisten selbst noch die einer zitierten Autorität vonseiten des Umweltschutzes, zumindest den NABU hätte man damals schon fragen können. Ganz im Gegenteil: Die Chemie und die Produktwelten, die aus ihr entstanden sind, werden als epochale Möglichkeit angepriesen, das Leben auf diesem Planeten zu verbessern. Haarklein stellt der Autor das extreme Wachstum der Chemiebranche dar. Alle dreieinhalb Jahre würden sich die Umsätze der Unternehmen bei den Chemiefasern verdoppeln, alle fünf Jahre bei den Kunststoffen – weit schneller als in Maschinenbau, Elektroindustrie und Autobranche. Chemieaktien gingen durch die Decke. Und dann beschreibt der *Spiegel*-Autor etwas, das ich als *Machbarkeitswahn* bezeichnen möchte. Die Passage hat mich so angewidert, dass ich sie zitieren möchte:

„Doch obwohl das gigantische Ausmaß kaum noch überbietbar zu sein scheint und obwohl die Atomindustrie immer stärker aufkommt, glauben die Industriellen, die Zukunft der Chemie habe eben erst begonnen. Nach wie vor sehen sie ihre Aufgabe ‚in der Auffindung von Unbekanntem' (BASF-Generaldirektor Timm). Die Forschung habe eben angefangen, ‚in die Rohstoffmonopole der Natur einzudringen' (BASF-Aufsichtsratsvorsitzer Prof. Carl Wurster). Der Naturwissenschaft winkten, so Wurster, ‚unverändert Chancen, bisher Verborgenes in der Schöpfung zu erkennen und den (göttlichen) Schöpfungsprozeß gleichsam fortzusetzen'. Allein die Entwicklung der Kunststoffe verlaufe so rasch, ‚daß

SPHÄRE 3 -- WASSER

wir vielleicht einmal von einer Neo-Materie sprechen können'. Fast jeden Monat wird irgendwo in der Welt ein neuer Kunststoff, eine Fasernovität oder ein neues Verfahren zur Herstellung synthetischer Stoffe patentiert."

„DIE FORSCHUNG HAT EBEN ERST ANGEFANGEN, IN DIE ROHSTOFFMONOPOLE DER NATUR EINZUDRINGEN."

PROF. CARL WURSTER, BASF

Ist das nicht unglaublich? Hier ist die Rede davon, in die Schöpfung – ob göttlich oder natürlich, ist an dieser Stelle wurscht – einzugreifen und dies als erstrebenswertes Ziel zu sehen. Die Faszination darüber scheint den Herren so zu Kopfe gestiegen, dass ihnen das Gefühl für die Gefahren – siehe Atomkraft, siehe Gentechnik – völlig abhandengekommen ist. Wie kann man so daherreden? Vielleicht deswegen: Was der *Spiegel* nicht erwähnte, ist, dass jener Prof. Carl Wurster unter den Nazis als Wehrwirtschaftsführer fungierte, als Parteimitglied auch Teil der Reichswirtschaftskammer war und sich 1947 in Nürnberg bei den IG-Farben-Prozessen stellen musste. Zwar kam u.a. ans Licht, dass er sich im Herbst 1939 nach dem deutschen Überfall auf Polen dorthin aufmachte, um die polnischen Chemiefabriken auf ihre Tauglichkeit für Nazideutschland zu begutachten, aber er wurde freigesprochen, wurde 1952 sogar Vorstandsvorsitzender der BASF, nachdem er sich erfolgreich für die Wiederherstellung seiner alten Firma eingesetzt hatte. In Heidelberg erhielt er eine Honorarprofessur, und natürlich bekam er auch noch von Konrad Adenauer einen Orden angesteckt. Will sagen: Mit einem anderen Gedankengut Aufgewachsene wären vielleicht auf die Idee gekommen, dass nicht nur das böswillige Experimentieren im Labor für Kriegszwecke, sondern auch der mit einem leichtfertigen und nicht zu Ende gedachten Herumdilettieren gepaarte Titanismus zu Substanzen und Produkten führt, die nicht mit der über Jahrmillionen erprobten Evolution der Natur und den in ihr lebenden Menschen in Einklang zu bringen sind. Die US-Zoologin Theodora Colborn veröffentlichte 1996 das bemerkenswerte Buch *Our Stolen Future,* um anhand vieler schockierender Fälle darüber aufzuklären, wie hormonaktive Stoffe einer entfesselten Chemie unsere Reproduktionsfähigkeit, unser geistiges Vermögen, ja, unser Überleben infrage stellen. Sie nannte es einen „chemischen Tsunami", der nach dem Zweiten Weltkrieg über die Welt kam. „Der Handel mit billigen und unendlich vorhandenen künstlichen Chemikalien hat die Landwirtschaft, die industriellen Prozesse und die ganze Gesellschaft geformt", sagt sie. „Das Chemiezeitalter hat Produkte, Institutionen und kulturelle Haltungen geschaffen, die immer neue synthetische Chemikalien benötigen, um es zu erhalten." Der einzige Ausweg sei nicht die Minimierung von Chemie, sondern völliges Neudesign.

Die politisch genehmigte Entfesselung der Experimentierwut in chemischen Laboren hat dazu geführt, dass den giftigen Rückständen heute fast nicht mehr zu entkommen ist. Ebenso katastrophal ist die geistige Komponente, die Haltung derer, die heute dem chemischen Tsunami immer neue Energie geben. *Zum einen* höre ich von Vertretern der Branche, dass die Gefahren für Mensch und Umwelt doch gar nicht final bewiesen seien, dass laut Studienlage gar nicht klar wäre, dass etwa aus Kunststoffen gelöste Nanoteilchen, die in unsere Blutbahnen gelangen, uns krank machen würden. Warum erinnert mich das an die Narrative von Tabak- und Ölindustrie? *Zum anderen* hat sich die Chemie daran gewöhnt, an der ganz langen Leine Milliardengewinne einfahren zu können. Zugleich ist sie sich ihrer Macht bewusst. Sie weiß, dass sie es ist, die die Leine führt und das Herrchen dominiert. Wag the dog! So ein verzogenes Biest ist nur ganz schwer umzuerziehen. Mit gutem Zureden funktioniert das nicht mehr.

Schließlich die Bevölkerung, die ganz normalen Menschen. Auch sie haben sich an das Leben mit der falschen Chemie gewöhnt, sie wurden ja auch dort hineingeboren und kennen nichts anderes. Daher ist das Wort der Gewöhnung eigentlich falsch. Die meisten Menschen sind sich nicht einmal bewusst, dass sie ihr Leben fristen in einer Welt, in der sie chemischen Giften hilflos ausgesetzt sind, und dass diese Tatsache unsere Lebenszeit teils radikal verkürzt und unnötig Schmerz, Siechtum, Tod und Trauer über uns bringt. Die Millionen jährlich an vergiftetem Wasser, vergifteter Luft, vergifteter Nahrung Gestorbenen sind Teil des Ökozids, des Krieges gegen die Natur. Mich hat extrem schockiert, dass selbst die Chemikalie, die die Nazis in den Gaskammern ihrer Konzentrationslager zur Judenvergasung nutzten, das Insektizid Zyklon B, immer noch von einer Nachfolgefirma des ursprünglichen Herstellers produziert und verkauft wird. Draslovka heißt das Chemieunternehmen im tschechischen Kolín heute. Das Etikett des Mittels wurde geändert. Heute verkehrt das Zeug unter den Namen Uragan, Bluefume oder Cyanopur. Genutzt wird es etwa zur Holzbehandlung oder zum Ausräuchern der Passagierkabinen von Flugzeugen. 2006 geriet der tödliche Wirkstoff des Produkts, Blausäure bzw. Zyanid, bei einem Störfall ins Wasser der Elbe. Nicht mal dazu ist Politik in der Lage: Chemikalien zu verbieten, die als das absolut Böse in die Geschichte eingegangen sind.

DIE VERSEUCHUNG IST ÜBERALL

Mit einer Geschichte aus Mexiko hatte ich dieses Kapitel begonnen. Mit einer Geschichte aus New Mexico geht es zu Ende. Sie spielt zwischen 2018 und 2022 und handelt von dem Bauern Art Schaap, der stolz darauf war, vor über 30 Jahren von seinem Vater eine Viehherde übernehmen zu können und eine Milchwirtschaft aufzubauen. Heute sind alle Kühe tot. Vergiftet, weil sie Grundwasser tranken, eingeschläfert, weil sie vergiftet waren. Und das kam so: Gleich in der Nähe der Farm liegt der Militärflughafen der Cannon Airforce Base. Art Schaap fand das anfangs ziemlich klasse, weil er quasi gratis Flugshows mit ansehen konnte, weil er erleben durfte, wie US-Präsidenten dort landeten, weil er beobachten konnte, wie geübt wurde, in Flammen stehende Flugzeuge zu löschen. Niemals hätte er gedacht, dass bestimmte Inhaltsstoffe aus dem Löschwasser, PFAS genannt, nach und nach seine Tiere krank machen könnten. „Ich wusste noch nicht mal, was das ist, geschweige denn, wie man das buchstabiert", sagt Schaap. „Bis eines Tages Leute vor unserer Tür standen und meinten, sie müssten mal unser Grundwasser kontrollieren." Sowohl das Trinkwasser in den Gebäuden als auch das in den Ställen verwendete Brunnenwasser waren verseucht mit PFAS. Für sechs Monate bekam der Milchbauer abgefülltes Wasser geliefert – und fing an, sich zu informieren.

> **PER- UND POLYFLUORIERTE ALKYLSUBSTANZEN (PFAS) HABEN ES IN JEDEN WINKEL DER ERDE GESCHAFFT. SIE SCHLUMMERN IN JEDEM MENSCHEN UND JEDEM TIER. ES GIBT KEIN ENTKOMMEN.**

Per- und polyfluorierte Alkylsubstanzen (PFAS), verwendet in Produkten, die hitze-, öl-, flecken- und wasserbeständig sein sollen, können Krebs auslösen, vor allem Leber, Nieren, Hoden sind gefährdet, sie können den Hormonhaushalt durcheinanderbringen, das Immunsystem genauso, sie haben Einfluss auf Fruchtbarkeit und Kindesentwicklung und werden auch für Fehlgeburten und Missbildungen verantwortlich gemacht. Schaap und seine Frau ließen ihr Blut testen, in dem die Ärzte ebenfalls auf hohe PFAS-Konzentrationen stießen. Sie informierten die Behörden, um die Milch

SPHÄRE 3 -- WASSER

ihrer Kühe checken zu lassen, weil sie nicht wollten, dass sich die Chemikalien von ihrem Hof aus verbreiteten. „Ihnen ist bewusst, dass wir Ihre Molkerei schließen lassen müssten, falls wir etwas finden." – „Ja, das ist mir bewusst. Aber ich will mich nicht schuldig machen." Es wurden Proben genommen, auch hier fanden sich die Chemikalien, und Bauer Schaap begann damit, die tägliche Milch wegzuschütten. Zwei Jahre lang wurde er staatlich unterstützt, bis die Werte in der Milch besser wurden. Ein Problem blieb: Die PFAS hatten sich in den Kühen abgelagert. Weder Abdecker noch fleischverarbeitende Betriebe, die Hundefutter herstellen, wollten oder durften ihm die Tiere abkaufen. Schließlich kam 2022 die offizielle Anweisung, dass die gesamte Herde, etwa 3600 Kühe, eingeschläfert werden muss. Art Schaap sitzt seitdem auf einem Schaden von ungefähr sechs Millionen Dollar. Und eine große Lösung für das weit über die Airforce Base hinausreichende Grundwasserproblem gibt es auch noch nicht. Der Militärstützpunkt scheint ein zu wichtiger Arbeitgeber in der Gegend. „Wir hatten hier das beste Grundwasser. Wir hatten eine exzellente Farm", sagt Schaap. „Jetzt ist sie ruiniert. Niemand will in einer Gegend mit belastetem Wasser leben. Und es ist schockierend zu realisieren, dass auch deine Kinder dieses Wasser getrunken haben. Ich habe fünf Enkelkinder und hatte eigentlich vor, ihnen irgendwann meinen Hof zu übergeben. Das ist jetzt nicht mehr möglich."

PFAS? Klingelt da etwas? Das Zeug haben wir auch bei uns. Und nicht zu knapp, immerhin sind wir eine stolze Chemienation. 2023 alarmierten die Ergebnisse einer Langzeitrecherche. Sie schafften es sogar in die *Tagesschau* und auf die Startseiten vieler digitaler Leitmedien. Inspiriert von einer ähnlichen Aktion in den USA, beteiligten sich Journalistenkollegen aus 18 europäischen Nachrichtenredaktionen im Zuge des *Forever Pollution Projects* am Sammeln von Daten, um festzustellen, wie stark der eigene Kontinent mit PFAS belastet ist. Zur Stoffgruppe der PFAS gehören inzwischen über 10.000 Substanzen, viele davon höchst bedenklich, darunter das Teflon, das 1938 vom US-Konzern DuPont entwickelt wurde und einen ungebremsten Siegeszug über den Planeten antreten konnte. Teflonbeschichtete Töpfe und Pfannen sind aber nur ein kleiner Teil der Anwendungen. PFAS stecken in Zahnseide, Back- und Käsepapier, in schmutz- und regenabweisender Outdoor-Kleidung, in Batterien und Akkus, in Halbleitern und Membranen, in Möbelpolitur und Farben, in Rohren und Dichtungsringen – oder eben im Löschschaum. Fatal ist, dass die sogenannten Ewigkeitschemikalien so konstruiert sind, dass sie kaum bis gar nicht von der Natur abgebaut werden können, sehr mobil, also wassergängig sind, sich in Sedimenten wie auch im menschlichen und tierischen Körper ablagern und dort still und leise auf die Gesundheit einwirken.

Erschreckende Bilanz des Rechercheprojekts: Mehr als 17.000 Standorte in Europa sind verseucht, weitere 21.000 mutmaßliche Kontaminationsstellen wurden aufgedeckt, die auf aktuelle oder frühere industrielle Aktivitäten zurückzuführen sind. 2000 Hotspots wurden identifiziert. Die Verseuchung betrifft quasi ganz Europa. Erschütternd ist die Belastung fast ganz Belgiens und des alles in den Schatten stel-

SPHÄRE 3 -- WASSER

lenden Megahotspots Amsterdam-Schiphol mit dem viertgrößten Flughafen Europas. Die Mengen verpesteter Erdmassen (ganz zu schweigen vom Wasser) sind dort so gewaltig, dass man im Zuge der Sanierung inzwischen nicht mehr weiß, wohin damit. Müssen Sie auch an die Tanks mit belastetem Fukushima-Wasser denken, die mehr und mehr wurden und jetzt in den Pazifik entleert werden? Und an unseren Atommüll und die Endlagersuche? Mit den PFAS haben wir nun ein sehr ähnliches Problem. Und außer den Tätern, wenigen Politikern, Militärs und Umweltorganisationen hatte das Problem *niemand* auf dem Zettel.

Schaut man sich die Belastungskarte Deutschlands an, dann fällt zweierlei auf: Die Kontaminationen verdichten sich in extremem Maße entlang der Rheinschiene, wo sich viele produzierende Unternehmen angesiedelt hatten und haben. Sehr hohe Werte tauchen beispielsweise bei Rastatt auf, wo über Jahre hinweg PFAS-belasteter Klärschlamm aus Papierfabriken als „Dünger" eingesetzt wurde. Tolle Idee! Die allerhöchsten Werte jedoch finden sich regelmäßig dort, wo die US-Armee stationiert war und ist: der Flugplatz in Ramstein, der Flugplatz in Bitburg, der Flugplatz in Spangdahlem, der Flugplatz Wiesbaden-Erbenheim mit der Clay-Kaserne. Auch deutsche Kasernen und Fliegerhorste haben weit überdurchschnittliche Werte. Um nur mal zwei Zahlen zu nennen: Das Grundwasser unter Ramstein hat eine Konzentration von 264.000 Nanogramm PFAS pro Liter ergeben, der Boden unter dem US-Truppenübungsplatz im bayerischen Hohenfels 385.000 Nanogramm, unter dem US-Truppenübungsplatz Grafenwöhr sogar 581.100 Nanogramm. Zum Vergleich: Im Wasser der Wupper, die in Leverkusen in den Rhein fließt, wurden 3600 Nanogramm gemessen, was auch schon recht unschön ist. Ach ja, was ergab eigentlich die Wasserprobe an einem der größten Produktionsstandorte von PFAS in Europa, dem Chemiepark Gendorf in Bayern, mit Werken von Dyneon (gehört zum US-Unternehmen 3M) und W. L. Gore (einer der US-Pioniere auf dem PFAS-Gebiet)? Halten Sie sich fest: 2021 wurden 1.167.593 Nanogramm pro Liter gemessen. Das stellt jeden NATO-Flughafen in den Schatten.

1.167.593 NANOGRAMM PFAS PRO LITER IM LANDKREIS ALTÖTTING. DAS STELLT JEDEN NATO-FLUGHAFEN IN DEN SCHATTEN.

Schon das Beispiel von Art Schaap in den USA hat gezeigt, dass PFAS-Belastungen nicht an Grundstücksgrenzen haltmachen, sondern sich teils weiträumig ausbreiten und dem Lauf des Wassers folgen bis hinein ins Grundwasser entfernterer Orte. Der erwähnte Chemiepark Gendorf, wo offensichtlich die Amerikaner mithilfe deutscher Mitarbeiter wüten, ist eingebettet in eine wunderschöne Landschaft mit vielen Bächen und Flüssen, die Salzach mündet dort in den Inn. Doch der äußere Eindruck täuscht. Die Trinkwasserqualität im nahen Burgkirchen war immer wieder Anlass für bürgerschaftlichen Protest, es wurde gerungen um Grenzwerte, Filteranlagen und Sanierungen. Vor ein paar Jahren schockte ein Blutmonitoring die Bevölkerung des Landkreises Altötting. Deren PFAS-Konzentrationen waren teils so hoch, dass Blutspenden zeitweise nicht mehr angenommen wurden. Rund um – übrigens schon vor Jahren – bekannt gewordene Hotspots sind die Menschen inzwischen sensibilisiert. Woanders hat die Allgemeinheit die PFAS-Debatte von 2023 längst wieder vergessen, auch weil diese von anderen, lauteren Ereignissen in den Schatten gestellt wurde. Und die Behörden? Aktuell sind unsere Wasserwerke immer noch nicht dazu verpflichtet, das Trinkwasser auf PFAS zu testen. Eine Änderung der deutschen Trinkwasserverordnung ist angestoßen, ab 2026 bzw. 2028 gelten neue Grenzwerte für manche PFAS. Es überrascht nicht, dass Experten diese Grenzwerte immer noch für zu hoch halten, die Anzahl der PFAS, die es betrifft, für zu niedrig und den Zeitrahmen – gemessen am Gefährdungspotenzial – für zu weit gedehnt. Nur ein Beispiel: Der Grenzwert für vier der bedenklichsten PFAS soll hier ab 2028 bei 20 Nanogramm pro Liter Trinkwasser liegen. Dänemark hat es hinbekommen, dass dieser Wert bei zwei Nanogramm liegt. Aber Dänemark ist eben keine Chemienation.

2023 ist aber vielleicht doch das Jahr des Erwachens gewesen. Nicht nur, dass ein weiterer Coup im Bereich des Datenjournalismus gelang. Auch fanden sich mit Deutschland, Dänemark, den Niederlanden, Norwegen und Schweden fünf Länder zusammen, die der Europäischen Chemikalienagentur ECHA vorschlugen, ein umfassendes PFAS-Verbot umzusetzen – mit Übergangsfristen für manche Stoffgruppen. Und in der Tat plant die EU-Kommission nun eine schrittweise Chemiewende.

Was glauben Sie, was diese Ankündigung ausgelöst hat? Richtig, einen europaweit organisierten Proteststurm einer Hundertschaft von Lobbyorganisationen der Chemieindustrie, Vertretern sämtlicher Verbände und von Großkonzernen wie BASF und Bayer. Und natürlich werden wieder die Weltuntergangsfantasien aus der Kommunikationskiste geholt. Gefahr für die Wettbewerbsfähigkeit! Für die Arbeitsplätze! Sogar für den Klimaschutz! *Tagesschau.de* schreibt mit Hinweis auf Erkenntnisse des Rechercheverbunds aus NDR, WDR und *Süddeutscher Zeitung*: „Die am stärksten vertretenen Lobbygruppen in Brüssel sind den Recherchen zufolge der europäische Verband der chemischen Industrie (CEFIC) unter der Leitung des CEO von BASF, Martin Brudermüller, und Plastics Europe, die

SPHÄRE 3 -- WASSER

eigens für den Kampf gegen das drohende PFAS-Verbot verschiedene Expertengruppen gegründet haben." Man kann sich vorstellen, dass das Tauziehen zwischen Industrie und Politik in diesem Bereich erst jetzt richtig losgeht. Jahrzehnte hat man das schmutzige Handwerk der Chemiegiganten zugelassen, jetzt kündigt sich endlich ein Ende an. Ein Ende, das in dieser Tragödie eigentlich viel zu spät gesetzt wird. Denn es ist völlig egal, ob sich eine Ewigkeitschemikalie seit vorgestern, gestern oder morgen im Wasser, im Boden oder in unseren Organen befindet. Sie ist ewig. Sie ist lediglich mit der Hoffnung zu bezwingen, dass es noch mal gut gehen wird. Überleben: reine Glückssache! Die Grenzen des Erträglichen sind auch in der Sphäre des Wassers – ökologisch wie moralisch – längst überschritten. Es kann nur noch um Schadensbegrenzung gehen.

SELBST DAS KROKODIL IST BELASTET

Das lässt übrigens auch eine Weltkarte erahnen, die von der Environmental Working Group (EWG) erstellt wurde. Schauen Sie sich das bitte mal im Netz an unter ewg.org. Es ist das reinste Grauen. Die amerikanische Umweltorganisation hat dort Daten eingetragen, die Auskunft darüber geben, in welchen Wildtieren an welchen Orten PFAS-Belastungen festgestellt werden konnten. Die Betonung liegt hier auf *Wildtieren!* Es geht also nicht um die Belastungen von Lebensräumen in Ballungsgebieten, Industrieparks oder rund um Start- und Landebahnen, sondern um das, was wir Natur nennen, freier und vermeintlich unbefleckter Raum, Wildnis eben. Hunderte, Tausende von Fällen sind in der Karte vermerkt. Verseuchte Eisbären in Grönland, verseuchte Krokodile in Südafrika, verseuchte Wildschweine in Bayern, Seeschwalben mitten im Indischen Ozean – und jede Menge verseuchter Fisch. Vor allem im amerikanischen Nordosten waren nahezu alle Fischproben belastet. Wie liest sich so etwas? Nehmen wir nur mal die Ringelrobbe, die an der Westküste Grönlands untersucht wurde. In ihr stießen Forscher auf diese PFA-Substanzen: PFHpA, PFOA, PFNA, PFDA, PFUnDA, PFDoDA, PFTrDA, PFTeDA, PFPeDA, PFHxS, PFHpS, PFOS, PFDS, FOSA, 7:3 FTCA, FOSAA, MeFOSAA, EtFOSAA. Die Working Group ist sich sicher: „Jahrzehntelang haben die Chemieunternehmen Beweise für die Gesundheitsgefährdung durch PFAS vertuscht. Heute haben fast alle Amerikaner, einschließlich Neugeborener, PFAS im Blut, und mehr als 200 Millionen Menschen trinken möglicherweise PFAS-verseuchtes Wasser. Was als ‚Wunder der modernen Chemie' begann, ist heute eine nationale Krise."

Die *New York Times* konfrontierte Rainer Lohmann mit den Daten, Professor für Ozeanografie an der University of Rhode Island. Er beschäftigt sich seit langer Zeit mit dem Problem der PFAS-Kontamination, war aber nicht an dem Kartenwerk der Environmental Working Group beteiligt. „PFAS sind überall und in den meisten untersuchten Tieren enthalten", sagte er. „Ich bin mir nicht sicher, ob sich die Öffentlichkeit darüber im Klaren ist, wie tief diese Chemikalien in die Umwelt eingedrungen sind." Und er wies darauf hin, dass diejenigen Gebiete auf der EWG-Karte, die scheinbar weniger belastet sind – wie Afrika, Südamerika oder ein Großteil Asiens – wohl nur deshalb so makellos aussehen, weil dort keine Studien durchgeführt wurden. Und: „Die Karte der weltweiten PFAS-Kontamination wäre noch dramatischer und aufschlussreicher, wenn sie auch Pflanzen und Algen einschließen würde."

==An dieser Stelle merke ich, dass ich aufpassen muss==. Bei derartigen offiziell auch noch tolerierten ökologischen Verbrechen ins Detail zu gehen, kostet viel Kraft, mentale Kraft, denn das fast irreversible Ausmaß der Vernichtung zu realisieren, haut einen förmlich zu Boden. Meine persönliche Emotionalität in dem Moment, in dem diese Zeilen hier entstehen, kann ich nur vergleichen mit den Gefühlen, die mich beim Blick auf die Opferberge von Genoziden überkommen, Bilder, wie sie uns etwa die amerikanischen Befreier aus den Konzentrationslagern per Filmaufnahmen lieferten, Bilder, die die völlige Verkommenheit der menschlichen Spezies vorführen. Und jetzt, denke ich mir beim Anblick dieser Karten der Verseuchung, ist es ein amerikanischer Konzern, der sich mit seinen PFAS seit dem Zweiten Weltkrieg an der gesamten Welt versündigt hat. Denn – es tut mir leid, aber es ist so – die Quelle allen Übels liegt in diesem Falle in Amerika, beim Chemiegiganten DuPont, wovon ich gleich erzählen werde. Vorher entschließe ich mich, den oben erwähnten Prof. Lohmann in Rhode Island zu kontaktieren. Ich will wissen, wie er selbst mit den Schlachtfeldern der industriellen Vernichtungsfeldzüge umgeht, die er jeden Tag nachweisen kann. Immerhin trägt seine Universität das Wort „Hope" in ihrem Emblem.

Herr Lohmann, wie kommen Sie als Mensch mit diesen abgründigen Erkenntnissen emotional klar? Wie verarbeiten Sie sie?

Leider ist man als Umweltchemiker und Meereskundler Kummer gewohnt. PFAS sind da nur eine weitere traurige Facette neben dem Klimawandel, dem Meereswandel und der Artenzerstörung. Dummerweise ist es leider auch kein neues Problem, PCBs waren auch nicht viel besser, und sie sind auch in allen Lebewesen anzutreffen. Persönlich bin ich seit einigen Jahrzehnten Vegetarier, was hilft, um die persönliche Belastung durch Schadstoffe zu minimieren. Ansonsten hilft mir nur eine Mischung aus Forschung und Öffentlichkeitsarbeit, um darauf hinzuwirken, dass es in der Zukunft weniger schlimm sein wird in Bezug auf Schadstoffe.

Sehen Sie bei der PFAS-Verseuchung überhaupt einen Silberstreif der Hoffnung?

Glücklicherweise nimmt die Belastung der Menschen langsam ab. 3M hat gerade angekündigt, die Produktion komplett einzustellen, und die EU hat vorgeschlagen, PFAS zu verbieten, mit Ausnahmen. Es gibt also tatsächlich An-

„Es ist auch ein Versagen des Regulierens, des Fortschrittsglaubens und dieser alten Idee, dass Chemikalien per se nicht schlecht sind und Behörden nur die wenigen schlechten finden müssen. Inzwischen wissen wir, dass dieser naive Glaube an die Chemie verfehlt ist."

Prof. Rainer Lohmann

SPHÄRE 3 -- WASSER

zeichen einer Wende. Die vorgeschlagenen Trinkwassergrenzwerte in den USA und die vielen Klagen hier helfen auch in der Adjustierung.

Wer ist Ihrer Meinung nach schuld? Die Büchse der Pandora öffnete DuPont.
Eine komplizierte Frage. Ja, die Verantwortlichen von DuPont (Chemours) und 3M trifft tatsächlich die meiste Schuld, da sie wissentlich Erkenntnisse ihrer eigenen Wissenschafter unterdrückt haben, um ihre Profite nicht zu gefährden. Allerdings ist das andere Problem, dass man diese Firmen gewähren ließ, es ist also auch das Versagen des Regulierens, des Fortschrittsglaubens und dieser alten Idee, dass Chemikalien per se nicht schlecht sind und Behörden nur die wenigen schlechten finden müssen. Ich denke, inzwischen wissen wir, dass dieser naive Glaube an die Chemie verfehlt ist und auch nur funktionieren kann, wenn die chemische Industrie mitspielt und ihre eigenen Forschungsergebnisse mit den Behörden sofort teilt, was bei DuPont und 3M gerade nicht passiert ist. Letztlich, und diese Realisierung hat länger gedauert, haben wir ein Kostenproblem bei den persistenten Ewigkeitschemikalien, das nicht so anders ist als bei der Kernkraft. Die Kosten der Reinigung, Renaturierung, Zerstörung oder Lagerung für PFAS übersteigen die Profite der Industrie um ein Vielfaches, und die Steuerzahler werden den Rest bezahlen müssen.

DIE GESCHICHTE DES SÜNDENFALLS

Rainer Lohmann hat die Schuld von DuPont angedeutet. Was meinte er damit? Von vorn: Erfunden wurde die Ursubstanz Teflon, von der später die ganze große PFAS-Familie ausgehen sollte, schon Ende der Dreißigerjahre von einem Mitarbeiter des US-Chemieunternehmens in Wilmington, Delaware. Roy J. Plunkett experimentierte mit Kühlmitteln und stieß per Zufall auf ein weißes, wachsartiges, recht glitschiges Material, an dem nichts haften blieb: Polytetrafluorethylen (PTFE), eine Fluor-Kohlenstoff-Kombination. 1941 wurde sie patentiert, wenig später schon beim Bau der ersten Atombombe eingesetzt, kurz nach dem Krieg startete die Großproduktion. Eine neu im Labor hergestellte Chemikalie, die Perfluoroctansäure (PFOA, wegen ihrer acht Kohlenstoffmoleküle auch C8 genannt), ergänzte das bisherige Teflon, weil sie dessen Verklumpung verhinderte. 1951 gab es die ersten Backformen mit Teflonbeschichtung. Teflon wurde zum Renner, sorgte in Hoch-Zeiten für Rekordumsätze von einer Milliarde Dollar pro Jahr. Doch die Schattenseiten der vermeintlichen Innovation zeigten sich von Beginn an. Schon früh wurde den Verantwortlichen anhand von Tierversuchen und hoher Belastungen sowie schwerer Folgeerkrankungen der eigenen Mitarbeiter – inklusive schwangerer Frauen, die missgebildete Kinder zur Welt brachten – klar, dass hier etwas Monströses vor sich geht, man mit den vielfach verwendbaren PFAS

SPHÄRE 3 -- WASSER

zwar den Alltag erleichterte, aber ihn gleichzeitig auch vergiftet hatte. Doch trotz des Wissens über größte Risiken, trotz vieler interner Warnungen vor diesen Risiken wurde lange, lange Zeit geschwiegen, weiterproduziert und das Gefahrgut sogar massenweise in den Ohio River gepumpt. Es ist noch gar nicht lange her – 2019, kurz vor Corona –, da wurde die Teflon-Beimengung PFOA im Rahmen des Stockholmer Übereinkommens weltweit verboten. 67 Jahre nachdem DuPont wusste, wie giftig es ist. Zu diesem Zeitpunkt war das Kind also längst in den Brunnen gefallen. Zudem sind Abertausende PFAS weiterhin im Umlauf. Manche weniger, manche stärker schädlich.

Leider ist auch das alles nicht neu, trotzdem immer noch aktuell, den meisten aber unbekannt. Schon 2018 widmete sich der Dokumentarfilm *The Devil We Know*, 2019 der Spielfilm *Dark Waters* den skrupellosen Machenschaften des DuPont-Konzerns. *The Devil We Know* schilderte die Hintergründe eines von DuPont verursachten Trinkwasserskandals im Jahr 2001, von dem Zehntausende Amerikaner betroffen waren. Der Titel des Films bezieht sich auf ein internes DuPont-Memorandum, das empfahl, beim „Teufel, den wir kennen" zu bleiben (gemeint war das eben erwähnte PFOA bzw. C8), anstatt Gelder für die Entwicklung einer sicheren Alternative auszugeben. „A blood-boiling eco-doc, whose story is far from over", schrieb der *Hollywood-Reporter* über das mehrfach ausgezeichnete Werk der US-Filmemacherin Stephanie Soechtig.

Im Zentrum beider Filme steht der Anwalt Robert Bilott, Träger des Alternativen Nobelpreises. Er wagte es, es mit DuPont aufzunehmen, und erstritt für viele der erkrankten Betroffenen Hunderte von Millionen US-Dollar. „Wir sprechen hier über etwas", sagte er einmal, „bei dem unser Regulierungssystem und unser Rechtssystem versagt haben. Der einzige Weg, auf dem die Menschen bisher sauberes Wasser und irgendeine Art von Kompensation für die Schäden, die sie durch dieses Zeug erlitten haben, bekommen konnten, war der Weg über die Gerichte. Wie konnte so etwas nur geschehen, hier in den Vereinigten Staaten, und wie kommt es, dass es weiterhin geschieht ..." Bilott vermutet „systemische Probleme" bei den Gesetzgebungsverfahren, in der Wissenschaft und innerhalb des Rechtssystems. Fehler, die profitorientierte Konzerne und ihre juristischen Abteilungen offensichtlich, ohne mit der Wimper zu zucken, ausnutzen.

Mitte 2023 kündigte DuPont zusammen mit anderen Unternehmen an, nach einem Vergleich einen Entschädigungsfonds aufzulegen, der mit 1,2 Milliarden Euro gefüllt werden soll, um den vielen Klagen zur Verunreinigung von Trinkwasserquellen beizukommen. Auch 3M, jahrzehntelang Haupthersteller von C8, hat einem Vergleich mit mehreren US-Städten zugestimmt, behauptet aber immer noch, dass PFAS sicher seien und keine Bedrohung darstellten. 2025 soll zumindest in der EU Schluss sein mit der Produktion, das Dyneon-Werk von 3M im Chemiedreieck Gendorf daher bald geschlossen werden. Heil wird die Welt danach zwischen Inn und Salzach nicht

DUPONT UND DIE SCHNEISE DER VERNICHTUNG

Die du Ponts halten heute mit einem Vermögen von 16 Milliarden US-Dollar Platz 17 im Ranking der reichsten Familien Amerikas. Der Anfang des Familiendramas liegt im Jahr 1802, als der französische Auswanderer Éleuthère Irénée du Pont eine Firma für Schießpulver gründete. Es wurde zum Long Time Seller. „Der Kriegszustand, der in Europa herrscht, ist sehr günstig für mein Unternehmen. Ich werde mein Möglichstes tun, um daran zu profitieren." Mit diesem Zitat des Gründers erinnerte der *Spiegel* 1966 an den Familienauftrag, der dem US-Unternehmen scheinbar in die Wiege gelegt wurde. Ein anderer soll gewesen sein, jeder neue CEO möge den Umsatz in seiner Amtszeit verdoppeln. Kriegerische Konflikte kamen dafür sehr gelegen. In Europa tobten um die Jahrhundertwende die Napoleonischen Kriege. Die Amerikaner belieferte du Pont im *War of 1812* gegen die Briten und die Kanadier, gegen die Mexikaner 1846, gegen die Spanier 1898. Die Truppen der Nordstaaten nutzten das Schießpulver im Amerikanischen Bürgerkrieg, und selbstverständlich wurde das Zeug auch bei den sogenannten *Indian Wars* verwendet, den jahrzehntelangen Kämpfen gegen die indigenen Ureinwohner auf dem Weg Richtung Westen. Gigantische Gewinne lieferte der Erste Weltkrieg. Kein Wunder, dass man die du Ponts irgendwann „Grossisten des Todes" nannte, selbst US-Kriegsminister Newton D. Baker sah in ihnen „eine Art Banditen". Im Zweiten Weltkrieg fielen die du Ponts in Ungnade. Der angehende Präsident Harry S. Truman bezichtigte ihren Trust sogar des Landesverrats, weil der mit der deutschen IG-Farben [BASF, Bayer, Höchst etc.] kooperiert und Verkaufsstrategien auf dem Weltmarkt abgestimmt hatte. Für den Bau der Atombombe wurde DuPont von der US-Regierung wieder gern genutzt und mit der Konstruktion einer Isotopen-Trennanlage beauftragt. Nach dem Krieg kaufte sich der Konzern in Europa ein und expandierte, wo er konnte. Heute ist DuPont mit zahlreichen Tochterunternehmen in 90 Ländern der Erde aktiv.

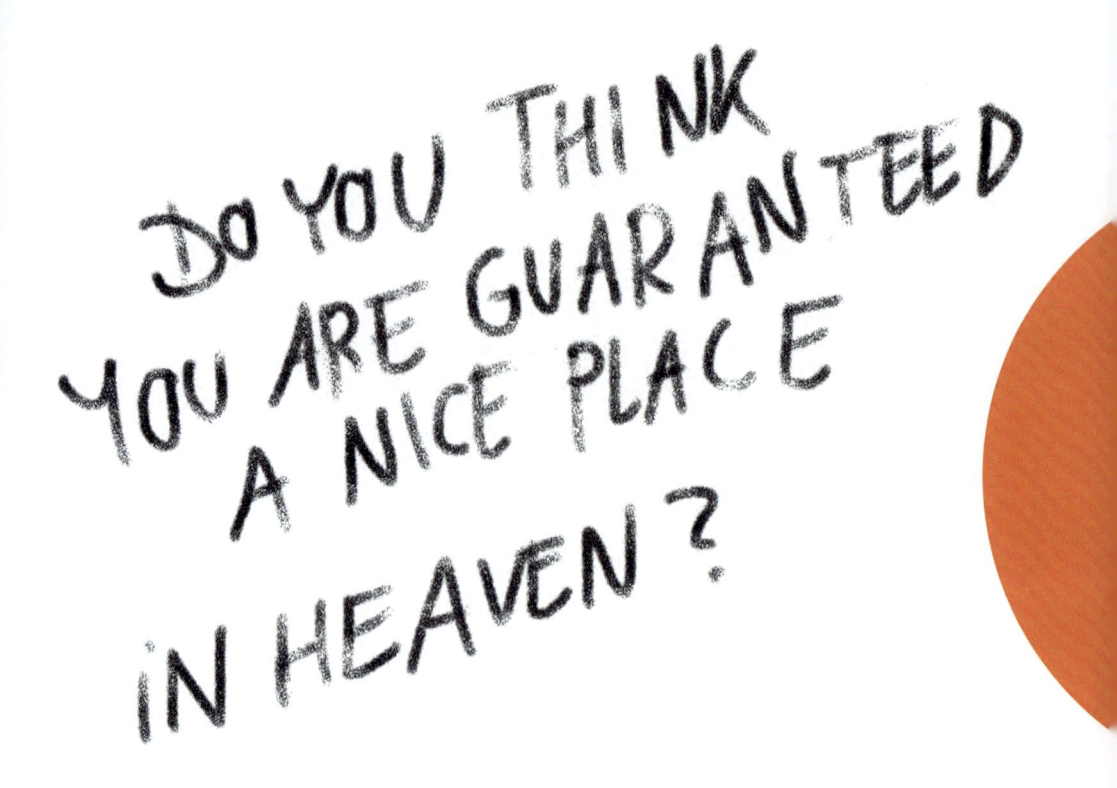

DO YOU THINK YOU ARE GUARANTEED A NICE PLACE IN HEAVEN?

sein. Wie die *Süddeutsche Zeitung* berichtet, hat der Landkreis eine Anwaltskanzlei mit der „Prüfung und Geltendmachung" von Haftungsansprüchen gegen 3M beauftragt, weil ja irgendjemand die „großflächigen und tiefgründigen Verunreinigungen in Boden und Grundwasser" beseitigen muss.

Ja, die Anwälte haben scharfe Schwerter gegen die Plünderer des Planeten in den Händen. Aber die Anwälte der Gegenseite sind auch bewaffnet. Nicht selten stehen in diesem Kampf Hunderte Studien der einen Seite Hunderten Studien der Gegenseite gegenüber, ob es nun die PFAS sind oder Pestizide, um die es im folgenden Kapitel gehen wird. Diese Studien widersprechen sich teilweise diametral. Aber ist Wissenschaft nicht Wissenschaft? Ist Naturgesetz nicht Naturgesetz? Oder haben wir es innerhalb bestimmter Konzerne mit einer fast schon institutionalisierten Form von Fake News zu tun? Unvorstellbar, oder? Falls doch, würde der manipulierte Teil der Studien zu falschen Entscheidungen führen. Wie ist also politisch damit umzugehen? Vielleicht hilft den politischen Kräften, die die Chemikalien letztlich freigeben, der einfache Gedanke daran, wer sich hier überhaupt gegenübersteht. Auf der einen Seite ein Unternehmen, das weiterhin Milliarden machen möchte. Auf der anderen Seite die Allgemeinheit, der es um nichts weiter geht als darum, gesund zu leben. Wem ist bei dieser Ausgangslage wohl eher zu trauen?

Wie Robert Bilott richtig sagte: Wir haben es hier auch mit einem ungeheuren Politikversagen zu tun. Ich ergänze: Wir haben es auch mit einem Versagen der Justiz zu tun. Kein einziger CEO aus dem DuPont-Konzern wurde jemals entlassen oder angeklagt oder verurteilt. Und das, obwohl die Branche das düstere Spiel der Vernichtung weiterspielt: Forscherinnen und Forscher des Helmholtz-Zentrums Hereon

SPHÄRE 3 -- WASSER

‹ DUPONT ›

CHARLES O. HOLLIDAY, DUPONT-CEO WÄHREND DES TRINKWASSER-SKANDALS VON 2001. 2008 VERLIEß ER DEN LADEN, DANACH FUNKTIONÄR BEI DER BANK OF AMERICA UND SHELL

hatten 2022 bei der Analyse von deutschen und chinesischen Flusswasserproben entdeckt, dass die Konzerne erfinderisch gewesen sind: Die Wissenschaftler stießen auf komplett neu zusammengesetzte PFAS, die aber ähnlich umweltschädliche Eigenschaften haben wie die (wenigen) verbotenen. Diese Alternativen werden von ihnen inzwischen „regrettable substitutes" genannt, bedauerliche Ersatzstoffe. Die Mechanik scheint ähnlich zu funktionieren wie im Finanzsektor. Werden hier Steuerschlupflöcher geschlossen, tun sich dort neue auf. Weigern sich die Täter, dieses Hase-und-Igel-Spiel aufzugeben, ==kann nur noch ein Komplettverbot der gesamten PFAS-Palette helfen, die planetaren Grenzen zu schützen.==

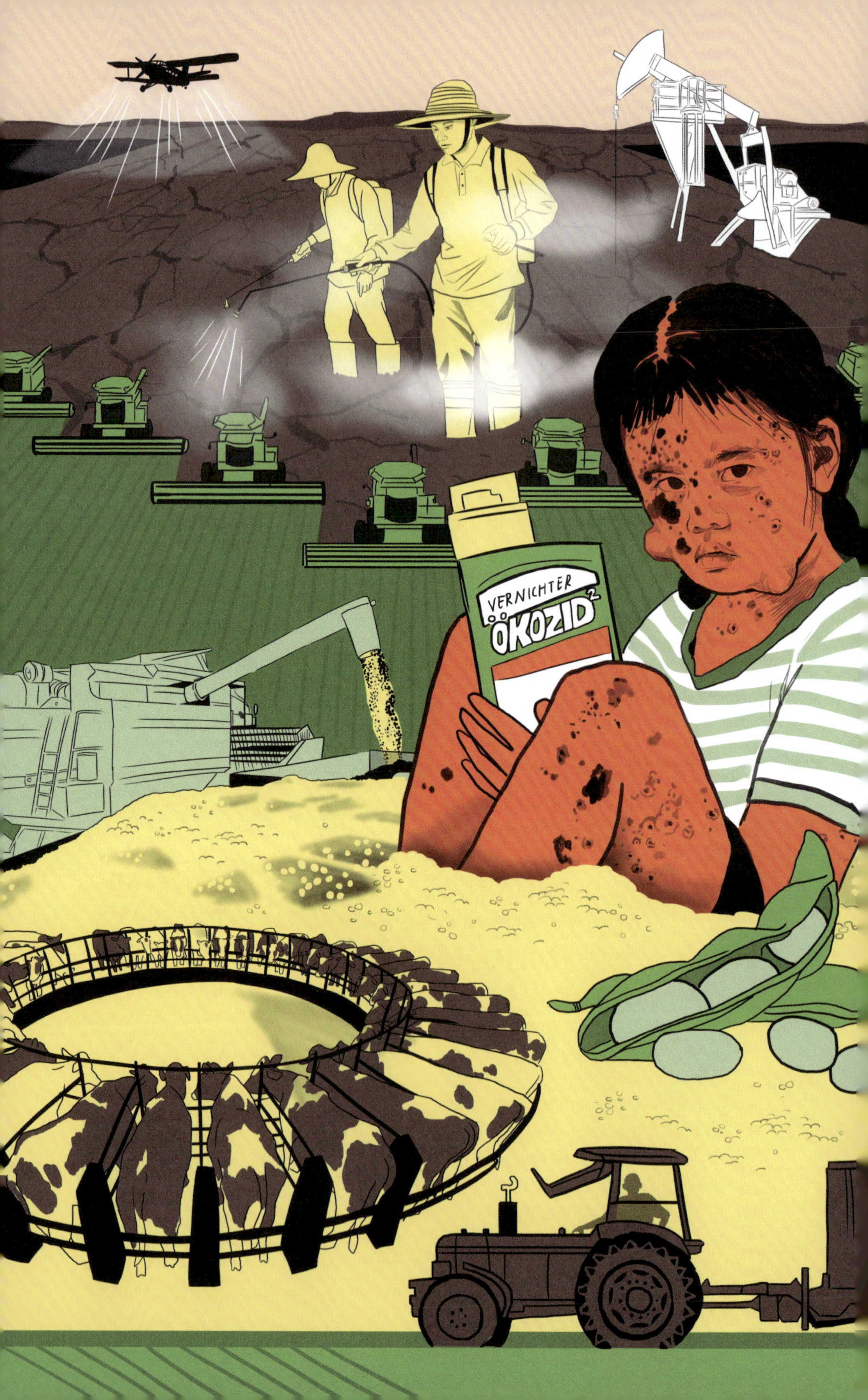
VERNICHTER
ÖKOZID²

SPHÄRE 4
BODEN

DIE FRONT IM KAMPF DER CHEMIE GEGEN DIE NATUR

SPHÄRE 4 -- BODEN

Nach einem Bundesligaspiel von Bayer 04 Leverkusen stand ich noch bei einem Kölsch zusammen mit einer Gruppe Rentnern, die ihren persönlichen Wohlstand dem Bayer-Konzern zu verdanken haben, weil sie dort jahrzehntelang in guten Positionen tätig waren. Durch eine abfällige Bemerkung meinerseits kam das Gespräch auf die Geschäftspraktiken ihres einstigen Arbeitgebers. „Wie kann man nur Pestizide nach Afrika exportieren, die aufgrund ihrer Giftigkeit in der EU verboten sind?", fragte ich. Erst Stille, dann antwortete einer der Herren darauf, und von der Antwort war ich schockiert, so schockiert, dass ich sie niemals vergessen werde. „Martin, es ist doch so, schicken wir ihnen die Pestizide nicht, würde ihr Getreide eingehen, und die Afrikaner würden recht schnell verhungern. Schicken wir ihnen die Pestizide, haben sie verlässliche Ernten, haben zu essen und sterben an Krebs, aber eben nicht jetzt, sondern später." Es folgte ein Lächeln. Ich konnte kaum glauben, was ich da hörte. Wie kann ein Mensch so zynisch argumentieren? Ich zwang mich, diesem Kerl den Rest meines Kölschs nicht ins Gesicht zu schütten, und verließ die Kneipe.

Würde ich diese Anekdote auf einem Podium erzählen, die Reaktionen wären klar. Jahre her! Einzelmeinung! Beweise! Aber liest man sich die Antwort des Bayer-Konzerns zu dieser Frage auf der Unternehmenswebsite durch, klingt das erschreckend ähnlich. „Würde man den Forderungen von Aktivisten nachkommen und die Herstellung und den Export der von ihnen aufgelisteten Pflanzenschutzmittel verbieten", steht dort, „wären die Landwirte des globalen Südens binnen kurzer Zeit nicht mehr in der Lage, ihre Familien, ihre Dörfer und die städtischen Zentren ihrer Länder mit ausreichender Nahrung zu versorgen. Auch die Einnahmen durch Exporte von Kakao, Kaffee, Tee, Gewürzen, Südfrüchten und exotischen Lebensmitteln würden einbrechen. Wirksame und sichere Pflanzenschutzmittel sind in diesem Zusammenhang von zentraler Bedeutung, da sonst ein großer Teil der Ernte durch Schädlinge oder Unkräuter vernichtet werden würde." Es folgt ein Absatz darüber, dass die Bayer-Pestizide sogar hilfreich dabei seien, die Menschen gesund zu halten. „Menschen in Südamerika, Afrika und Asien sind von Tropenkrankheiten wie Dengue, Chikungunya, Gelbfieber, Malaria, Zika, der Schlafkrankheit oder dem Medinawurm bedroht. Ohne Insektizide, die die Überträger bekämpfen, sind diese Krankheiten kaum im Zaum zu halten. Ein weiteres gesundheitliches Problem kommt hinzu: Pflanzen mit Fraßschäden werden an den verletzten Stellen sehr schnell von Schimmelpilzen befallen. Diese Schimmelpilze bilden Gifte, die die Leber schädigen und Krebs verursachen. Geraten sie in die Nahrungskette, drohen ernsthafte Gesundheitsprobleme. Die Bekämpfung von Schadinsekten ist also auch Gesundheitsschutz." Wow, da scheinen Millionen Menschen wirklich sehr, sehr dankbar sein zu müssen. Schließlich wird auf die Gefahren bei der Handhabung der Mittel hingewiesen und auf die millionenfachen Trainings der Bevölkerung. „Alle zugelassenen und von uns verkauften Wirkstoffe sind sicher für Mensch und Umwelt, wenn sie gemäß der Anwendungshinweise verwendet werden." Ja, natürlich. Wer Atemmaske und Handschuhe nicht vorschriftsgemäß trägt, wer es bei tropischer Hitze in der Schutzkleidung nicht lang genug aushält, ist selber schuld. Und wer die Mittel bei falschem Wind ausbringt, sodass der Scheißdreck durch die Landschaft getragen wird und in die Dörfer, der ist ein Idiot und natürlich auch selber schuld.

2023 WAR EIN TRAURIGES JAHR FÜR DEN BODEN.
DIE AGRARCHEMIELOBBY KONNTE MAL WIEDER DURCHREGIEREN.

Im Vergleich zum Vorjahr hatte sich 2022 der deutsche Export von 28 in der EU verbotenen Pestiziden fast verdoppelt. Allein das Wirkstoffgewicht lag bei über 18.000 Tonnen. Hauptabnehmer sind die Länder Südamerikas. Zwar erhielt im vergangenen Jahr die Debatte um ein Exportverbot von besonders bedenklichen Pestiziden neue Nahrung. Doch nachdem ein aus dem deutschen Landwirtschaftsministerium durchgestochener Referentenentwurf von Toxikologen geprüft wurde, war die Hoffnung schon wieder dahin. Das Papier steckte voller Schlupflöcher für die Konzerne. Zum einen wären nur fertige Produkte vom Exportverbot betroffen und nicht separat exportierte Einzelwirkstoffe. Zum anderen fehlten unter den 180 von der EU angegebenen fertigen Produkten nach Expertenmeinung eine große Zahl gerade der akut toxischen, krebserregenden und die Fortpflanzung beeinträchtigenden Mittel. Das Muster passte wunderbar in die Geschehnisse des Jahres 2023, in dem sowohl die Zulassung von Glyphosat in der EU um weitere zehn Jahre beschlossen als auch die Halbierung des Pestizideinsatzes in der EU bis 2030 verhindert wurde. Die Agrarlobby lässt nicht locker, das ist klar. Aber was ist das für eine Politik, die sich bei einem derart überwältigenden Beweisdruck für die Risiken, von dem ich in diesem Kapitel erzählen werde, immer noch wie ein Himbeer-Toni durch die Manege führen lässt? 2023 hätte ein Jahr des Aufbruchs sein können, um die Sphäre des Bodens zumindest ein kleines Stück Richtung Heilung zu führen. Das Gegenteil war der Fall. Das ist mit gesundem Menschenverstand nicht nachzuvollziehen.

TATORT ARGENTINIEN

Von allen bislang gelesenen Reportagen blieb mir besonders eine im Gedächtnis, auch weil sie von einer unfassbaren Fotostrecke begleitet wurde, und die Story hatte genau damit zu tun, mit den Auswirkungen – Entschuldigung, natürlich muss ich sagen: mit den vermeintlichen Auswirkungen – westlicher Pestizide im Ausland. Diese Reportage stand im *Stern*, wurde geschrieben von Jan Christoph Wiechmann, die schockierenden Schwarz-Weiß-Bilder lieferte Pablo E. Piovano. Die beiden bereisten den Nordosten Argentiniens, und zwar den Teil des Landes, der unter Staatspräsident Menem Mitte der Neunzigerjahre dem US-Konzern Monsanto überlassen wurde zum Anbau von genmanipuliertem Saatgut – Genmais, Genweizen, Gensoja – sowie zur Nutzung von Pestiziden, gegen die das Saatgut resistent gemacht wurde. Argentinien, so formulierte es Wiechmann, sei zu einem Lehrstück der Globalisierung geworden: „Die Amerika-

SPHÄRE 4 -- BODEN

ner von Monsanto liefern Gensaatgut ans Rinderland Argentinien, um Futter für die Mästung von Schweinen in China zu produzieren." Im Kern seiner Recherchen stand jedoch die menschliche Seite, das Leid der Bevölkerung am Rande der Äcker, die regelmäßig von Sprühflugzeugen überflogen werden. Eine der Hauptpersonen war das völlig entstellte Mädchen Jessica, dessen Mutter zehn Jahre lang auf ebendiesen Feldern gearbeitet hatte. Es wollte Tänzerin werden, durfte am Ende nicht mehr am Unterricht teilnehmen („Der Lehrer sagt, sie erinnert die Kinder zu sehr daran, dass hier in der Gegend etwas nicht stimmt") und liegt heute mutmaßlich unter der Erde. Jessica war eines von Hunderten Kindern in der Gegend, die entweder verkrüppelt auf die Welt kamen oder schnell von schweren Krankheiten erfasst und dahingerafft wurden.

Erwachsene Opfer sind selbstverständlich auch zu beklagen. In der Region um die Stadt Rosario scheint es normal, wenn der Krebs mit der Zeit die Zahl der Familienmitglieder halbiert. Es scheint normal, dass auch mal Schulen etwas von den Substanzen der Sprühflüge abbekommen und sich daraufhin ganze Klassen übergeben müssen. Es scheint normal, dass dort immer noch Pestizide gelagert und verwendet werden, deren Export inzwischen verboten ist. Und es scheinen Schicksale normal zu sein wie das des schwer vom Krebs gezeichneten Fabián Tomasi, der zwei Jahre lang Sprühflugzeuge mit Glyphosat und DDT belud, bevor er krank und zum Aktivisten wurde. Journalist Wiechmann besuchte den Sterbenden und schreibt: „Tomasi darf keine Gäste empfangen, aber er besticht eine Krankenschwester und bittet zum letzten Gespräch, eine Art Epilog oder Manifest. Am Krankenbett sitzen die Mutter, die Tochter, die Ex-Frau. Mit schwacher Stimme spricht er: ‚Ich kann nicht glauben, dass die intelligenteste Generation Mensch, die es je gab, unsere Werte so ausliefert. Wir in Argentinien haben inzwischen mehr Giftflugzeuge als Militärmaschinen. Wir haben unsere Seele verkauft an die Industrie. Vieles ging zugrunde – nur die Wahrheit nicht. Jetzt kann ich gehen. Sie haben mich niedergerungen – und ich sie. Wir sind quitt.'" Beeindruckend.

„Ich habe sie niedergerungen" – was meinte er damit? Er meinte medizinische Analysen und Gerichtsprozesse, die immerhin Bauern und Giftpiloten in den Knast brachten. Im wahrsten Sinne des Wortes: Bauernopfer. Und die Manager aus den Konzernen? Die preisgekrönte Reportage liegt sieben Jahre zurück. Was ist seitdem geschehen? Ich melde mich bei dem argentinischen Arzt Dr. Damián Verzeñassi, der in dem *Stern*-Artikel erwähnt wird. Er war damals der Kopf einer Forschungsgruppe der Universität Rosario, die die erschreckende Häufung von Krebsfällen untersuchte, und warnte mit Vorträgen die EU vor einer Neuzulassung von Glyphosat – wie wir heute wissen, vergeblich. „Wie viel Profit ist uns die Missbildung eines Kindes wert?" Das sei die Kardinalfrage, sagte er damals. Heute wirkt er immer noch als Direktor des Instituts für sozioökologische Gesundheit an der Medizinischen Fakultät der Nationalen Universität von Rosario sowie als Präsident von Ärzte der Welt Argentinien. Zurzeit betreut er zwei Forschungsprojekte, eines zur Erstellung epidemiologischer Profile von Gemeinden, die von den Bränden in den Feuchtgebieten vor Rosario betroffen sind, das andere widmet sich dem Gesundheitszustand der Landarbeiter Argentiniens.

ARGENTINISCHER ARZT DR. DAMIÁN VERZEÑASSI

Señor Verzeñassi, wie viel Profit ist uns die Missbildung eines Kindes wert. Muss Ihre Kardinalfrage sieben Jahre nach der Story im *Stern* immer noch gestellt werden?

Diese Frage war natürlich eine rhetorische, da die Befürworter des von Pestiziden abhängigen agroindustriellen Modells zu ihren Gunsten argumentieren, dass das System den Ländern, die es anwenden, wirtschaftliche Vorteile bringen würde. Wir stellen diese Frage immer noch, um die Heuchelei derjenigen zu entlarven, die den Schaden leugnen und ihn mit angeblichem ökonomischem Nutzen rechtfertigen. Für uns gibt es *keinen ökonomischen Nutzen*, der die Schädigung, die Krankheit oder den Tod von irgendjemandem rechtfertigt, am allerwenigsten von Kindern.

Welche Ausmaße haben die Behinderungen und Erkrankungen in der von Ihnen untersuchten Region seitdem angenommen?

Die gesundheitliche Situation hat sich keineswegs verbessert, sondern verschlechtert. Die Justiz beschäftigt sich allerdings mit immer mehr Beschwerden, was für uns wichtig ist. Es gibt auch mehr wissenschaftliche Beweise, die unsere Bedenken und Warnungen untermauern – zum Beispiel unsere Veröffentlichung über das Auftreten von Krebs in den besprühten Dörfern.

Wurde inzwischen etwas zum Schutz der Bevölkerung getan?

Mit Ausnahme einiger spezifischer Gerichtsentscheidungen wurden keine öffentlichen Maßnahmen ergriffen, um das Recht auf Gesundheit und eine gesunde

Umwelt für unsere Bevölkerung zu garantieren. Die Wirtschaftsmächte, die die Agrarindustrie unterstützen, sind sehr stark und haben mehr Lobbymacht als die Gemeinden.

Die Zusammenhänge zwischen Pestizideinsatz und Krankheiten sind Ihrer Meinung nach klar erbracht? Die betroffenen Konzerne weisen das nach wie vor von sich.

Weltweit veröffentlichte wissenschaftliche Erkenntnisse haben zweifelsfrei ergeben, dass der Einsatz von Pestiziden mit verschiedenen Arten von Krankheiten in Verbindung steht.

Konnte Monsanto, heute Bayer/Monsanto, in Argentinien bislang in irgendeiner Weise zur Rechenschaft gezogen werden?

Bislang wurden weder Monsanto noch Bayer vor den argentinischen Gerichten zur Rechenschaft gezogen.

Wie bewerten Sie den Kauf Monsantos durch Bayer?

Der Kauf von Monsanto – bekannt für die Herstellung von Biozid-Chemikalien für die Agrarindustrie – durch Bayer – bekannt für die Herstellung von Arzneimitteln – bedeutet, dass ein einziges Unternehmen nun die Chemikalien herstellt und verkauft, die die Gesundheit schädigen und Leben verkürzen, und gleichzeitig die Medikamente zur Behandlung der Krankheiten herstellt und verkauft, die durch die Chemikalien der Agrarindustrie verursacht werden. Das nenne ich „die Vollendung des Teufelskreises".

Ökologen sagen, der Teufelskreis fange schon bei der Zerstörung der Bodenbiologie an …

So kann man es sehen. Die Voraussetzung, dass es heute menschliches Leben gibt, ist, dass unsere Böden lebendig und gesund sind.

Ohne lebendige und gesunde Böden fehlt die Voraussetzung für gesunde Nahrung, ohne gesunde Nahrung können die Menschen nicht gesund leben, ohne gesunde Menschen gibt es keine freien Völker.

Welche Konsequenzen haben Sie persönlich erlebt? Waren Ihre Forschungsergebnisse Fluch oder Segen?

Die Ergebnisse unserer Arbeit haben uns viele arbeitsrechtliche und soziale Schwierigkeiten beschert. Verfolgung, Kündigungen, Druck und Schikanen am Arbeitsplatz, um nur einige zu nennen. All dies hat mich jedoch keinen Millimeter von meiner Überzeugung abbringen können, dass die Wissenschaft und öffentliche Universitäten im Dienste des Volkes, der Gesundheitsfürsorge und des Lebens auf dem Land und in den Gemeinden stehen müssen und niemals die Interessen von Unternehmen oder Regierungen begünstigen dürfen, wenn diese sich gegen das Volk richten.

-- BODEN

MENSCH UND BODEN TEILEN DAS GLEICHE SCHICKSAL

Laut *Pestizidatlas 2022* erkranken so viele Menschen wie noch nie an Pestizidvergiftungen – jedes Jahr sind es 385 Millionen. 44 Prozent der in der Landwirtschaft Tätigen sind von den Vergiftungen sowie akuten oder chronischen Folgeerkrankungen betroffen. Was haben nun diese menschlichen Schicksale mit der Sphäre des Bodens zu tun, um die es in diesem Kapitel geht? Ganz einfach: Wenn Pestizide Menschen schädigen können und die auf dem Acker ungewünschten Beikräuter, Pilze oder Insekten verlässlich töten, wofür sie ja nun entwickelt wurden, dann ist es logisch, dass auch der Boden leidet, auf den das Gift niedergeht – und auch dessen Zerstörung nimmt laut Pestizidatlas immer mehr zu. Bitte schauen Sie in das im Internet frei einsehbare Datenwerk von Heinrich-Böll-Stiftung, BUND und *Le Monde*. Es ist extrem unangenehm, aber ich denke, da müssen wir aus verschiedenen Gründen durch. Rund vier Millionen Tonnen Pestizid-Wirkstoffe werden jährlich ausgebracht, knapp die Hälfte davon sind Herbizide, die sogenannten Unkrautvernichter – die Branche sagt dazu Pflanzenschutzmittel –, knapp 30 Prozent sind Insektizide. Es sind im Wesentlichen vier Großkonzerne, die sich den Weltmarkt aufgeteilt haben: Syngenta (die Schweizer gehören inzwischen zu ChemChina), Bayer (mit dem 2018 übernommenen US-Glyphosat-Hersteller Monsanto), Corteva (dahinter stecken die US-Riesen Dow und DuPont) sowie BASF. Über 50 Milliarden Euro Umsatz macht die Pestizidbranche inzwischen jedes Jahr.

4 MILLIONEN TONNEN PESTIZIDWIRKSTOFFE WERDEN JÄHRLICH AUSGEBRACHT

385 MILLIONEN MENSCHEN WERDEN JEDES JAHR DURCH PESTIZIDE VERGIFTET

„Die Macht dieser Akteure und die Verschmelzung der beiden Geschäftsfelder wirken sich auf das Produktangebot und auf die Landwirtschaft weltweit aus", erklärt die Schweizer Umweltwissenschaftlerin Carla Hoinkes im Pestizidatlas das Geschäftsmodell. „So haben Saatgutproduzenten, die gleichzeitig Pestizide verkaufen, ein Interesse, dass beim Anbau der Saat auch ihre Agrarchemikalien verwendet werden. Im Fokus stehen die züchterische Weiterentwicklung und gentechnische

Veränderung weniger Kulturpflanzen, für die es große Absatzmärkte gibt, allen voran Soja und Mais, die zusammen knapp zwei Drittel des Saatgutmarktes ausmachen." Das hat immense Auswirkungen auf den Zustand der Böden. Der globale Trend hin zu Monokulturen aus immer weniger Arten und der dauerhafte Einsatz einer großen Bandbreite von Pestiziden haben über viele Jahrzehnte hinweg aus äußerst vitalen Humusschichten annähernd tote Erde gemacht, die nichts weiter ist als Halteapparat für vermarktbare Nutzpflanzen. Der durchschnittliche Humusanteil dieses so existenziell wichtigen Oberbodens beträgt weltweit nur noch rund zwei Prozent. Gesunde Böden kennen Humusanteile von bis zu 30 Prozent. Weitere Faktoren der Bodenzerstörung sind die Überdüngung, die Verdichtung aufgrund zunehmenden Gewichts immer größerer Landmaschinen, zu häufige Ernten, die mit ständigem Pflügen verbunden sind, natürlich die Versiegelung und schließlich mit dem Klimawandel in Zusammenhang stehende Extremwetterereignisse wie Dürren und Starkregen. Zehn Millionen Hektar fruchtbaren Bodens gehen so jedes Jahr verloren. Ginge das in dem Tempo weiter, warnte die FAO, die Landwirtschaftsorganisation der UN, schon 2014, hätte die Menschheit nur noch 60 Ernten. Dann wäre Schluss. Davon sind jetzt schon ein paar Ernten Geschichte. Besserung ist kaum in Sicht. Die Uhr tickt. Die planetare Grenze der Bodensphäre ist noch nicht überschritten, aber sie ist ganz sicher stark bedroht.

Wichtig zu verstehen ist, was da eigentlich kaputtgeht. Der Boden ist eben keine nach Belieben baggerbare Rangiermasse, kein Dreck; sein oberer Teil, der Humus, der Mutterboden, wird normalerweise bevölkert von einer gigantischen Menge an Mikroorganismen. Sieben bis acht Milliarden vermuten Forscher in einer Hand gesunden Bodens, das sind die „unsichtbaren" Bewohner. Zusammen mit den Pflanzen, deren Wurzeln, mit Pilzen, Insekten und Würmern bilden die Mikroben Lebensgemeinschaften, sogenannte Symbiosen. Sie verbinden sich miteinander, tauschen Nährstoffe aus, sind aufeinander angewiesen. Wird der Boden jedoch zu viel bewegt oder Unmengen an Chemikalien ausgesetzt, werden riesige Gruppen natürlicher Player quasi ausgeknockt, die Symbiosen und die damit verbundenen Austauschprozesse unterbrochen, das kann in wenigen Minuten passieren. Es trennen sich auch die bislang miteinander kooperierenden Sphären von Boden und den auf und in ihm wachsenden Pflanzen. Vitalität und Widerstandsfähigkeit auf beiden Seiten gehen verloren, das Immunsystem des Bioms funktioniert nicht mehr. Und weil das so ist, spritzt die extrem fürsorgliche Agrarchemie alles in den Boden und auf die Pflanzen, was es gegen derlei Schwächen gibt. Ohne Ironie: Man gestattet dem Boden nicht etwa, gesund zu werden, indem man sich zurückzieht und die Natur wieder machen lässt, das würde ja die eigenen Geschäftsmodelle zerstören. Nein, man füttert den Boden mit Ersatzstoffen für das, was man ihm vorher eigenhändig geraubt hat. Es gibt Landwirte, die das Schicksal des Bodens mit der Situation eines todkranken Patienten vergleichen, an dem man sich eine goldene Nase verdienen kann – deshalb werden nur seine immer dramatischeren Symptome behandelt. Dies ist Teil des von Dr. Verzeñassi erwähnten Teufelskreises. Er wird aufrechterhalten über Verträge, die die Agrarkonzerne mit den Landwirten schließen. Die werden dann mit Saatgut,

Dünger und Pestiziden im Rundum-glücklich-Paket versorgt. Es gibt Landwirte, die diese Abhängigkeit als eine Art Gefangenschaft empfinden, andere nennen es eine moderne Form der Leibeigenschaft. Die konnte bisher nur funktionieren, weil die Politik mit einem auf Masse und Fläche ausgelegten Subventionsmechanismus den Geschäftsmodellen der Agrarindustrie entgegenkam.

> **AUCH AM HUMUS HÄNGT DIE EXISTENZ UNSERER ZIVILISATION. DIE, DIE IHN ZERSTÖRTEN, GEBEN SICH OFT ALS SEIN RETTER.**

Auch die Funktionen des Bodens als Kohlenstoff- und Wasserspeicher werden immer stärker beeinträchtigt. Der US-Bodenforscher Rattan Lal konnte berechnen, dass Böden in gemäßigten Klimaten während einer 50 Jahre dauernden industriellen Bearbeitung zwischen 30 und 50 Prozent ihres gespeicherten Kohlenstoffs verlieren, in tropischen Klimaten soll es weit schneller gehen. Der Boden ist also nicht nur im Sinne der Nahrungssicherung bedroht, sondern auch im Sinne der Klimasicherung. Andere Mahner gehen noch viel weiter. Sie sehen in der Vernichtung von Boden das Initial für den Niedergang ganzer Kulturen. Der Geomorphologie-Professor David R. Montgomery kommt in seinem inzwischen legendären Buch *Dirt – The Erosion of Civilizations* zu dem Schluss: „Boden aufzubrauchen und einfach weiterzuziehen wird keine tragbare Option für zukünftige Generationen mehr sein. Die Lebensspanne unserer Zivilisation auszudehnen wird die Transformation der Landwirtschaft erfordern. Wir müssen dem Boden Respekt entgegenbringen und dürfen ihn nicht mehr als Zutat eines industriellen Prozesses behandeln, sondern als lebendige Grundlage unseres Wohlstands."

DIE URSÜNDE UND DIE GEBURT EINES MONSTERS

Wie konnte es so weit kommen? Wie konnte es passieren, dass wir der Erde, aus der wir alle hervorgingen, mit solch einer Niedertracht begegnen? Das ganze Dilemma zeigt sich in den späten Erkenntnisprozessen des deutschen Chemikers Justus Liebig, der die künstliche Herstellung von Stickstoffdünger in seinem ersten Leitwerk *Die Chemie und ihre Anwendungen auf Agricultur und Physiologie* (1840) als der Natur überlegen anpries, während er in seinem zweiten Leitwerk *Die Naturgesetze des Feldbaus* (1862) eingestehen musste, dass man doch lieber die natürlichen Kreisläufe beachten sollte. Zu spät. Die Produktionsmaschinerie war da bereits entfesselt, der agrarische Goldrausch nicht mehr zu stoppen.

SPHÄRE 4 -- BODEN

Es war genau in dieser Zeit – zwei Jahre nach Liebigs zweitem Buch und sieben Jahre vor seinem Tod –, dass in den USA ein Unternehmen gegründet wurde, das sich den Boden untertan machte. Am Ende einer Eisenbahnstrecke in Iowa platzierte William Wallace Cargill ganz strategisch sein erstes Warenhaus für Getreide. Die Great Plains waren als ideale Anbauflächen entdeckt worden. Da kam eine „vermittelnde Instanz" zwischen Bauern und Konsumenten gerade recht. Dieses eine Warenhaus, das schon zur nächsten Jahrhundertwende um mehrere Immobilien, Standorte, Produkte wie Mehl, Futtermittel, Holz, Saatgut und Kohle sowie Geschäftsfelder wie Landkauf, Farmbetrieb, Bewässerung oder Eisenbahnbau ergänzt wurde, ist der Ursprung des heutigen Megakonzerns Cargill. Gemeinsam mit wenigen Kontrahenten sowie Großkunden wie Nestlé und Procter & Gamble dominiert er seit Jahrzehnten die globale Nahrungsmittelbranche. Ohne die Böden, die ihnen unser Planet quasi kostenlos zu Verfügung stellt, wären diese Konzerne nichts!

The Devil in Disguise?

WILLIAM WALLACE MACLENNAN

CARGILL-CEO 2013 BIS 2022,
DANACH EXECUTIVE CHAIR OF THE BOARD.

PROZESSE GEHÖREN BEI CARGILL ZUM ALLTAG. DIE HÖCHSTE ZAHLUNG MUSSTE CARGILL LAUT VIOLATIONTRACKER 2005 AUFGRUND ERHEBLICHER LUFTVERSCHMUTZUNG LEISTEN. DER KONZERN STIMMTE ZU, GESCHÄTZTE 130 MILLIONEN DOLLAR FÜR DIE INSTALLATION VON LUFTREINIGUNGSANLAGEN IN SEINEN 27 MAIS- UND ÖLSAATEN-FABRIKEN ZU INVESTIEREN, EINE ZIVILSTRAFE VON 1,6 MILLIONEN DOLLAR ZU ZAHLEN UND 3,5 MILLIONEN DOLLAR FÜR UMWELTPROJEKTE IN DEN USA AUSZUGEBEN.

Es ist interessant zu sehen, wie Cargill ähnlich DuPont in den Weltkriegen zuerst in Ungnade fiel, später dann jedoch zum Profiteur wurde und nach 1945 sein Imperium quasi ungehindert ausdehnen konnte bis tief hinein in die Rohstoffmärkte und die Lebensmittelverarbeitung. Kollegen des Londoner Bureau of Investigative Journalism durchleuchteten 2020 den Konzern und dessen Geschichte und attestierten Cargill, „die Landwirtschaft auf der ganzen Welt bis zur Unkenntlichkeit verändert zu haben". Die Geschäftsmodelle aller großen Akteure wurden seit Mitte des vergangenen Jahrhunderts immer stärker auf Masse ausgerichtet, die Anzahl der auf immer größeren Feldern angebauten Nahrungsmittel auf wenige – wie Weizen, Mais und Soja – verengt mit den abzusehenden Folgen für die Biodiversität von Boden und Ökosystemen, über die wir seit Jahren sprechen. Und nach der Ernte ist die Kette eben nicht zu Ende. „Wo Lebensmittel gesüßt, konserviert, emulgiert, gemahlen oder mit Zusatzstoffen versehen werden, ist Cargill dabei", schreibt das Investigativnetzwerk. „So kauft Cargill beispielsweise Soja von brasilianischen Landwirten, lagert es in einem Cargill-Silo, bringt es mit einem von Cargill gepachteten Schiff über den Ozean zu einer Cargill-Futtermühle und transportiert das dort hergestellte Futtermittel zu einer von Cargill beauftragten Hühnerfarm." Cargill fasste dieses System einmal in einer Unternehmensbroschüre so zusammen: „Wir sind das Mehl in Ihrem Brot, der Weizen in Ihren Nudeln, das Salz auf Ihren Pommes. Wir sind der Mais in Ihren Tortillas, die Schokolade in Ihrem Nachtisch, der Süßstoff in Ihrem Sojadrink. Wir sind das Öl in Ihrem Salatdressing und das Rind-, Schweine- oder Hühnerfleisch, das Sie zum Abendessen verspeisen. Wir sind die Baumwolle in Ihrer Kleidung, die Unterlage Ihres Teppichs und der Dünger auf Ihrem Feld." Das klingt stolz. Man möchte mit allem Zynismus hinzufügen: Wir sind der Tod auf Ihrem Acker, der Stachel in der Haut Ihres Planeten.

Wenn Cargill so omnipräsent sein soll, warum ist uns der Name kaum geläufig? Ganz einfach: Cargill ist der Zulieferer großer Marken, großer Konzerne und kann sich daher im Schatten aufhalten. Weist das Kleingedruckte auf Produktverpackungen als Absender Nestlé aus oder Unilever oder Mars oder Danone, wurde der Inhalt nicht selten aus den Rohstoffen des Cargill-Konzerns hergestellt. Zum Vergleich: Cargill machte 2022 einen Umsatz von 165 Milliarden US-Dollar, sein Großkunde Nestlé rund 106 Milliarden US-Dollar (94,42 Milliarden Schweizer Franken) und McDonald's, einer der wichtigsten Kunden Cargills, wenn nicht der wichtigste, etwa 23 Milliarden Dollar. Aber zu welchem Preis? Wir wissen: Die Natur stellt leider keine Rechnung. Und Autokratien, Lobbykratien und labile Demokratien, in denen Cargill oft tätig ist, sind selten gute Statthalter der Natur.

Der wohl unermüdlichste Gegner Cargills ist die amerikanische Umweltschutzorganisation Mighty Earth, die für den Schutz von Böden, Ozeanen und Klima eintritt. Finanziert wird sie vom Center for International Policy, das 1975 als Gegenkraft zur aggressiven Vietnampolitik der USA gegründet wurde. Mighty Earth machte 2019 mit einem ausführlichen Cargill-Report von sich reden, der die Geschäftspraktiken des Konzerns ausrollte und dabei den Finger in die unzähligen Wunden legte. Die

Autoren bezeichneten Cargill als das schlimmste Unternehmen der Welt – wobei der Konzern sicher auch mit anderen um diesen Titel wettstreitet. Mighty Earth schreibt:

> „HEUTE HAT EIN EINZIGES PRIVATES UNTERNEHMEN MÖGLICHERWEISE MEHR MACHT, DAS KLIMA, DAS WASSER, DIE LEBENSMITTELSICHERHEIT, DIE ÖFFENTLICHE GESUNDHEIT UND DIE MENSCHENRECHTE AUF DER WELT IM ALLEINGANG ZU ZERSTÖREN ODER ZU SCHÜTZEN, ALS JEDES ANDERE UNTERNEHMEN IN DER GESCHICHTE."

Dabei handelt es sich weder um ein Öl- noch um ein Kohleunternehmen oder um einen der üblichen Verdächtigen. Es ist der in Minnesota ansässige Agrarkonzern Cargill. (…) Cargill ist der Konzernriese an der Spitze des globalen industriellen Landwirtschaftssystems, eines Systems, das er entwickelt hat, um große Teile des Planeten in chemisch abhängige Monokulturen im industriellen Maßstab zu verwandeln, um billiges Fleisch, Palmöl und Schokolade zu produzieren. (…) Cargill hat heute einen größeren Einfluss auf das Schicksal unserer Welt als viele Regierungen. Unternehmen wie Cargill – und Geschäftspartner und Kunden (…), die ihre Pro-

SPHÄRE 4 -- BODEN

dukte an die Verbraucher verkaufen – tragen eine erhebliche Verantwortung für die schwere Umweltkrise unseres Planeten."

Mighty Earth bescheinigt Cargill in seinem Bericht „ein beunruhigendes und sich wiederholendes Muster von Täuschung und Zerstörung". Die beschriebenen Abgründe reichen von der Verletzung von Handelsembargos und Preisabsprachen über die Missachtung von Gesundheitsvorschriften, die Kooperation mit Zulieferern, die die Vernichtung von Regenwäldern und die Vertreibung Indigener zu verantworten haben, bis hin zur Schaffung von Märkten für Waren, die mithilfe von Kinder- und Zwangsarbeit hergestellt werden. Zwar lässt Mighty Earth nicht unerwähnt, dass Cargill seine Praktiken „unter Druck in vielen Bereichen reformiert habe, was zeigt, dass das Unternehmen sich ändern kann, wenn es das will. Doch entgegen seiner Selbsteinschätzung als Vorreiter belegt das Unternehmen meist nur den letzten Platz. Das Unternehmen ist ein Nachzügler geblieben." Vorsitzender von Mighty Earth ist der ehemalige Kongressabgeordnete Henry Waxman, ein Demokrat, der sich bereits mit Joe Biden vor dessen Präsidentschaft für die Belange der Umwelt einsetzte. Er macht das Zögern und Zaudern des langjährigen CEOs David MacLennan – inzwischen Vorsitzender des Verwaltungsrats – für eine „anhaltende Umwelt- und Menschenrechtskatastrophe" verantwortlich, obwohl der immer häufiger das Wort „Nachhaltigkeit" in den Mund nimmt und versprach, sein Unternehmen zu transformieren und etwa die landwirtschaftliche Lieferkette bis 2030 komplett entwaldungsfrei zu gestalten. Schnell genug? Aufgrund fehlender Konsequenz nimmt Waxman auch die Geschäftspartner von Cargill ins Gebet, nennt exemplarisch McDonald's. Das vom Burger-Brater angepriesene Klimaziel sei bedeutungslos, „solange Cargill, der Hersteller ihrer Chicken McNuggets und Big Macs, die Klimaverschmutzung in großem Stil vorantreibt". Waxman sagt, dass Hunderte von Unternehmen, die Cargill-Güter abnehmen, den Konzern wiederholt aufgefordert hätten, sich zu ändern. „Aber Cargill hat sich diesen Aufforderungen ebenso oft widersetzt. Wenn diese Unternehmen ihre Umwelt- und Menschenrechtspolitik einhalten wollen, müssen sie über höfliche Ermutigungen hinausgehen und ihre Einkäufe auf verantwortungsvollere Unternehmen verlagern."

Für Konsumenten gibt es vor Konzernen wie Cargill kaum ein Entkommen. Den vielen zweifelhaft gewonnenen Ingredienzen ist nur mit sorgfältiger Produktrecherche zu entgehen. Wem das zu lästig ist, der macht sich, streng genommen, mitschuldig. Denn Alternativen gibt es genug. Aber dies ist kein Buch, das uns Konsumenten ins Gewissen reden oder etwas aufbürden will (wobei ein anderes Einkaufsverhalten ein netter Nebeneffekt wäre), sondern die Chefplünderer ins Visier nimmt. Für sie hält die Juristerei, wie Prof. Hermann Ott es ausdrückte, die schärfsten Schwerter in den Händen. So auch im Falle von Cargill, das sich in einer nicht abreißenden Reihe von Verfahren seit Mai 2023 auch mit einer Beschwerde auseinandersetzen muss, die Otts Organisation ClientEarth in den USA eingereicht hat. Cargill wird darin unter anderem die Verletzung gesetzlicher Sorgfaltspflichten zur Identifikation und Vermeidung von Entwaldung entlang der Sojalieferkette vorgeworfen.

EIN GLYPHOSAT-GEGNER WIRD GEJAGT

Trotz der vielfach angekündigten Transformationen bleiben die Fußabdrücke der Großkonzerne auf die globalen Ökosysteme riesig – und sie werden immer noch als notwendig missverstanden, um die Weltbevölkerung ernähren zu können. Wir erinnern uns an den Beginn des Kapitels und die angebliche Notwendigkeit der Pestizidpalette von Bayer/Monsanto zum Wohle der Welt. Wenn diese Geschäftsmodelle wirklich so altruistisch sein sollten, warum reißt dann auch hier die Klageflut etwa gegen Bayers Glyphosat-Produkt Roundup nicht ab? Warum geht es selbst nach den vielen verlorenen Prozessen immer weiter – sowohl mit der Produktion der umstrittenen Stoffe als auch mit neuen Klagen? Denn ruhig geworden ist es um Bayer nicht. Dem deutschen Auge entgeht, dass 2023 etwa im US-Fernsehen Abertausende (!) von Werbespots geschaltet wurden, um weitere an Krebs erkrankte Glyphosat-Opfer zu finden, um neue Klagen zu erheben – trotz der bereits getätigten milliardenschweren Schadensersatz- und Vergleichszahlungen von Bayer in den USA. Das *manager magazin* schrieb im August 2023, dass von den rund 154.000 Klagen in den USA etwa 110.000 entweder durch Zahlungen beigelegt oder verworfen wurden. Zum Zeitpunkt der Berichterstattung war der gesamte Bayer-Konzern nur noch 52 Milliarden Euro wert. Zum Vergleich: 58 Milliarden Euro hatte Bayer für Monsanto hingeblättert. Umweltchemiker Michael Braungart nennt Monsanto „die Zyankalipille, die Bayer geschluckt hat und an der die Firma zugrunde gehen wird". Sollte es so sein, wehrt sich der Todgeweihte während seines bereits acht Jahre währenden Sterbeprozesses immer noch mit Händen und Füßen.

154.000 KLAGEN WURDEN IN DEN USA — GEGEN BAYER/MONSANTO ANGESTRENGT

Doch bereits weit vor der Übernahme durch Bayer befand sich Monsanto in Abwehrschlachten. Zentrale Figur in der wohl wichtigsten Auseinandersetzung war der französische Toxikologe Gilles-Éric Séralini mit Lehrstuhl an der Universität von Caen in der Normandie. Die Affäre begann mit einem aufsehenerregenden Experiment

SPHÄRE 4 -- BODEN

zur Giftigkeit von Glyphosat und sie endete mit der Enthüllung von Einflussnahmen Monsantos im Wissenschaftsbetrieb. Kurz umrissen: Séralini hatte eine Studie durchgeführt, in der er Ratten über zwei Jahre hinweg einerseits gentechnisch veränderten, Glyphosat-resistenten Mais zu fressen gab, andererseits mit dem Pestizid Roundup versetztes Trinkwasser. Die weiblichen Tiere entwickelten eher Tumore als welche, die sich „unverdächtig" ernährten, und starben früher und häufiger. Die männlichen Tiere entwickelten ebenso früh und häufig Krebsgeschwüre und trugen Leber- und – wie ihre weiblichen Leidensgenossinnen – auch Nierenschäden davon. Séralini schloss daraus, dass das in den Mais eingebaute Fremdgen zusammen mit Roundup den Stoffwechsel belastet. Nicht nur von Monsanto wurden Séralini und sein Team nach Veröffentlichung der Studie im Magazin *Food and Chemical Toxicology (FTC)* angegriffen. Auch Behörden aus dem Bereich der Lebensmittelsicherheit warfen ihnen handwerkliche Fehler und falsche Schlussfolgerungen vor. Forscher, die Séralini verteidigten, sahen die Sache völlig anders und argumentierten, dass man ihm sogar zugutehalten müsse, endlich mal eine Langzeitstudie durchgeführt zu haben, da die vorherigen Studien nur wenige Monate gedauert hatten und die Ausbildung möglicher Krebserkrankungen nicht sichtbar machten. Interessant war eine Arbeit von Hartmut Meyer (GIZ) und Angelika Hilbeck (ETH Zürich), die verschiedene Studien verglichen, in denen Ratten genmanipuliertes Futter gegeben wurde. Dabei stellten sie zweierlei Maß bei der Akzeptanz in der nachgehenden Bewertung fest: Wurde nach einem Experiment *Risikolosigkeit* attestiert, gab es von Behörden- und Forschungsseite häufig Zustimmung. Wurde auf *gesundheitliche Risiken* hingewiesen, wurden die Ergebnisse häufig als „wissenschaftlich unzureichend" zurückgewiesen. Erst richtig zur Affäre wurde die Angelegenheit Séralini, als Monsanto über die Veröffentlichung interner Dokumente nachgewiesen wurde, dass der Konzern das Magazin *FTC* dazu veranlasst hatte, die Publikation von dessen Studie zurückzuziehen.

15 Jahre ist das alles her, Gilles-Éric Séralini gibt es immer noch. Er erhielt sogar Preise wie den Whistleblower Award. Und auch beruflich konnte ihn der extreme Shitstorm, der über ihn hinwegfegte, nicht ruhigstellen. Er legte sogar nach. Ein kaum gehörter Donnerschlag war eine Studie von 2022, in der Séralini und Kollegen nachweisen konnten, dass verborgene Erdölanteile in den Pestizid-Rezepturen die Unkrautvernichter weit giftiger machen als gemeinhin angenommen. Toxikologische Analysen, so Séralini, bezögen sich weitestgehend auf den deklarierten Einzelwirkstoff, obwohl der „nur wenige bis 50 Prozent der gesamten Formulierung ausmacht". Die vollständigen Rezepturen würden von den Herstellern jedoch nicht offengelegt. „Wir zeigen", schreibt Séralini auf seiner Website, „dass Erdöl schon immer in Pestiziden enthalten war und immer noch ist. Die Gaschromatografie-Massenspektrometrie (GC-MS) wurde auf 24 Pestizide angewandt. Gesucht wurde nach den 16 prioritären polyzyklischen aromatischen Kohlenwasserstoffen (PAK) des Erdöls. Sie waren in sämtlichen Pestiziden nachweisbar und machten diese um bis zu 8288-mal giftiger als deklariert." Ich kontaktiere Séralini.

SPHÄRE 4 -- BODEN

Herr Séralini, Sie mögen es nicht, wenn immer nur über Glyphosat gesprochen wird.
Richtig, das Pestizid wird ständig einfach nur „Glyphosat" genannt. Das ist jedoch unvollständig und daher falsch. Ein Herbizid auf Glyphosat-Basis besteht nur zu 40 Prozent aus Glyphosat. Woraus noch? Aus Wasser natürlich und aus sehr giftigen Verbindungen, die von Monsanto nicht deklariert werden, nämlich ==Erdölrückstände,== die sogenannten polyzyklischen aromatischen Kohlenwasserstoffe, die unter anderem krebserregend sind und langfristig Leber und Nieren und andere Organe vergiften. Hinzu kommen ebenso schädliche Schwermetalle wie Arsen oder Blei. Ich habe dies wissenschaftlich veröffentlicht und die Auswirkungen auf die Gesundheit erläutert. Dies wurde mithilfe modernster Technik bestätigt.

Ihre Arbeit trug dazu bei, dass Monsanto kräftig zur Kasse gebeten wurde – in den USA, nicht in Europa.
Bayer/Monsanto musste dort über zehn Milliarden Dollar an über 100.000 Patienten zahlen. In Europa scheint dies jedoch ignoriert und insgesamt nicht gut kommuniziert zu werden aufgrund der Arbeit von Lobbyisten, einschließlich einiger Journalisten und Politiker und angeblicher Gesundheitsbehörden wie dem Bundesinstitut für Risikobewertung (BfR) und der Europäischen Behörde für Lebensmittelsicherheit (EFSA), die diesem Wissen ausweichen. Sie sind inzwischen zu stark kompromittiert, nicht überall, aber auf Schlüsselebenen. Das Mittel Roundup mit mehr als 400 verschiedenen Formulierungen sowie andere Herbizide auf Glyphosat-Basis sind betrügerisch und krebserregend – wie andere Pestizide auch.

Wo genau sehen Sie ein Fehlverhalten der Kontrollinstanzen?
Die angeblichen Gesundheitsbehörden der Welt arbeiten hauptsächlich mit den Deklarationen der Pestizidfirmen und falschen „aktiven" Inhaltsstoffen sowie toxikologischen Tests, die diese Firmen seit dem Zweiten Weltkrieg durchführen. Es gibt keine Langzeittests der kommerziellen Gesamtformulierungen, die tatsächlich die toxischen Verbindungen enthalten. Es wird immer nur von Glyphosat gesprochen, das aber als solches allein nie verwendet wird. Das steht im Gegensatz zu dem, was der Europäische Gerichtshof am 1. Oktober 2019 von den Behörden gefordert hat.

Zur Erklärung: Der EuGH hatte die Behörden noch einmal in die Pflicht genommen, bei Anträgen auf die Zulassung sogenannter Pflanzenschutzmittel die neuesten Ergebnisse internationaler Forschung zu berücksichtigen und nicht den vom Antragsteller vorgelegten Studien höheres Gewicht beizumessen – um am Ende wirklich ausschließen zu können, dass von dem Mittel eine Gefahr ausgeht. Richtig?
Ja. Gemessen daran, ist das gesamte Zulassungssystem für Pestizide ein Betrug. Es geht bei Weitem über das Glyphosat-System hinaus. Die gesamte industrielle

Intensivlandwirtschaft muss infrage gestellt werden. Sie erhält einen Großteil der Subventionen und einen großen Teil unserer Einkommenssteuer, rund 30 Prozent, was den Kauf von Pestiziden ermöglicht.

Als Molekularbiologe und Toxikologe standen Sie im Kreuzfeuer des Kampfes um Roundup und seinen Wirkstoff Glyphosat. Auf der einen Seite haben Sie viel Anerkennung erhalten, auf der anderen Seite wurden Sie bekämpft. Wie hat Sie das verändert?

Das ist der Teil, über den ich nicht so oft spreche. Ich habe unglaubliche Aggressionen erfahren, physische, wissenschaftliche, berufliche und andere. Nur einen Teil davon habe ich in meinem letzten Buch erwähnt. Mehr als acht Jahre lang musste ich Verleumdungsprozesse führen. Sieben habe ich gewonnen, drei laufen noch. Das ist sehr, sehr hart.

GILLES-ÉRIC SÉRALINI

GEHEIME REZEPTUREN

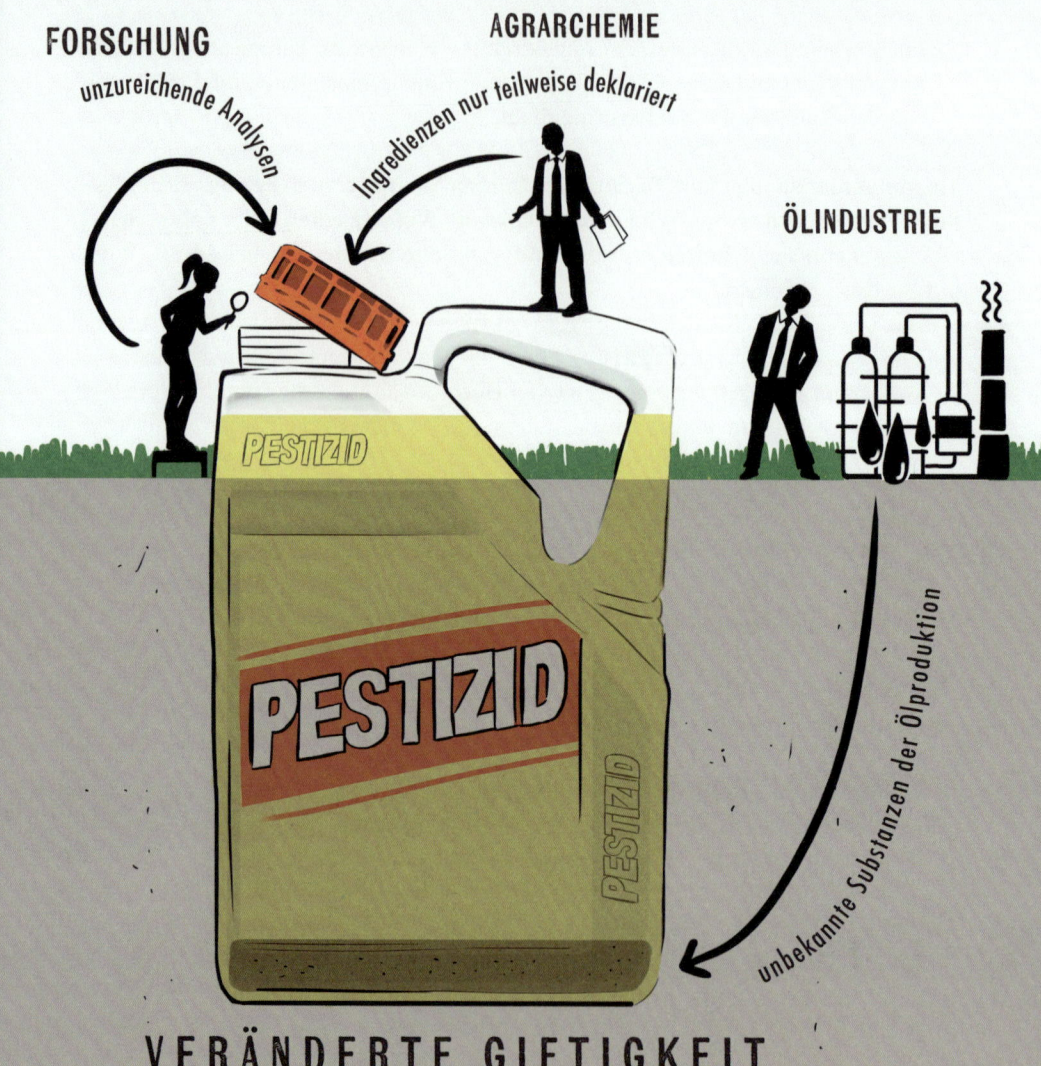

FORSCHUNG
unzureichende Analysen

AGRARCHEMIE
Ingredienzen nur teilweise deklariert

ÖLINDUSTRIE
unbekannte Substanzen der Ölproduktion

VERÄNDERTE GIFTIGKEIT

PROF. SÉRALINI fand heraus, dass die Industrie wohl nicht die kompletten Mixturen ihrer Vernichtungsmittel preisgibt und daher auch die behördliche Zulassung auf unvollständigen Erhebungen basiert. Die TOXIZITÄT, so der Franzose, werde sogar durch die bisher unbekannten Bestandteile aus der Erdölindustrie verstärkt. „Wir zeigen, dass Erdöl schon immer in Pestiziden enthalten war und immer noch ist. Bei den gemessenen Verbindungen handelte es sich um die 16 wichtigsten polyzyklischen aromatischen Kohlenwasserstoffe (**PAK**) in Erdöl. Sie waren bis zu 8288 Mal giftiger als die angegebenen Pestizide. Die Ölrückstände scheinen aus Abfällen zu stammen." Seine Studie heißt *Petroleum in Pesticides: A Need to Change Regulatory Toxicology*. Sie wurde zusammen mit Gérald Jungers, Florence Portet-Koltalo und Julie Cosme durchgeführt und 2022 in *Toxics* veröffentlicht. Daran angelehnt ist unsere Illustration.

SPHÄRE 4 -- BODEN

Warum scheint der Kampf um Glyphosat kein Ende zu nehmen? Was ist so unglaublich wichtig an diesem Stoff? Was steht auf dem Spiel?

Es gibt mehrere Gründe. Es ist nun mal Teil des wichtigsten Pestizids der Welt. Hinzu kommt, dass es die Entwicklung und Verwendung der überwiegenden Mehrheit an Genetisch Modifizierten Organismen (GMO) ermöglicht, die Roundup-tolerant sind. Sie wurden so verändert, dass sie mit viel Roundup fertigwerden. Damit geht es um nichts weniger als die Grundlage der intensiven Landwirtschaft, die auch von der Erdöllobby verteidigt wird.

Auf der anderen Seite steht das gesamte Wohl des Planeten auf dem Spiel ...

Es geht um den Klimawandel, um die Zerstörung der biologischen Vielfalt und das allgemeine Elend in der Welt. Langfristige Lösungen könnte die Agrarbiologie liefern, es müsste eine groß angelegte Entgiftung stattfinden, und bei den toxikologischen Tests der Industrie bräuchte es endlich totale Transparenz. Das alles gelingt aber nur mit dem Ausstieg aus diesem für den Planeten zerstörerischen System. Eine andere Welt ist möglich. Es wäre eine Welt, in der diese winzige, sehr reiche Minderheit ihre Macht verloren hätte.

DIE TÄTER SIND TEIL MÄCHTIGER NETZWERKE

Diese sehr reiche Minderheit kontrolliert mit ihren zu Quasimonopolisten angewachsenen Konzernen die Erde und deren Boden und plündert ihn aus. Die Beute wird an die Konsumenten weitergereicht. Wer die Beute nicht weiter hinterfragt, liefert sich und seine Gesundheit den Konzernen aus. Den ein oder anderen CEO, der diese Plünderung befiehlt, haben wir bereits kennengelernt. Aber es sind nicht nur sie. Sie sind Teil eines Netzwerks, das seit Jahrzehnten geknüpft werden konnte zwischen Agrarindustrie, Agarverbänden, Agrarpolitik, Finanz- und Ernährungswirtschaft. Dem Geografen Guido Nischwitz vom Institut Arbeit und Wirtschaft der Universität Bremen ist zu verdanken, dass dieses im Hintergrund agierende Netzwerk zumindest in Deutschland klare Konturen bekommen hat. 2019 legte er eine Studie vor, in der er zwischen 2013 und 2018 die Vernetzungen von über 90 Akteuren sowie von 75 Institutionen anhand öffentlich zugänglicher Informationen auswertete.

Erinnern Sie sich? Das war genau der Zeitraum, in dem CSU-Mann Christian Schmidt im Alleingang und entgegen aller Absprachen in der Großen Koalition der Zulassung von Glyphosat um weitere fünf Jahre zustimmte und sich auf einer Pressekonferenz traute, sich in der dritten Person Singular zu erklären: „So isser, der Schmidt." Die Entscheidung eines kleinen Sonnenkönigs, eines politischen Überzeugungstäters oder eines Erfüllungsgehilfen, der Teil war des mächtigen Geflechts einer milliardenschweren Branche? Forscher Nischwitz identifizierte in seiner Studie jedenfalls mehr als 560 personelle und institutionelle Verflechtungen innerhalb eines sogenannten Agribusiness-Netzwerks. Ausgegangen war die Studie von der Frage, warum es in der deutschen und europäischen

SPHÄRE 4 -- BODEN

Agrar- und Umweltpolitik partout nicht vorangeht und Dauerprobleme wie Gülle-, Nitrat- oder Pestizidregulierungen zugunsten sauberen Bodens, sauberen Wassers, gesunder Nahrung oder einer Stabilisierung der Biodiversität nicht oder nur unzureichend angegangen werden. „Da steht natürlich der Verdacht im Raum, dass es Strukturen gibt, die das verhindern", sagte Guido Nischwitz. „Insbesondere weil politische Entscheidungen oft im Widerspruch zu wissenschaftlichen Erkenntnissen stehen." Zwar habe man komplexe Strukturen ermitteln können, aber es seien „im Grunde nur einige wenige Akteure, die durch ihre Verflechtungen mit der Politik, insbesondere mit der CDU/CSU-Fraktion, in diesem Netzwerk agieren und Entscheidungen beeinflussen".

Einer dieser wenigen Herren, den Strippenziehern, ist Joachim Rukwied, seit 2012 Präsident des Deutschen Bauernverbands und damit oberster Interessenvertreter vor allem der konventionellen Landwirtschaft. Selbst Landwirt und ehemaliger CDU-Kreistagsabgeordneter in seiner Heimatstadt Heilbronn, bekleidete er zum Zeitpunkt der Bremer Studie sage und schreibe 18 Ämter, darunter das des Präsidenten des Europäischen Bauernverbands COPA sowie Aufsichtsratsmandate mehrerer Unternehmen. Schon 2017 wurde Rukwied mit einem unrühmlichen Preis bedacht. Von der Umweltorganisation BUND erhielt er den *Dinosaurier des Jahres* aufgrund seiner Standfestigkeit bei der Herbizidnutzung, seiner Resolutheit bei der flächenbezogenen Pauschalsubventionierung sowie der Verharmlosung von damit einhergehenden Umweltproblemen. Leute wie Rukwied und sein Vorgänger Sonnleitner haben mit dazu beigetragen, dass sich Boden wie Bauern heute in einer prekären Situation befinden. Sie haben mit dazu beigetragen, dass Boden wie Bauern in Abhängigkeit geraten sind von einem monströsen System, das durch massiven Lobbydruck wie durch immense Direktzahlungen aufrechterhalten wurde. Direktzahlungen von EU und Ländern, die sich an der Quadratmeterzahl orientieren – und nicht etwa an ökologischer Sinnhaftigkeit. Mit der neuen Gemeinsamen Agrarpolitik (GAP) ab 2023 lohnt sich zwar für die Bauern auch mehr Nachhaltigkeit, aber die Maßnahmen sind freiwillig und wurden nicht so stark angenommen wie erhofft. Öffentlich geäußerte Gedanken zu Nachregulierungen durch das deutsche Bundesministerium für Ernährung und Landwirtschaft hatten umgehend Proteste des Bauernverbands zur Folge. Joachim Rukwied fällt in solchen Momenten immer wieder mit einer aggressiven und kampfbereiten Attitüde auf. Bei den haarsträubenden Bauernprotesten um die Abschaffung der Agrardiesel-Subventionen im Winter 2023/2024 durfte sich Bundeslandwirtschaftsminister Özdemir auf offener Bühne über dieses zersetzende Gebaren wundern. Dass die eigene Gefolgschaft irgendwann durchdreht und sogar Minister beleidigt, bedroht und bedrängt werden, darüber musste man sich eigentlich nicht wundern.

Wir sprechen übrigens auch von einem System, das im Laufe der Zeit so stark werden konnte, dass Menschen, die daraus ausscheren wollten, Probleme bekamen. Mir wurden Geschichten erzählt von Bauern, die sich aus der konventionellen Landwirtschaft verabschiedeten, um auf die ökologische Seite zu wechseln – und plötzlich bedroht wurden, ihre Kinder wurden gemobbt, verprügelt, ganze Familien lebten in einem Klima der Angst. Wer gegen Glyphosat war, so sagte man

WEM DIENEN SIE?

BAUERNVERBANDSPRÄSIDENT JOACHIM RUKWIED

mir, war gegen die Bauern. Auf so eine Logik kann man nur kommen, wenn man gebrainwasht wurde. Ich habe versprochen, keine Namen und keine Regionen zu nennen. Keine Ahnung, ob solche menschlichen Abartigkeiten immer noch an der Tagesordnung sind. Aber niemals hätte ein System entstehen dürfen, das nicht nur den Boden ausbeutet, sondern offensichtlich auch die menschliche Seele zerstört. In einigen Ländern liegen die Selbstmordraten unter den Landwirten bekanntlich weit höher als im Schnitt der Bevölkerung …

DER WIEDERAUFBAU DES BODENS

Wohin nun mit der nächsten Wut? Ich empfehle Begegnungen mit zwei Männern, deren Visionen, Haltungen und Erfolge quasitherapeutische Wirkung haben. Man könnte sie „Anwälte des Bodens" nennen. Der eine heißt Franz Rösl, er ist Chef eines Regensburger Baustoffhandels und über die Jahre zu einer Institution in Sachen Humusforschung geworden. Der andere ist Benedikt Bösel, ein Ex-Banker, der die turbokapitalistische Welt der Hochfinanz verließ, den Biohof seiner Eltern übernahm und nun in Brandenburg vorführt, wie eine der Natur zugewandte Landwirtschaft helfen kann, unsere kaputten Böden wieder aufzubauen. Beiden Männern begegnete ich vor einigen Jahren, und bisher hat mich das Gefühl nicht verlassen, dass ihre Arbeit und ihr Wissen noch von großer Bedeutung sein werden. Beide sind unglaublich herzliche und positive Menschen. Beide würden im Angesicht der Apokalypse immer noch den berühmten Apfelbaum pflanzen. Und beide teilen die Hoffnung, dass die dem Boden geraubte Lebendigkeit zurückkommen kann, sofern man das zulässt.

Franz Rösl hat vor Jahren die Interessengemeinschaft Gesunder Boden (IGB) gegründet. Dabei geht es ihm um Aufklärung über das Wesen des Bodens und nicht zuletzt um Versöhnung derer, die um den Boden streiten. Beharrlich weist Rösl darauf hin, dass weit mehr in einer Hand Boden steckt als die berühmten acht Milliarden Lebewesen, dass die Lebendigkeit zu tun hat mit den symbiotischen Verbindungen zwischen diesen Akteuren. „Diese Verbindungen machen den Humus erst zu einem einzigen Organismus, der Selbstheilungs- und Selbstregulationskräfte kennt", sagt Rösl. „Das Irre ist, dass die Wissenschaft von diesem faszinierenden Kosmos bisher

„DAS IRRE IST, DASS DIE WISSENSCHAFT VON DIESEM FASZINIERENDEN KOSMOS BISHER NUR EIN PROZENT KENNT. AUF WELCHER INFORMATIONSBASIS KANN ALSO DIE AGRARCHEMIE BEHAUPTEN, DASS IHRE PRODUKTE KEINE NEGATIVEN AUSWIRKUNGEN AUF DIE 99 % DES UNBEKANNTEN BODENLEBENS HABEN?"

nur ein Prozent kennt. Auf welcher Informationsbasis kann also die Agrarchemie behaupten, dass ihre Produkte keine negativen Auswirkungen auf die 99 Prozent des unbekannten Bodenlebens haben?" Kaputtgewirtschaftete Böden, die selbst nach 20 Jahren Bioanbau – wie eine Schweizer Studie belegt – noch Spuren der gespritzten Gifte des Vorgängers enthalten können, sind aber nicht verloren. Rösl betreibt auch Kompostforschung und hat dabei erkannt, dass man Mikroben über verschiedene Milieus trainieren kann, fast so wie Mitglieder verschiedener Studienklassen, die zu Experten ausgebildet werden. „Wir arbeiten an Komposten, die Kompetenzen haben, um sogar die chemischen Agrarprodukte umzubauen. Wenn man Leben neu organisieren will, dann in einem Komposthaufen. Er ist der größte mikrobiotische Hotspot und birgt größte genetische Vielfalt."

Einer, der das Wissen von Franz Rösl nutzt, ist Benedikt Bösel. Mit einem eigenen Kompostmeister, der von Rösls Leuten geschult wurde, arbeitet er daran, seinen sandigen und humusarmen Böden neue Vitalität einzuimpfen. Und der Kompost ist nur eine der Strategien, mit denen Bösel die Äcker seines Brandenburger Guts transformiert. Mithilfe von linear verlaufenden Agroforstsystemen etwa kehren Bäume, Sträucher und Kräuter zurück auf die Felder, sie durchwurzeln den Boden, lassen neue Symbiosen entstehen, schützen vor Erosion, befähigen die Erde, Wasser zu halten, während ganzjährig, multifunktional und hochdivers geerntet werden kann – Getreide, Nüsse, Obst, Beeren. In diesem Fall lernte er vor allem vom Schweizer Agroforstpionier Ernst Götsch. Beeindruckend ist auch die Strategie der adaptiven Kurzumtriebsweide, mit der Bösel das Verhalten großer Wildherden gegenüber Fressfeinden imitiert. Hierbei lernte er von dem Südafrikaner Allan Savory. Kurz erklärt: Bösels Rinderherde steht weder lange auf einem Fleck noch weit verstreut über eine große Fläche. Die Tiere stehen beisammen in einer Gruppe und sind immer in Bewegung. Kompaktheit und Mobilität sind es auch, die in der Wildnis etwa Gnus vor Übergriffen durch Löwen schützen. Effekt für den Boden: Er wird nie an einer Stelle überbeansprucht, nie komplett abgefressen. Das Gegenteil ist der Fall. Ein Teil der Pflanzen bleibt stehen, die Wurzeln erhalten durch den Verbiss sogar Wachstumsimpulse. Zudem wird Biomasse platt getreten, sodass der Boden einerseits Sonnenschutz erhält, andererseits Material, das sich zersetzen kann. Die Exkremente der Tiere tun das Übrige für die Bodenbiologie. Rinder werden so zu Mitarbeitern. Deren so wichtige Bewegung erreicht Benedikt Bösel übrigens mit mobilen Zäunen, die teils mehrmals am Tag versetzt werden. Die auf diese Weise aufgewerteten Böden werden nach einer Weile dem Ackerbau zugeführt. Wo die Rinder standen, wächst nun Getreide. Chemie braucht es für diesen Kreislauf nicht.

Wer auch nur für ein paar Tage in diese faszinierende Welt eintaucht, in die Welt der regenerativen Landwirtschaft, der kann das starke Gefühl mit nach Hause nehmen, dass der Boden noch zu retten ist und damit jede Aufgabe, die er übernimmt: Produktion von Nahrung, Speicherung von Kohlenstoff und Wasser, Biotopbildung für die Arten und so weiter. Das setzt natürlich voraus, dass es immer mehr dieser Bösels und Rösls gibt. Beide verfolgen die Absicht, ihre gewonnenen Erkenntnisse

Gut und Bösel

zu teilen. Rösl merkt sogar auf seinen Seminaren und Vorträgen, dass die Beschäftigung mit dem Boden eine „integrative Kraft" hat, dass plötzlich Stakeholder verschiedener Fronten zusammenkommen. Bösel kann sich – nach eigenem Buch, Doku-Reihe und häufigen TV-Auftritten – vor Anfragen für Hoftouren kaum retten. Vor allem die jungen Generationen merken, dass es durchaus sexy sein kann, den Berufsweg einer Landwirtin oder eines Landwirts einzuschlagen. Ein Weg, der geprägt ist von Freiheit und Natur und nicht von Verträgen mit Saatgut- und Chemiekonzernen. Ich möchte Benedikt Bösel das Ende dieses Kapitels überlassen.

● ● ● ● ●

Benedikt, du hast dich bewusst für einen neuen, anderen Weg entschieden. Er führt zurück zur Natur. Was geht in dir vor, wenn du einerseits siehst, dass dieser Weg absolut gangbar ist – regenerative Landwirtschaft also funktioniert –, man aber zeitgleich liest, dass aktuell so viele Pestizide wie noch nie verkauft wurden?

In allererster Linie habe ich Mitgefühl für die Landwirte und Landwirtinnen, die in Landnutzungssysteme gedrängt wurden, in denen sie häufig gezwungen sind, weiterhin am Paradigma „Masse & billig" festzuhalten. Das Problem ist nicht das Pestizid per se, das Problem ist, dass wir als vermeintliche Krönung der Schöpfung Ernährungssysteme entwickelt haben, die versuchen, die Natur

SPHÄRE 4 -- BODEN

BENEDIKT BÖSEL, LANDWIRT, EX-BANKER

zu kontrollieren. Das führt dazu, dass die Natur in jedem Moment versucht, dagegen anzukämpfen. Wenn wir also das Wissen verbreiten, die Bildung verbessern könnten, würden wir in der Lage sein, die Abhängigkeiten von der Synthetik deutlich zu reduzieren – auf großflächiger, industrieller Landwirtschaft sowie in unseren Gärten in den Städten.

Dass der Wandel nur sehr langsam vorangeht, hat auch damit zu tun, dass das bisherige Netzwerk aus Interessenverbänden, Agrarindustrie und Politik, das die konventionelle Landwirtschaft am Leben hält, über sehr lange Zeit und sehr engmaschig geknüpft wurde. Ich erwähnte die Bremer Studie. Wie könnten die allzu festen Knoten dieses Netzwerks gelockert werden, die letztlich die Landwirtinnen und Landwirte gefangen halten?

Wir müssen uns interessieren, einmischen und engagieren. Und mit „wir" meine ich uns alle. Der gesunde Boden und intakte Ökosysteme sind die Basis einer lebenswerten Zukunft. Wir alle tragen Verantwortung. Heute hat jeder eine starke Meinung, selbst von Dingen, die man gar nicht selber praktiziert. Wenn wir vollkommen blind Werbeslogans Glauben schenken, ohne die Dinge zu hinterfragen, müssen wir uns über die Abkehr von der Natur nicht wundern. Gesunde Lebensmittel können nur aus einem gesunden Boden stammen. Um gesund zu sein, sind wir auf die Diversität im Boden mit Mikroben und Bakterien angewiesen. Sie sind es auch, die unsere Nahrung im Magen für uns nutzbar machen. Beginnen wir, synthetische Alternativen zu essen, unterstützen wir die simplifizierende, kontrollierende Linearität der Technologisierung und Patentierung. Was wir brauchen, ist Diversität, Komplexität und Resilienz. Dafür müssen wir selbstreflektiert kämpfen, jeder da, wo er oder sie den größten Mehrwert liefern kann.

Du führst Entscheidungsträger regelmäßig über deinen Hof und dein Gelände. Gibt es dabei einen Ort der direkten Konfrontation mit der regenerativen Landwirtschaft, bei dem es im Bewusstsein deiner Gäste regelmäßig „klick!" macht?

In meiner Erfahrung sind viele der politischen Entscheidungsträger und insbesondere auch ihre Mitarbeiter schon viel weiter, als man annehmen würde. Sie suchen auch oft nach Wegen und Lösungen, wollen Allianzen und Mehrheiten

SPHÄRE 4 -- BODEN

schmieden. Die Herausforderung liegt aber dann eben auch immer im politischen System, in der Landwirtschaft noch verstärkt durch die Zusammenarbeit der EU-Staaten bei der Gemeinsamen Agrarpolitik (GAP). Dort die nötigen Veränderungen durchzusetzen, ist ein extrem harter und komplexer Weg. Aber das ist doch das Dilemma der heutigen Zeit: Wir wissen, was auf uns zukommt, können aber nicht adäquat reagieren. Dafür muss es einfach noch deutlich schlimmer werden – und das wird es. Erst dann werden wir diese großen strukturellen Veränderungen umsetzen können. Um es anders auszudrücken: Das 21. Jahrhundert wird noch schlimm, aber das 22. Jahrhundert wird toll!

Wie ist deine Prognose für die entscheidenden Jahre, die unmittelbar vor uns liegen? Werden wir den breiten Turnaround in der Landwirtschaft rechtzeitig schaffen?

Nein. Es wäre utopisch, das zu glauben. Mit der jahrzehntelangen Vorgabe, so viel Masse wie möglich und diese so günstig wie möglich zu produzieren, haben wir unsere Landwirte und Landwirtinnen immer mehr in eine Sackgasse geführt. Sie haben sich spezialisiert, investiert und sind heute gefangen in einem System der Abhängigkeiten. Weltmarktpreise, Subventionen, Betriebsmittel, Zulieferer, Verarbeiter, Handel, Maschinen – kaum ein Landwirt kann heute noch seine Probleme selber lösen. Dabei sind zwei Dinge von ganz zentraler Bedeutung: Zum einen müssen die Landwirte trotz allem ihre Schulden zurückzahlen und sind so lange auch noch an das jeweilige Produktionssystem gebunden. Erst wenn das Darlehen zurückgezahlt wurde, kann eine Transformation des Betriebs gestartet werden. Die zweite Ebene ist das Durchschnittsalter der Betriebsleiter in Deutschland und der Welt. Meistens liegt es bei über 50 Jahren. Das bedeutet, dass diese Menschen seit mehreren Jahrzehnten Landwirtschaft nach bestem Wissen und Gewissen an ihren jeweiligen Standorten betreiben. Nun werden sie mit neuen Anforderungen und Bedürfnissen konfrontiert, die, wenn entsprechend umgesetzt, das über Jahre gefahrene System als nicht ausreichend oder sogar falsch darstellen.

Was mental wahrscheinlich nicht so leicht zu verkraften ist.

Das ist auf psychischer Ebene eine schier unlösbare Aufgabe, denn die wenigsten unter uns haben so viel Größe und Souveränität. Insbesondere wenn eine zunehmend weniger informierte Gesellschaft mit den Bauern falsche Feindbilder entwickelt hat. Unsere Zuversicht liegt in dem Engagement möglichst vieler Menschen, die sich in die Landwirtschaft einbringen wollen und gemeinsam genug „Inseln der Hoffnung" kreieren und zeigen, wie Landwirtschaft auch anders funktionieren kann. Dazu müssen Bauern und Bäuerinnen gehören genauso wie die Wissenschaft, Stiftungen, Unternehmen und andere Initiativen. Wenn sich diese Positivbeispiele weiter ausbreiten, Gehör und Beachtung finden, werden sie – auch mit dem zunehmenden Druck durch die Verschlechterung des Status quo – Ausbreitung erfahren, bis sie schließlich das alte System ablösen. Die Hoffnung kommt unerwartet von unserem größten Unterstützer: Die Natur regeneriert sich viel schneller als angenommen. Wir müssen sie nur lassen!

„DIE HOFFNUNG KOMMT UNERWARTET VON UNSEREM GRÖSSTEN UNTERSTÜTZER: DIE NATUR REGENERIERT SICH VIEL SCHNELLER ALS ANGENOMMEN. WIR MÜSSEN SIE NUR LASSEN!"

BENEDIKT BÖSEL

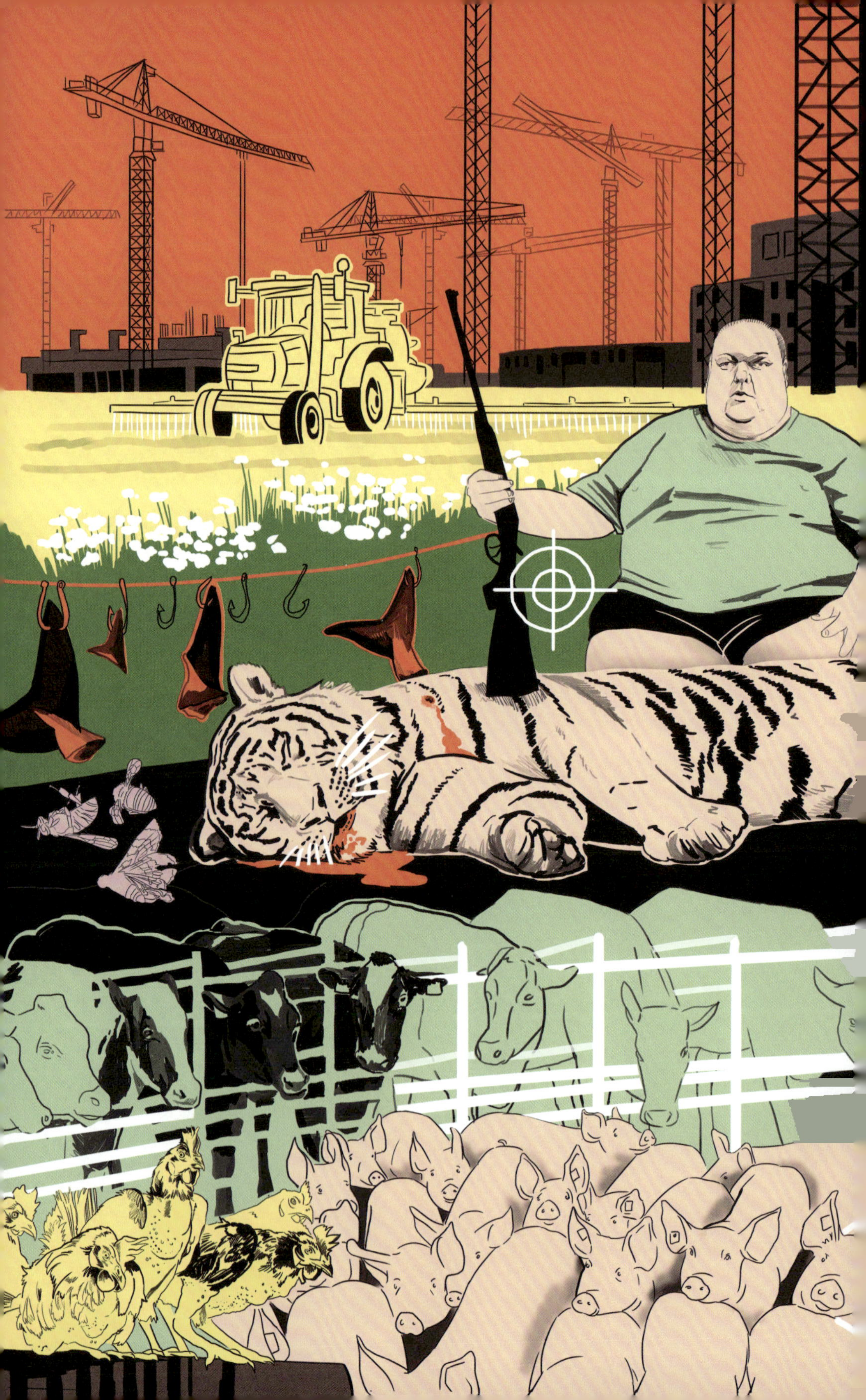

SPHÄRE 5

BIO-DIVERSITÄT

JEDE ART ZÄHLT!

Die Schautafeln auf dem Bayer-Gelände zur Bienen-Aufklärung. Gleichzeitig jubelte die Agrarsparte des Konzerns über hervorragende Umsätze im Jahr 2022 bei den Herbiziden, „vor allem in Latein- und Nordamerika sowie Europa/Nahost/Afrika durch Preissteigerungen aufgrund von Versorgungsengpässen für glyphosathaltige Produkte im Markt".

SPHÄRE 5 -- BIODIVERSITÄT

Im Sommer vergangenen Jahres reiste ich in meine rheinische Heimat, um zusammen mit alten Klassenkameradinnen und -kameraden das Jubiläum unseres Abiturs zu feiern. Per Abstimmung war entschieden worden, nicht in irgendeiner Leverkusener Kneipe anzustoßen, sondern auf dem Land, im Bergischen, in einem idyllisch gelegenen Seminar- und Tagungshotel. An sich eine gute Idee, doch als ich von der genauen Location hörte, verging mir die Laune. Denn dieses Seminar- und Tagungshotel wird vom Bayer-Konzern betrieben. Mein Gott, ausgerechnet. Wer da wohl schon alles konferiert, gefeiert und übernachtet hat. Ich sprang über meinen Schatten und fuhr trotzdem hin. Ich erzähle das, weil mir auf dem Fußweg zu meiner Unterkunft zwei Schautafeln auffielen. Sie standen am Rande einer bunten Wildwiese, die, wie man leicht erkennen konnte, nicht natürlich entstanden, sondern bewusst gesät worden war. Beide Schautafeln zeigten ganz oben den Begriff „bee care" (Bienenschutz) und das Bayer-Kreuz. Die eine Schautafel klärte zweisprachig lapidar darüber auf, dass Pollen und Nektar wie „Powerfood" bzw. „Kraftnahrung" auf Bienen wirken – ach was! –, während die zweite Schautafel die Überschriften trug „Bringing bees back to the farm" bzw. „Bestäubervielfalt in der Landwirtschaft". Darunter stand: „Ökologische Aufwertungsmaßnahmen können die Biodiversität von Wildbienen und Schmetterlingen in der Landwirtschaft fördern". Und: „Wussten Sie, dass Korridorstrukturen wie Blühstreifen, Hecken und kleine Waldstücke erforderlich sind, um bestimmten Bestäubern einen Lebensraum zu geben?"

Ich stand fassungslos neben diesen Schildern. Was sollte das? Was passierte hier? War das Teil eines Mitarbeiterprojekts über schwarzen Humor? Ein Konzern stellt also Produkte her, die ganz gezielt töten sollen. Wenn wir schon beim Abitur sind, noch einmal dies: Die Wortendung „zid", genutzt bei „Pestizid", „Herbizid", „Ökozid", „Genozid" etc., stammt vom lateinischen „caedere" und meint „niederschlagen, zerbrechen, opfern, töten". Nach der Anwendung der unterschiedlichen Tötungsmittel auf unseren Feldern bleiben daher bekanntermaßen auch Bienen und viele andere Insekten auf der Strecke. Und genau dieser Konzern weist hier über den Hingucker einer symbolischen Wildwiese auf die Relevanz von Biodiversität hin? Absurder geht es nicht. Das ist ungefähr so, als würde ein Spirituosenhersteller seinen Alkoholikern empfehlen, doch auch mal einen Lebertee zu trinken.

Die sogenannten Pflanzenschutzmittel mit ihren giftigen Wirkstoffen sind inzwischen überall zu finden. Über Luft und Wasser fortgetragen, finden sie sich auf Spielplätzen, in Schutzgebieten, auf Bioäckern, in Flüssen und Bächen. Ich hatte das bereits beschrieben. Pestizide bleiben nicht an Ort und Stelle. Wie kann man bei diesem Kenntnisstand auf Schautafeln darauf hinweisen, wie wichtig Blühstreifen als Lebensraum sein sollen, wenn nebenan Pestizide gespritzt werden? Was ist der Blühstreifen wert, wenn der Landwirt einen Deal mit Bayer/Monsanto hat? Und dann die „Korridorstrukturen". Korridore kennen wir aus Kriegsgebieten als Bereiche, über die geflohen werden kann, während drum herum die Raketen einschlagen. Für Insekten und damit auch Vögel und kleine Wirbeltiere sind selbst die Korridore lebensfeindliche Gebiete. Pestizide fallen zuweilen wie Streubomben. Solche Schau-

SPHÄRE 5 -- BIODIVERSITÄT

tafeln in dieser fortgeschrittenen Zeit in den Boden zu rammen, zeugt entweder von einer abstrusen Realitätsferne, die entsteht, wenn man zu lange in seiner eigenen Blase lebt und arbeitet. Oder diese Tafeln sind das Zeugnis der letzten, verzweifelten Versuche, die Menschen für dumm zu verkaufen.

Ich hätte das alles schnell als Kleinkram abhaken können, aber es ließ mir keine Ruhe. Für mich waren diese Schautafeln Sinnbild von etwas Größerem. Ich nahm also Kontakt mit Bayer Crop Science auf und fragte nach dem Anlass dieses seltsamen Arrangements und erfuhr, dass „die Biodiversitätsmaßnahmen auf dem Campus und die Schautafeln, die diese erläutern, von einer Gruppe unserer Mitarbeiterinnen und Mitarbeiter initiiert und organisiert wurden. Sie haben sich auf freiwilliger Basis zusammengefunden mit dem Ziel, die Biodiversität auf dem Betriebsgelände zu schützen und zu fördern. Dieses Ziel wird von der Firmenleitung und der Standortverwaltung aktiv unterstützt. Der Zweck der Schautafeln ist es, Interesse zu wecken, Verständnis für die Maßnahmen zu schaffen und Mitarbeitern sowie Besuchern Anregungen zu geben, mit welchen teils einfachen Mitteln auch im eigenen Umfeld die Vielfalt der Natur unterstützt werden kann." Und so weiter.

In einer weiteren Frage bat ich darum, mir bitte zu helfen, dieses Paradoxon zu verstehen: Wie passt es zusammen, wenn ein Konzern, zu dessen Portfolio in nicht unerheblichem Maße Pestizide gehören, unter denen die Biodiversität leidet, für „ökologische Aufwertung" in Form von Blühstreifen und Korridorstrukturen wirbt? Die Antwort hieß hier: „Jede Art von Landwirtschaft, egal ob konventionell oder ökologisch, hat einen Einfluss auf die Umwelt und auf die Biodiversität. Jede Technik, die ein Landwirt anwendet, hat Vor- und oft auch Nachteile. Gleiches gilt für den Pflanzenschutz. Wir haben uns verpflichtet, die Umweltauswirkungen unserer Pflanzenschutzprodukte bis zum Jahr 2030 um 30 Prozent zu senken. Veränderungen in der landwirtschaftlichen Praxis und der Ausbringung von Pflanzenschutzmitteln sowie die Nutzung digitaler Lösungen helfen, die benötigten Pflanzenschutzmittel so präzise wie sparsam auf der zu behandelnden Fläche auszubringen."

Meinem Vorwurf des Greenwashings wird im Anschluss so begegnet: „Neben Hunderten von Saatgutsorten bieten wir Landwirten weltweit ein breites Portfolio an chemischen und biologischen Pflanzenschutzmitteln, die auch im Ökolandbau eingesetzt werden. Darüber hinaus fördern und unterstützen wir ökologische Aufwertungsmaßnahmen in der Landwirtschaft sowie die Wiederherstellung und den Schutz natürlicher und naturnaher Lebensräume. Dazu zählen der geringere Einsatz von chemischem Pflanzenschutz und mineralischem Dünger, beispielsweise durch den Einsatz verbesserter Applikationstechnik und digitaler Technologien, Zwischenfruchtanbau, Fruchtfolgen, reduzierte (pfluglos) oder keine Bodenbearbeitung sowie die Erhaltung oder Wiederherstellung von (sogenannten halb-)natürlichen Lebensräumen wie Wäldern, Dauergrünland, Blüh- oder Pufferstreifen."

Meine vierte und letzte Frage hieß: Wenn laut Schautafeln Bienen, Schmetterlinge und andere Insekten so wichtig und schützenswert sind, was fraglos der Fall ist, läge die Lösung nicht viel eher darin, auf Pestizide zu verzichten und auf rein ökologische, naturnahe, regenerative Landwirtschaft zu setzen? Die Antwort: „Wollen wir auf absehbare Zeit rund zehn Milliarden Menschen ernähren, aber zugleich auch die Ressourcen der Erde schützen, muss Landwirtschaft auf heute existierender Fläche nicht weniger, sondern deutlich mehr Erträge erwirtschaften – was zum Beispiel der Weltklimarat mit ‚nachhaltiger Intensivierung' beschreibt. Neben neuen gentechnischen Verfahren und digitalen Innovationen gehören zu diesem Weg auch chemische und biologische Pflanzenschutzmittel. In der Vergangenheit ist uns die Ernährung der Weltbevölkerung durch die massiven Ertragssteigerungen in der Landwirtschaft, bedingt durch die Erfindung des Kunstdüngers, verbessertes Saatgut und durch den Einsatz von Pflanzenschutzmitteln gelungen. Herr Häusler, mit ökologischer/biologischer Landwirtschaft allein die Welt zu ernähren, funktioniert leider nicht."

DOCH, VERDAMMT!

DIE WELTBEVÖLKERUNG IST AUCH MIT BIO-LANDWIRTSCHAFT ZU ERNÄHREN, MIT REDUZIERTEM FLEISCHKONSUM, WENIGER TIERFUTTERKONSUM, WENIGER WEGGEWORFENER LEBENSMITTEL!

Stopp. Dieser Satz kam mir irgendwie bekannt vor, wie mir auch die vorherigen Argumente schon bekannt vorkamen. Eine Entgegnung meinerseits folgte, worin ich unter anderem darauf hinwies, dass andere Berechnungen – wie die der University of Washington – zu dem Schluss kommen, dass die Weltbevölkerung bei maximal 8,8 Milliarden Menschen landen wird. Ich verwies außerdem auf Studien, die davon ausgehen, dass eine biologische Welternährung durchaus möglich ist: über reduzierten Fleischkonsum und damit auch weniger Tierfutterkonsum sowie über eine Reduzierung bzw. Umverteilung der gewaltigen Mengen von Lebensmitteln, die bislang weggeworfen werden.

SCHÖNHEITSKOSMETIK FÜR DEN ACKER

Und die Blühstreifen? In meiner Erwiderung auf Bayers Antwort erwähnte ich die berühmt gewordene *Krefelder Studie*, die 2017 die Welt erschütterte. Wissenschaftler des Entomologischen Vereins Krefeld hatten in 63 verschiedenen Schutzgebieten mit Schwerpunkt NRW einen Rückgang der Biomasse von Insekten von bis zu 80 Prozent festgestellt im Laufe von knapp 30 Jahren. Andere Studien kamen zu ähnlichen Ergebnissen. Hmh, wenn ein solcher Insektozid in Schutzgebieten festgestellt wird, wie wird es dann erst auf Blühstreifen aussehen, die direkt neben einem Glyphosat-Acker liegen? Es ist eine dieser Fragen, deren Antwort man eigentlich schon kennt, der aber natürlich eine Studie folgen muss, idealerweise eine Langzeitstudie. Haben wir die Zeit? Ich denke, nein. Vielleicht wissen ja die Leute der Krefelder Studie etwas über den Sinn von Blühstreifen und deren Effekt auf die Biodiversität?

BIS ZU 80 % DER INSEKTEN IN DEUTSCHEN SCHUTZGEBIETEN SIND VERSCHWUNDEN

SPHÄRE 5 -- BIODIVERSITÄT

Ich melde mich bei Thomas Hörren, einem der Autoren der Krefelder Studie und ein absoluter Experte in Sachen Biodiversität in der Insektenwelt. Wir besprechen zuerst die Entwicklung der Biomassedaten seit der Studie, immerhin sieben Jahre her. Hörren berichtet, dass sich der Abwärtstrend minimal fortsetzt. Längst nicht nur an den Messpunkten, die die Studie genährt hatten, sondern auch landes- und bundesweit. Auf 101 Standorten in NRW, darunter auch Schutzgebiete, wurde ein Landesmonitoring von Insekten durchgeführt. Dazu legte der NABU die DINA-Studie (DINA = Diversität von Insekten in Naturschutz-Arealen) vor, die in zehn Bundesländern, 21 Schutzgebieten und an 105 Untersuchungspunkten nach Insekten Ausschau hielt. „Auch dort waren die Biomassen so niedrig, wie wir das in den vergangenen Jahren festgestellt hatten. Die bislang niedrigste mittlere Biomasse konnten wir 2020 und 2021 messen."

Dann erklärt mir Thomas Hörren anhand der Blühstreifen, wie fehlgeleitet hierzulande eigentlich Biodiversitätsschutz betrieben wird. Einjährige Blühstreifen, sagt er, hätten nahezu keinen Nutzen. Er sieht sie lediglich als kosmetische Veränderungen der Landschaft. Fehler eins: Viele Flächen, die in Blühstreifen umgewandelt werden, waren vorher mehrjährige Brachflächen, die nicht auf ihre bestehende biologische Vielfalt getestet werden. Das ist schlecht, denn oft sind diese Brachflächen viel wertvoller und wichtiger als Blühstreifen, denn sie fördern die gesamte Vielfalt von Organismen – und nicht nur die illustren Arten, die es in die Medien geschafft haben. „Es muss in der Politik der nette Gedanke hängen geblieben sein, dass man in der Sorge um die Arten jetzt erst einmal nur die Bestäuber retten sollte, da sie diejenigen sind, die wir in der Landwirtschaft brauchen", kritisiert Hörren.

„DAS IST KEIN FÖRDERN VON INSEKTEN, NEIN, ES GEHT GANZ OFFENSICHTLICH UM DIE EIGENE NASE, ALSO DEN MENSCHEN."

Und dann sagt er diese Kernsätze: „Blühstreifen sind ausgerichtet auf blütenbesuchende Insekten, aber die geringste Zahl unserer Insekten ist blütenbesuchend. Tatsächlich besuchen nur neun Prozent der 34.000 Insektenarten Blüten. Es werden oft nur Tagfalter und Bienen angeschaut, dabei machen sie gerade mal zwei Prozent der Insektenvielfalt in Deutschland aus. Ich empfehle bei dieser Debatte immer, bunte Plastikblumen bei Ikea zu kaufen, sie mit Zuckerwasser einzusprühen und damit mal eine Testfläche zu bestellen. Das hätte einen ähnlichen Effekt." Das heißt: Wenn überhaupt, kommen die Blühstreifen nur einer Minderheit zugute, während die Masse wie heimatlos gewordene Migranten ums Überleben kämpft. Doch selbst diese Minderheit ist bedroht. Thomas Hörren schickte Biomasse seiner Insekten zur Pestizidanalyse an die Universität Koblenz-Landau, wo man auf Spuren gleich mehrerer Gifte stieß, die sich zu wahren Pestizid-Cocktails ergänzen. Das führt zu Fehler zwei: In den Pflanzen mehrjähriger Blühstreifen, berichtet der Biologe, reichern sich die auf dem Acker nebenan gespritzten Chemikalien wie etwa Neonicotinoide (Insektizide, die als Nervengift wirken) so sehr an, dass sie bis auf das 20-Fache der Konzentration in den Nutzpflanzen kommen. „Natürlich sind die Lebewesen dort auch Pflanzenschutzmitteln ausgesetzt." Gruß von dieser Stelle an Bayer/Monsanto!

Ein weiterer Fehler – Nummer drei – wird laut Thomas Hörren an den Schreibtischen von Behörden und Instituten begangen. Die Naturschutzgesetzgebung, die vor Jahrzehnten ersonnen wurde, hätte Landwirtschaft und den Erhalt von Arten und Biotopen nie wirklich zusammen gedacht. Die Ökologie sei den agrarischen Bedürfnissen immer untergeordnet gewesen. Auch die gesetzlichen Aussagen darüber, welche Arten schützenswert sind und welche nicht, seien veraltet. Das führe dazu, dass in der Wissenschaft zu oft zu Artengruppen geforscht wird, die „keine Probleme hervorrufen". So mache etwa die mit viel Geld unterstützte Erforschung der Populationen von Mauereidechsen bei der aktuellen Dramatik der Situation keinen Sinn. Dem liege ein grundlegendes Missverständnis zugrunde. „Die Wissenschaftslandschaft trifft eine ganz große Schuld, weil kein Unterschied gemacht wird zwischen irreversiblen Biodiversitätsverlusten und Situationen, die jederzeit verbessert werden könnten." Obwohl wir gerade extreme Rückgänge haben von Arten, die für immer verschwinden, erhalten sie keine Priorität, stattdessen wird zu Blühstreifen in der Landwirtschaft geforscht, weil es dafür gerade Gelder gibt. Das ist schon sehr drastisch, und man muss leider erkennen, dass viele Wissenschaftler auf den Planungs- und Maßnahmenstellen der Behörden zwar an Universitäten ausgebildet wurden, aber ihre Entscheidungen bei voller Ignoranz des Kenntnisstandes treffen."

Diese Ignoranz, kombiniert mit dem Lobbydruck der Agrarkonzerne, führe zu einem politischen Stillstand, so Hörren. Er sieht kaum Erfolgschancen in der Auseinandersetzung mit Managern oder Politikern, um den Artenschutz konstruktiv in eine wirklich neue Richtung zu führen. Gibt es keine Figur in der Politik, die ihm Hoffnung macht, deren Rückgrat dem Druck der Wirtschaft standhalten würde? „Nein, absolut nicht. Es benötigt vielmehr Allianzen von Menschen in der Wissenschaft, in den Medien, aus der Gesellschaft, die dieses Thema bis zum Erbrechen kommunizieren, damit es wahrgenommen wird. Es muss ein Bewusstsein dafür geschaffen werden, dass das Artensterben nicht der Elefant im Raum ist, sondern der Raum selbst, in dem wir uns befinden." Anders gesagt: Steht beim Kampf um die Begrenzung der Erderwärmung die Frage im Vordergrund, unter welchen Umständen die menschliche Spezies wird leben müssen, geht es beim Kampf gegen den Biodiversitätsverlust um die Frage, ob die menschliche Spezies überhaupt überleben wird.

DIE VERNICHTUNG GEHT WEITER

Weiten wir also den Fokus aus, denn beim Artensterben geht es natürlich nicht nur um die Insekten, sondern um sämtliche Organismen. Im November 2023 schockte mal wieder eine Studie mit neuen Zahlen, nein, sie überrumpelte uns, denn sie führte

SPHÄRE 5 -- BIODIVERSITÄT

vor, dass die bisherigen schlimmen Annahmen zur Bedrohung der Arten viel zu harmlos ausfielen. Weltweit, so die internationale Arbeit unter der Leitung des Biogeografen Axel Hochkirch vom Nationalmuseum für Naturgeschichte Luxemburg und der Uni Trier, seien etwa zwei Millionen Arten gefährdet – doppelt so viele wie in der jüngsten globalen Bestandsaufnahme des Weltbiodiversitätsrats von 2019 angenommen. Allein in Europa sind danach von 14.669 untersuchten Arten 2839 vom Aussterben bedroht, also etwa ein Fünftel. Vor allem bei den Insekten ist ein gewaltiger Schwund zu erkennen. Auch der Ort des Sterbens wird benannt. Hauptsächlich sind es die Agrarwüsten. Wortwörtlich heißt es in der Studie: „Unsere Analysen bestätigen, dass sich vielfache Bedrohungen auf die Artenvielfalt auswirken, wobei Änderungen der agrarischen Landnutzung (einschließlich Baumplantagen) die größte Bedrohung für europäische Arten darstellen." Eins plus eins macht nun mal zwei. Da nutzt das ganze Gerede der Großkonzerne nichts.

KORREKTUR! ZWEI MILLIONEN ARTEN SIND WELTWEIT GEFÄHRDET, DOPPELT SO VIELE WIE BISHER ANGENOMMEN. DIE TODESZONEN LIEGEN HAUPTSÄCHLICH AUF UNSEREN ÄCKERN.

Kurzer Einschub: Ich will nicht unterschlagen, dass mir der Bayer-Konzern auch schrieb, dass man „mithilfe unserer führenden Agrarlösungen (…) bis Mitte des nächsten Jahrzehnts die regenerative Landwirtschaft auf mehr als 160 Millionen Hektar vorantreiben und gestalten" wolle. Das wäre 4,5-mal die Fläche Deutschlands. Würde man das tun, wenn das bisherige Geschäftsmodell einwandfrei wäre? Oder haben wir es einmal mehr mit einem grünen Narrativ zu tun, das übertünchen oder reinwaschen möchte? Oder, ganz anders, sind solche Aktivitäten zu werten als Reaktion auf die Angriffe von Aktionären, Investoren und Aktivisten, die 2019 auf der turbulenten Hauptversammlung Bayer-CEO Werner Baumann, der den Monsanto-Kauf mit zu

SPHÄRE 5 -- BIODIVERSITÄT

verantworten hatte, nicht entlasteten und damit sein Ende einläuteten? Baumann musste bekanntlich 2023 seinen Hut nehmen. Wie auch immer. Aber wo wir gerade dabei sind: Baumanns Vorvorgänger Werner Wenning leitete damals als Aufsichtsratsvorsitzender in knallhartem Stil jene Aktionärsversammlung. Aufgrund seiner unnachgiebigen Unterstützung des Monsanto-Deals inklusive der Tausenden von Klagen an Krebs erkrankter Menschen stand auch Wenning („Wir tun das Richtige!") selbst im Kreuzfeuer. Der inzwischen verrentete Manager, obwohl immer noch in der Nachbarschaft meiner Leverkusener Heimat wohnend und über freundschaftliche Kontakte schnell zu erreichen gewesen, ließ meine Gesprächsanfrage für dieses Buch nach einigen Monaten absagen, „derartige Anfragen" nehme er „nicht mehr wahr". Ob es daran lag, dass ich schrieb, mit ihm auch über Moral und Reue reden zu wollen? Ich weiß es nicht. Aber zurück zum großen Bild.

WERNER BAUMANN, WERNER WENNING, EX-BAYER-CEOS

WAS FÜR TRAURIGE GESTALTEN!

MONSANTO

HUGH GRANT,
LETZTER MONSANTO-CEO
VOR DER ÜBERNAHME

BAYER

AN DER „OPFERSTRECKE" – UMWELTSÜNDEN HABEN BEI BAYER TRADITION

1864

ERSTE UMWELTKLAGEN.

Der Historiker Stefan Blaschke fand heraus, dass Bayer bereits ein Jahr nach seiner Gründung die ersten Entschädigungen zahlen musste aufgrund der Beeinträchtigungen von Umwelt und Gesundheit im Zuge der Farbenproduktion. Als sich die Forderungen mehrten und sich Firmengründer Friedrich Bayer weigerte, weiter zu zahlen, konnte er sich in Wuppertal, wo der erste Stammsitz lag, „nicht mehr ohne Begleitung auf der Straße sehen lassen". Aus Blaschkes Recherchen ist herauszulesen, dass es die Wuppertaler Bürger waren, die Teile der Bayer-Produktion aus der Stadt vertrieben und zum Umzug nach Leverkusen veranlassten. Die Konzessionen, die die Behörden dem am Rhein expandierenden Bayer-Konzern erteilten, wurden ständig von (juristischen) Protesten begleitet. Wasserverschmutzung war ein Dauerthema. Eine interne Abwasserkommission wurde zusammengestellt. Unter den Mitgliedern war Curt Weigelt, wohl einer der ersten Chemielobbyisten des Landes. In einem Gutachten vertrat er das „Prinzip der Opferstrecke". Anders gesagt: Ein bisschen Schwund ist immer! Weigelt, so Historiker Blaschke, habe eine Verunreinigung des Rheins bestätigt, schätzte sie jedoch als unvermeidlich und äußerst geringfügig im Verhältnis zur wirtschaftlichen Bedeutung des Leverkusener Werks für Kommune und Staat ein. „Ohne das staatliche Zugeständnis einer größeren Opferstrecke" könne eine vorwärtsstrebende Industrie, die aus Eigeninteresse die Kosten für die Abwasserreinigung so niedrig wie möglich halten muss, „nicht auskommen".

1980

GENEHMIGTE GIFTVERKLAPPUNG.

Greenpeace-Aktionen machten auf die jahrelange internationale Verklappung von Dünnsäure (verdünnte Schwefelsäure) in der Nordsee aufmerksam. Allein das Leverkusener Unternehmen Kronos Titan entsorgte über viele Jahre bis zu 1200 Tonnen Dünnsäure pro Tag vor Helgoland – darunter auch Dünnsäure des Bayer-Konzerns. Der *Spiegel* zitierte 1980 Bayer-Vorstandschef Herbert Grünewald, das Gift bedeute „für die Nordsee keine Mehrbelastung". Kronos-Titan-Produktionsleiter Hermann Schulze spielte den Ball ins Feld der Politik, indem er sagte, dass „wir nichts Ungesetzliches machen". Aufgrund des Drucks von Umweltorganisationen und Wissenschaft stoppte Bayer 1982 die Verklappung. Seit 1989 erteilt die Politik keine entsprechenden Genehmigungen mehr. Die Briten verklappten noch bis 1993 in der Nordsee. 1988 wies jedoch Harry Kunz, NRW-Landesvorstandsmitglied der Grünen, in der *taz* auf einen politischen Widerspruch hin: „Allein das Werk Leverkusen der Bayer AG darf laut Erlaubnisbescheid des Kölner Regierungspräsidenten täglich 2000 Tonnen Chemieabfälle in den Rhein leiten. Dieser legale Normalbetrieb ist das eigentliche Problem, nicht die Störfälle." Johannes Rau (SPD) war damals alleinregierender NRW-Ministerpräsident.

Bayer

1999

TÖDLICHE PESTIZID-EXPORTE.

Im peruanischen Andendorf Tauccamarca starben 24 Kinder im Alter von 4 bis 14 Jahren an den Folgen eines vergifteten Frühstücks, in das statt Milchpulver mutmaßlich das ähnlich aussehende Pestizid Folidol mit dem Wirkstoff Methylparathion – WHO-Gefahrenklasse „Ia" (extrem gefährlich) – gelangt war. 22 Kinder überlebten mit hochgradigen Vergiftungen. Bayer wurde vorgeworfen, das nur in dünne Plastikfolie eingeschweißte Mittel unzureichend verpackt, durch das Fehlen eindeutiger Warnsymbole (viele Landbewohner sind Analphabeten und können Texte mit Handhabungshinweisen nicht lesen) und die Darstellung von gesundem Gemüse auf dem Etikett unzureichend bzw. irreführend deklariert zu haben. Bayer wies natürlich alle Schuld von sich. Damaliger CEO war Werner Wenning. Drei Jahre später kam ein Untersuchungsausschuss des peruanischen Parlaments zu dem Schluss, dass die Vergiftungen sehr wohl mit dem Bayer-Produkt Folidol in Zusammenhang standen. ==Der Ausschuss beklagte die mangelnden Sicherheitsvorkehrungen beim Verkauf des Produkts und forderte Entschädigungen von Bayer und der eigenen Regierung.== Nach zehn Jahren wurde der Prozess, den Eltern von betroffenen Kindern auch gegen Bayer wegen Fahrlässigkeit angestrengt hatten, eingestellt. Bestraft hingegen wurde ein Lehrer der Schule, an der sich die Vorfälle ereigneten. Er musste Teile seines Gehalts zurückzahlen und 2000 Stunden gemeinnützige Arbeit leisten. Dieser Skandal zeigt, dass Bayer auch lange vor dem Kauf von Monsanto schon Ärger mit seinen Pestiziden (und vielen anderen Produkten) hatte. Schauen Sie mal im Internet in den Violation Tracker und geben Sie „Bayer" ins Suchfeld ein. Sie werden eine lange Auflistung der Delikte (allein in den USA) finden – inklusive der jeweiligen Straf- und Vergleichszahlungen. Meist geht es um Verstöße gegen Umweltschutz- und Verbraucherschutzvorschriften, unerlaubte Preisabsprachen und falsche Behauptungen.

SPHÄRE 5 -- BIODIVERSITÄT

Es ist zehn Jahre her, dass Elizabeth Kolbert mit ihrem Bestseller *Das sechste Sterben* die weltweite Aufmerksamkeit auf den sich gerade abspielenden Biodiversitätsverlust lenkte. Sie begann ihr Buch mit der beeindruckenden Geschichte des seltsamen Verschwindens bestimmter tropischer Froscharten. Nach langem Rätseln stellte sich heraus, dass ein sich schnell über Kontinente ausbreitender, mikroskopisch kleiner und bislang unbekannter Pilz dafür verantwortlich war – heute unter dem Namen Chytridpilz bekannt. Sie erzählte von einer Amphibien-Auffangstation in Panama, in deren Umgebung es quasi keine Frösche mehr gab. Die wenigen geretteten Exemplare sollten dort so lange ein Refugium finden und nachgezüchtet werden, bis der Spuk vorüber sein würde. Eine fromme Hoffnung, denn der Chytridpilz war gekommen, um zu bleiben. Ganze Arten – zum Untergang verdammt. So kam es. 2020 etwa war zu lesen, dass in Belgien und den Niederlanden nahezu sämtliche Feuersalamanderpopulationen vom Chytridpilz ausgelöscht worden waren. Eine Studie von 2023 bestätigte die Gefahr, indem sie eine rasante Ausbreitung des Pilzerregers seit 2000 auch in Afrika nachwies. Verschmutzte Gewässer, der globale Reiseverkehr oder die durch die Erderwärmung labil gewordenen Immunsysteme der Amphibien können die Gründe sein.

Autorin Kolbert hatte 2014 am Beispiel der verschwindenden Frösche den Unterschied zwischen einem Hintergrund- und einem Massenaussterben demonstriert. Es ist tatsächlich recht selten, dass sich Arten innerhalb einer erdgeschichtlichen Epoche einfach so verabschieden. So würde es etwa in der Gruppe der Säugetiere alle 700 Jahre eine Art erwischen. Im Kontrast zu diesem sehr gemäßigten Hintergrundsterben steht das Massenaussterben, bei dem in relativ kurzer Zeit sehr viele Arten mit all ihren Populationen im globalen Maßstab von der Bildfläche verschwinden. „Lange Phasen der Langeweile", so drückt es der Paläontologe David Raup aus, „wechseln ab mit Augenblicken der Panik." Die Lebensbedingungen ändern sich so schnell, dass die Evolution nicht mehr nachkommt. Die normale Aussterberate von Amphibien, schreibt Elizabeth Kolbert, sei um einiges geringer als die der Säugetiere. Die Wahrscheinlichkeit, einen dieser wenigen natürlichen Abgänge mitzuerleben, sei für jede Generation äußerst gering. Und wir erleben gleich einen nach dem anderen.

Fünf große Massensterben kennt die Erdgeschichte. Das der Dinosaurier und vieler anderer Spezies vor 66 Millionen Jahre ist das populärste. Die Wissenschaft ist sich nahezu einig, dass wir gerade nicht nur Zuschauer, sondern Auslöser des sechsten Massensterbens sind. Die vom Chytridpilz dahingerafften Frosch- und Lurcharten sind nur ein kleiner Teil eines gewaltigen Vorgangs, eines an verschiedenen Fronten geführten Krieges, der in wenigen Jahren das komplette Leben auf dem Planeten infrage stellen könnte. Die Sphäre der Biodiversität kennt wohl nach aktuellem Wissensstand keine Kipppunkte, aber sehr wohl verhängnisvolle Kettenreaktionen. Um es noch einmal klar und deutlich zu sagen: Weder das Aussterben einzelner Arten noch die daraus folgenden Kettenreaktionen sind Bagatellen. Sie gefährden das gesamte Leben auf der Erde. In vielerlei Hinsicht. Ohne intakte Ökosysteme ist die Klimaerwärmung nicht zu bremsen. Ohne intakte Ökosysteme stehen sämtliche Grundlagen wie sauberes Wasser, atembare Luft und gesunder Boden auf dem Spiel. Ohne intakte Ökosysteme werden alle Ökonomien zusammenbrechen. Ohne intakte Ökosysteme wird auch unsere Nahrungsversorgung kollabieren. Es ist ein totaler Irrglaube, dass man im Stile eines Computermoduls die Natur mit all ihren Leistungen austauschen könne gegen von Industrien entwickelte Versorgungsmodelle, die nicht mal die Natur imitieren wollen, sondern im Glauben angefertigt wurden, besser zu sein als die Natur. Da Modelle wie radikale Massentierhaltung in Verbindung mit radikalem Tierfutteranbau trotzdem politisch nahezu unwidersprochen realisiert werden durften, stehen wir jetzt an einem Punkt, an dem die Biomasse der gesamten wild lebenden Säugetiere auf der Erde bei zwei Prozent liegt, während die Biomasse von Nutzvieh auf 63 Prozent gestiegen ist. Der Meeresbiologe Enric Sala, Explorer-in-Residence bei der National Geographic Society, beschrieb die sich daraus ergebenden Konsequenzen einmal so: „Einige Leute träumen davon, aus dem Mars eine zweite Erde zu formen. Wir formen jedoch gerade aus der Erde einen zweiten Mars."

Wenn heute jemand in Deutschland – zehn Jahre nach dem aufrüttelnden Buch von Elizabeth Kolbert – den aktuellen Zustand der Biodiversität einschätzen kann, dann ist es Prof. Katrin Böhning-Gaese. Die Biologin ist Direktorin des Senckenberg-Forschungszentrums für Biodiversität und Klima, sie lehrt Biodiversität an der Goethe-Universität in Frankfurt und wurde 2023 in den Rat für Nachhaltige Entwicklung berufen. 2023 standen wir auch bei der Leipziger Klimabuchmesse auf der Bühne, wo wir unsere neuen Werke vorstellten. *Vom Verschwinden der Arten* hieß Böhning-Gaeses Titel, Teil ihrer Mission, die Biodiversität stärker ins öffentliche Bewusstsein zu rücken. Heute erreiche ich sie telefonisch, auch wenn sie für einen Vortrag nur wenige Hamburger Stadtteile weit entfernt ist.

― ― ― ― ― ―

Frau Böhning-Gaese, ist sich die Wissenschaft heute eigentlich einig darüber, dass wir uns inmitten des viel zitierten *Sechsten Sterbens* befinden?
Da verweise ich auf den ersten globalen Bericht des Weltbiodiversitätsrats IPBES von 2019. Der ist im Feld der Biodiversität das, was beim Weltklimarat die IPCC-Berichte sind. Dieser Bericht bildet einen wissenschaftlichen Konsensus ab, und darin steht: Die heutigen Aussterberaten sind mindestens zehn- bis hundertfach höher als diejenigen der letzten zehn Millionen Jahre. Darüber sind sich alle einig.

Wir kennen die Klimaskeptiker. Gibt es auch Biodiversitätsskeptiker?
Nach meiner Wahrnehmung so gut wie nicht. Das ist ein interessantes Phänomen. Selbst in der Landwirtschaft gibt es sie nicht. Landwirtinnen und Landwirte sehen vielleicht andere Ursachen, die zum Artenschwund geführt haben, aber sie leugnen

SPHÄRE 5 -- BIODIVERSITÄT

ihn nicht. Sie stehen ja jeden Tag in Gummistiefeln auf dem Feld und nehmen ihn selber wahr. Viele wollen auch einen Beitrag zum Schutz der Biodiversität leisten, stoßen aber immer wieder auf Blockaden. Dazu gibt es eine recht aktuelle Umfrage unter Land- und Forstwirten, die im Zuge der vom BMBF finanzierten Forschungsinitiative zum Erhalt der Artenvielfalt (FEdA) durchgeführt wurde. Die allermeisten sahen sich in der Verantwortung. Das Haupthindernis für sie waren jedoch der Mangel an Handlungsmöglichkeiten, bürokratische Hindernisse oder eine zu komplexe Berichterstattungspflicht. Es scheint also auch an den Behörden zu liegen.

Der Weltbiodiversitätsrat nennt in seinem Bericht auch die Gründe für den Artenverlust. Danach ist der stärkste Grund der Landnutzungswandel. Zugespitzt gesagt heißt das: Der Natur wird Land geraubt und der menschlichen Bewirtschaftung unterstellt. Postwachstumsökonomen wie Niko Paech nennen derartige Vorgänge „ökologische Plünderung".

Der Weltbiodiversitätsrat setzt die fünf Faktoren, die zum Artenverlust führen, in eine Reihenfolge. Diese sind in der Relevanz absteigend: Land- und Seenutzungswandel, Ausbeutung der Arten, Klimawandel, Umweltverschmutzung und schließlich das Einwandern invasiver Arten. Aber die eigentliche Hauptbotschaft ist: Es geht um Landnutzungswandel, Landnutzungswandel und noch mal Landnutzungswandel.

Das 2022 in Montreal geschlossene Abkommen zum Erhalt der Biodiversität beinhaltet das Ziel, 30 Prozent des Planeten bis 2030 unter Schutz zu stellen. Das klingt erst einmal gut. Paradox ist jedoch, dass innerhalb der heute schon existierenden Schutzgebiete klassisch gewirtschaftet werden darf. So kann doch kein effizienter Artenschutz aussehen.

Es stimmt: In Deutschland darf in den meisten Schutzgebieten Landwirtschaft betrieben werden, die auch die Nutzung von Pflanzenschutzmitteln einschließt; im Wattenmeer darf man in der Kernzone ganz legal Krabbenfischerei betreiben, und zwar mit Grundschleppnetzen, mit denen alles kurz und klein geschlagen wird; ich kenne im Spessart und im Odenwald Flächen, die europäischen Schutzstatus haben, auf denen die Eigentümer aber ganz legal ihre uralten Eichen fällen; oder wenn Sie in die neue Fassung des Renaturierungsgesetzes schauen, sehen Sie, dass Landwirte und Flächeneigentümerinnen nicht verpflichtet sind, Moore wiederzuvernässen, obwohl wir es aus ökologischen und klimatischen Gründen eigentlich tun müssten. Hier will die Politik nicht ran. Ich kann das bis zu einem bestimmten Punkt nachvollziehen. Naturschutz geht nur mit den Menschen und nicht gegen die Menschen. Nichtsdestotrotz stehen auch Flächeneigentümer in der Verantwortung, ihren Beitrag zum Naturschutz zu leisten – und beim Wattenmeer sind die Verantwortlichen die Bundesländer.

Wäre es nicht eine sinnvolle Forderung bzw. Regelung, dass Schutzgebiet ausschließlich Schutzgebiet sein muss?

KATRIN BÖHNING-GAESE

Schutzgebiete haben ja unterschiedliche Zonen. Mein Wunsch wäre, dass zumindest die Kernzonen von Nationalparks wirklich geschützt werden und keine weitere wirtschaftliche Nutzung stattfinden darf. Das muss allerdings im Einvernehmen geregelt und im Zweifel den Eigentümern eine Entschädigung gezahlt werden. Ich glaube nicht, dass Enteignungen eine Lösung wären. Sie würden die Bemühungen um mehr Artenschutz kommunikativ und psychologisch wieder um Jahrzehnte zurückwerfen.

In Ihrem Buch *Vom Verschwinden der Arten* zitieren Sie den IPCC-Bericht, dem zufolge wir im Falle einer um drei Grad wärmeren Welt etwa 30 Prozent aller terrestrischen Arten verlieren werden. Was würde das für uns Menschen bedeuten?

Wir können das schlecht vorhersagen. In der Biodiversitätsforschung verstehen wir unsere Systeme noch nicht gut genug, als dass man solide Zukunftsprognosen treffen könnte. In der Klimaforschung werden ja Kipppunkte angenommen. Wir sind jetzt zumindest so weit, zu sagen, dass es bei der Vernichtung der Biodiversität wohl keine Kipppunkte gibt, sondern eher einen kontinuierlichen Rückgang der Ökosystemfunktionen.

Weiter auf Seite 182 →

SPHÄRE 5 -- BIODIVERSITÄT

WIR FRESSEN UNS ZU TODE –
IMMER MEHR MASSENTIERHALTUNG,
IMMER WENIGER WILDTIERE.

Der Mensch hat die **BIOMASSE DER LANDSÄUGER** in dramatischer Weise neu arrangiert. Eine völlig außer Kontrolle geratene Landnutzung ist der Hauptgrund für die Vernichtung der Artenvielfalt. Verbunden ist das Phänomen mit einer fehlgeleiteten fleischfixierten Ernährung und einem kompletten moralischen Verfall im Bezug auf die Frage, wie wir mit Tieren umgehen.

Quellen: Barnosky (2008); Smil (2011), Bar-On et al. (2018); OurWorldinData.org

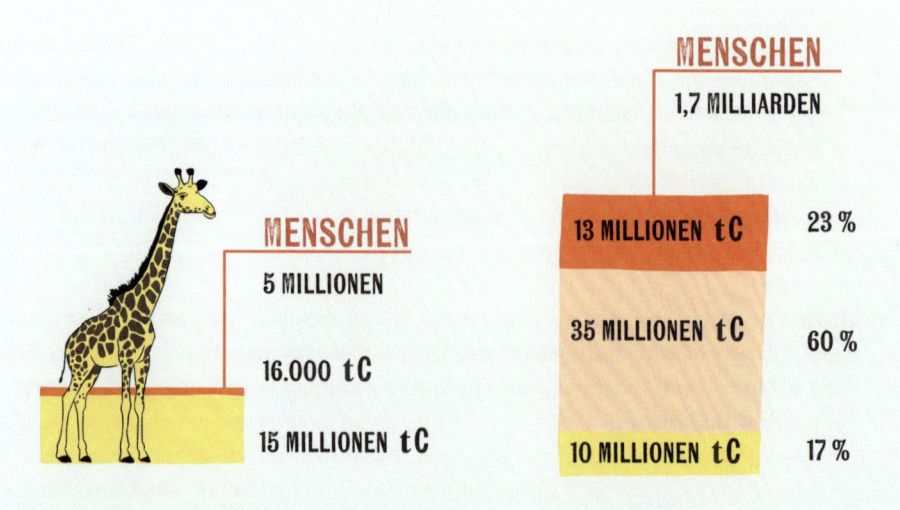

MENSCHEN
5 MILLIONEN

16.000 tC

15 MILLIONEN tC

MENSCHEN
1,7 MILLIARDEN

13 MILLIONEN tC — 23 %

35 MILLIONEN tC — 60 %

10 MILLIONEN tC — 17 %

VOR 10.000 JAHREN ⟶ 1900

EINE TONNE KOHLENSTOFF (tC) ENTSPRICHT:
100 MENSCHEN (à 67 KILO),
110 SCHWEINEN (à 60 KILO),
20 KÜHEN (à 300 KILO),
2 ELEFANTEN (à 3500 KILO)

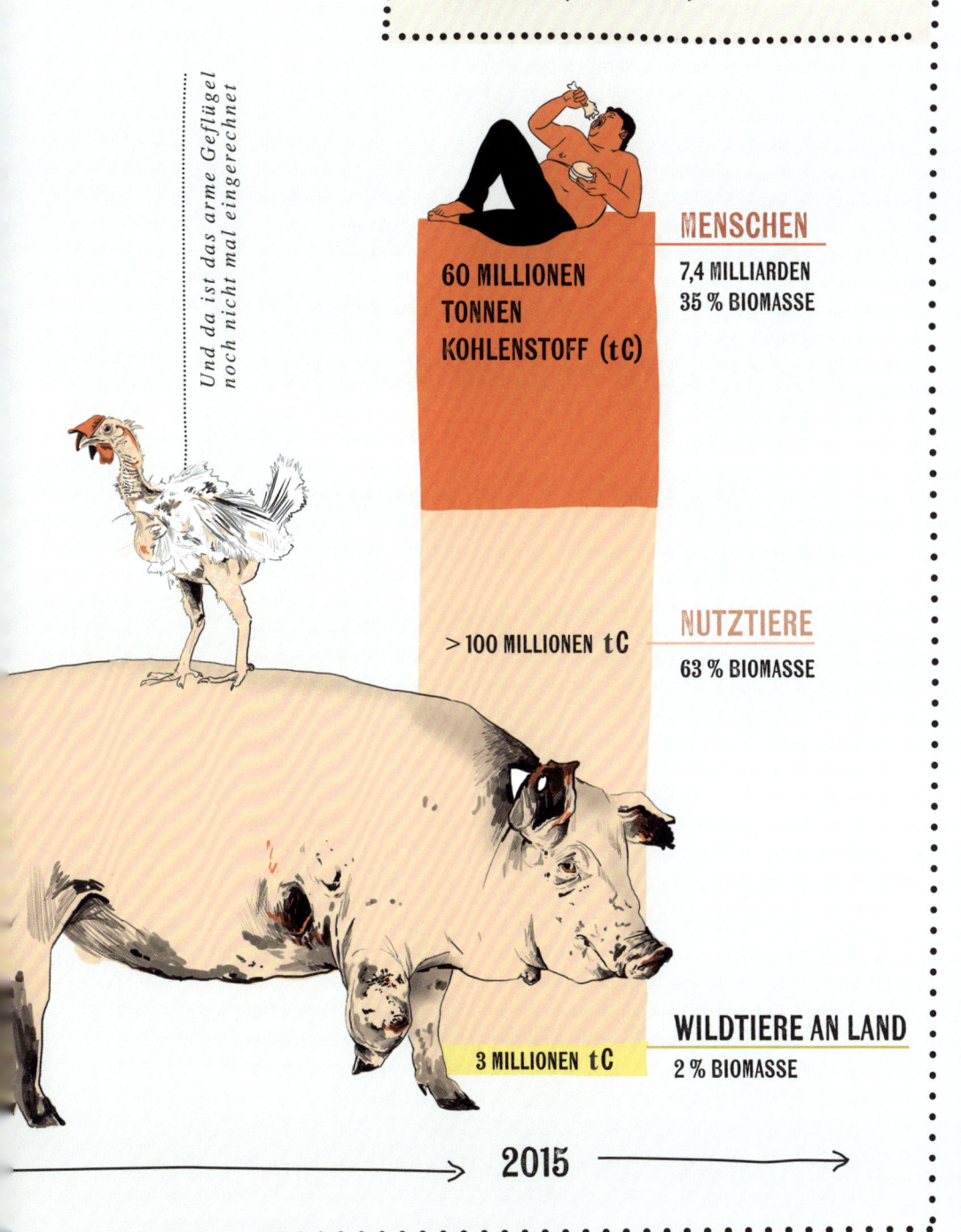

Und da ist das arme Geflügel noch nicht mal eingerechnet

60 MILLIONEN TONNEN KOHLENSTOFF (tC)

MENSCHEN
7,4 MILLIARDEN
35 % BIOMASSE

> 100 MILLIONEN tC

NUTZTIERE
63 % BIOMASSE

3 MILLIONEN tC

WILDTIERE AN LAND
2 % BIOMASSE

2015

Das heißt: Mit jeder verlorenen Art verringert sich die Robustheit und Resilienz des gesamten Ökosystems. Nehmen wir das Beispiel Wald. Ein diverser Wald kann viel abpuffern, auch mal eine Dürre, auch mal Schädlingsbefall, weil dann die Kiefern sterben, aber die Buchen nicht. Alle bisherigen Untersuchungen zeigen, dass jede Art wichtig sein kann, dass manche jedoch wichtiger sind als andere, weil mehr von ihnen abhängt. Wir nennen sie Schlüsselarten.

> „WIR MÜSSEN DAS VORSICHTSPRINZIP ANWENDEN. WIR SOLLTEN VORSICHTSHALBER ALLE ARTEN BEWAHREN, DENN WIR WISSEN OFT NICHT, WELCHE LEISTUNGEN SIE ERFÜLLEN."
>
> KATRIN BÖHNING-GAESE

Was wäre so eine Schlüsselart? Aufgrund des legendären Einstein-Zitats über die Relevanz der Bienen steht meist nur die Biene im Vordergrund ...

An diesem Punkt versteige ich mich wirklich mal zu einer deutlichen Aussage: Das mit der Biene ist totaler Blödsinn. Es geht beim Artenschutz nicht um die Honigbiene, der geht es gut, da steigen derzeit die Bestände. Es geht um die Diversität der etwa 600 Wildbienenarten in Deutschland. Die Biene ist keine Schlüsselart. Die in der Forschung wohl legendärste Schlüsselart ist der Seeotter, der in den Gewässern vor Kalifornien und auch weiter nördlich vorkommt. Der Seeotter frisst Seeigel. Die Seeigel ernähren sich von den unterseeischen Tangwäldern. Wenn der Bestand der Seeotter einbricht, etwa weil man ihn bejagt, entstehen plötzlich Massenvorkommen von Seeigeln, die die Tangwälder komplett kahl fressen. Mit den Tangwäldern verschwindet dann gleichzeitig auch der Lebens-

SPHÄRE 5 -- BIODIVERSITÄT

raum von Tausenden anderer Arten – und das gesamte Ökosystem verändert sich. Große Vögel als Samenausbreiter wären auch so eine Schlüsselart. Von ihnen gibt es nur wenige Arten, die diese Nische füllen. Sie fressen auch große Samen, transportieren sie teils über weite Entfernungen, geben sie über ihren Kot wieder ab und spielen so für die Zusammensetzung von Wäldern eine große Rolle. Die Ausrottung dieser Vogelarten würde also direkt größere Auswirkungen haben.

Kipppunkte gibt es also nicht, aber das Netz der Arten wird immer poröser. Kann man denn sagen, wie knapp vor dem Reißen des Netzes wir sind?
Das kann man auch nicht sagen. Ich habe zwar selber miterlebt, wie Stränge des Netzes reißen können, aber inwiefern das ein Kipppunkt gewesen war, weiß ich nicht. Als man in Tansania die steilen Hänge der Usambara Mountains abgeholzt hat, ging nach und nach durch Erosion auch der Boden verloren, und nun ist dort stellenweiße blanker Fels, der keine Artenvielfalt mehr beherbergt und auf dem man auch keine Landwirtschaft mehr betreiben kann. Es ist glasklar, dass dieses System gekippt ist. Ob so etwas auch in globalem Maßstab passieren kann, darüber haben wir leider nicht denselben Wissensstand wie die Klimaforschung. Umso mehr müssen wir das Vorsichtsprinzip anwenden. Wir sollten sicherheitshalber alle Arten bewahren, denn wir wissen oft nicht, welche Leistungen sie erfüllen.

Bitte erklären Sie noch einmal die Metapher des Netzes.
Die Metapher des Netzes macht deutlich, dass es um Interaktionen geht, Interaktionen zwischen den Arten. Wenn Arten sterben, ist das so, als würde man Maschen aus dem Netz herausnehmen. Es entwickelt Löcher, die sich auch zu Laufmaschen ausweiten können. Wichtig bei diesem Netz ist aber auch, dass es darin Redundanzen gibt. Wenn die Fichte nicht wächst, wächst meinetwegen die Kiefer, die Eiche oder die Buche. Diese Arten haben zwar keine identischen ökologischen Nischen, aber ähnliche. Die einen sind ein bisschen robuster etwa gegen Dürre als die anderen. Sie haben auch unterschiedliche Schädlinge. So übernimmt die eine Art die Funktion der anderen, und das Ökosystem Wald liefert weiterhin seine Leistungen für uns Menschen. Ein paar Maschen könnten also schon mal aufgehen, ohne dass das Netz reißt. Das soll die Dramatik der Situation in keiner Weise verharmlosen. ==Ich wiederhole: Jede Art zählt!==

DIE CHEMISCHE VERNICHTUNG IST UNTERERFORSCHT

Das Dumme ist, dass trotz Mahnungen wie dieser und trotz des ökozidalen Tempos ein Großteil der Vernichtung im Verborgenen stattfindet. Die meisten Menschen in den Industriestaaten führen ein so von der Natur entkoppeltes Leben, dass ihnen das Verschwinden der Arten höchstens dann auffällt, wenn sie an der Autobahnraststätte ihre Windschutzscheibe nicht mehr von Insekten befreien müssen. Wie oft ist

SPHÄRE 5 -- BIODIVERSITÄT

mir davon schon erzählt worden, meist im Stile einer amüsanten Urlaubsanekdote. Selbst von klugen Leuten. „Stell dir vor, auf dem Weg nach Italien, keine einzige …" Ja, verdammt! Guten Morgen! Wir sind im Jahr 2024! Kann es mal weitergehen?! Dieses Verschwinden hat mit uns zu tun, vor allem mit den ungebrochen exploitativen Geschäftsmodellen der Großkonzerne und derer, die Teil ihrer Wertschöpfungsketten sind. Das Handeln der Politik: viel zu spät, viel zu inkonsequent, viel zu nachgiebig. Natürlich wurde wieder mal applaudiert, als 2022 auf der Artenschutzkonferenz in Montreal sich die 200 Mitgliedstaaten darauf einigten, bis 2030 genau 30 Prozent der Erde unter Schutz zu stellen, um das Massenaussterben abzubremsen und bis 2050 sogar vollends zu stoppen, um – wie es wortwörtlich heißt – „in Harmonie mit der Natur" zu leben. 30 Prozent, klar, sind besser als nichts. Schutzgebiete taugen, um Flächenfraß, Bauwut und Versiegelung Einhalt zu gebieten, um Kahlschlag, Entwässerung, Monokulturen, nicht nachhaltigen Fischfang oder Wilderei zu verhindern, aber erinnern Sie sich bitte an die vorangegangenen Kapitel und an die Feststellungen von Thomas Hörren. Ein Schulkind versteht, dass klassische Schutzgebiete kaum oder keine Wirkung haben, wenn die Belastungen durch chemische Schadstoffe, Mikro- und Nanoplastik, Abgase und Mobilfunkstrahlung (ja, nach neuerer Studienlage wirkt auch sie negativ auf bestimmte Organismen) grenzenlos sind! Sinnvoller Biodiversitätsschutz kann inzwischen nur noch mit einer gleichzeitigen schonungslosen Regulierung der Chemieindustrie einhergehen bzw. mit der totalen Kreislauffähigkeit ihrer Produkte.

Johan Rockström, Direktor des Potsdam-Instituts für Klimafolgenforschung, legte vor ein paar Jahren zusammen mit anderen Wissenschaftlern ein Modell vor, das die planetaren Grenzen aufzeigte, die die Menschheit dabei ist, zu reißen. Sie waren eingeteilt in neun Sektoren. Einer davon war das Klima, ein anderer bezog sich auf die Landnutzung, weitere auf die Meere, die Biodiversität und eben auch auf den Eintrag von Chemikalien. Letzteren Sektor nannte er „Freisetzung neuer Substanzen". Gut, dass er darauf aufmerksam machte. Genau dieser Sektor ist es, der eigentlich alle anderen Sektoren bestimmt. Ich möchte zwei wichtige, alarmierende, aber der Allgemeinheit kaum bekannte Studien erwähnen, die sich den Gefahren der Chemikalienausbreitung gewidmet haben.

Die Biogeochemikerin Emily Bernhardt von der Duke University in North Carolina legte 2017 zusammen mit dem Gewässerökologen Mark Gessner von der TU Berlin und anderen eine Arbeit vor mit dem Titel *Synthetic chemicals as agents of global change* – übersetzt: Künstlich hergestellte Chemikalien als Treiber des globalen Wandels. Globaler Wandel, das ist hier nicht positiv gemeint. Die Wissenschaftler weisen darauf hin, dass auch die Besorgnis über die Verbreitung synthetischer Chemikalien (einschließlich Pestiziden) zum Aufkommen der modernen Umweltbewegung geführt hatte, die damit einhergehenden Umweltbelastungen bei den meisten Analysen globaler Veränderungen aber nicht berücksichtigt würden. Sie wollten diese Lücke füllen und fanden heraus, dass die Zunahme der

Produktion und die Diversifizierung synthetischer Chemikalien, insbesondere in den Entwicklungsländern, andere Faktoren des globalen Wandels wie die atmosphärische CO_2-Konzentration übertraf. „Trotz dieses Trends widmen ökologische Fachzeitschriften, ökologische Tagungen und die ökologische Finanzierung durch die US National Science Foundation weniger als zwei Prozent ihrer Magazinseiten, Tagungsbeiträge sowie der wissenschaftlichen Mittel der Untersuchung synthetischer Chemikalien", kritisieren sie.

Die schwedische Umweltchemikerin Linn Persson bestätigte diese grundsätzliche Erkenntnis 2022 mit der Studie *Outside the Safe Operating Space of the Planetary Boundary for Novel Entities*. In der Zusammenfassung schreiben die Autoren, dass der *sichere Betriebsbereich für neue chemische Stoffe* ihrer Auswertung nach längst überschritten und unverzügliches Handeln geboten sei. „Wir kommen zu dem Schluss, dass die Menschheit derzeit außerhalb der planetarischen Grenze operiert (…). Die zunehmende Produktion und Freisetzung größerer Mengen und einer größeren Anzahl neuartiger Stoffe mit unterschiedlichem Risikopotenzial übersteigt die Möglichkeiten der Gesellschaft, sicherheitsrelevante Bewertungen und Überwachungen durchzuführen. Wir empfehlen, dringend Maßnahmen zu ergreifen, um die mit der Überschreitung des Grenzwerts verbundenen Schäden zu verringern, indem die Produktion und Freisetzung neuartiger Stoffe reduziert wird, und weisen darauf hin, dass das Verharren vieler neuartiger Stoffe und/oder die mit ihnen verbundenen Wirkungen weiterhin eine Gefahr darstellen."

„WIR EMPFEHLEN, **DRINGEND MASSNAHMEN** ZU ERGREIFEN, UM DIE MIT DER ÜBERSCHREITUNG DES GRENZWERTS VERBUNDENEN SCHÄDEN ZU **VERRINGERN**, INDEM DIE PRODUKTION UND FREISETZUNG NEUARTIGER STOFFE **REDUZIERT WIRD**." LINN PERSSON

SPHÄRE 5

Wir haben es also hier mit einer lange von der Politik hingenommenen ungeheuerlichen Verseuchung von globalem Ausmaß zu tun. Wird der Trend nicht gebrochen, wird das zur Schädigung und zum Absterben extrem vieler Arten führen. Ob Frosch oder Mensch, ganz egal. Ich saß im Sommer 2023 mit einem Freund aus der Chemieindustrie zusammen, und er widersprach mir, als ich ihm über den – wahrscheinlich hoch belasteten – Erdbeerkuchen hinweg versicherte, dass diese Scheißchemie unsere Lebenserwartung verringern würde. Der Reflex war klar: „Wir werden doch immer älter!" Ich berichtete ihm daraufhin von einer Harvard-Studie, die mich schockiert hatte, weil sie zu dem Ergebnis gekommen war, dass heutzutage Krebserkrankungen nicht mehr größtenteils eine Alterserscheinung sind, sondern verstärkt auch bei jüngeren Menschen auftreten, solchen Lebewesen also, die von Beginn ihrer Tage an in diese verseuchte Welt geworfen wurden und keine Wahl hatten, auch weil viele Eltern sich der Gefahr nicht bewusst waren. Beim Lesen der Studie musste ich an die Geschichte von den zwei Nachbarskindern denken, die mir jemand erzählte. Deren Vater hatte damals das Etagenbett der beiden mit Xyladecor gestrichen. Vielleicht erinnern Sie sich: Die sogenannte Holzschutzlasur, damals hergestellt von einer Tochter des Bayer-Konzerns, enthielt die Gifte PCP und Lindan. Gerade mal zwei Manager mussten sich vor Gericht verantworten und wurden nach zwölf Jahren in einem Vergleich zur Zahlung von je 100.000 Mark an Umweltorganisationen verpflichtet. Ein spektakulärer Prozess, der den Geschädigten nicht weit genug ging und natürlich für viele zu spät kam. Beide Kinder starben übrigens vor ein paar Jahren in ihren Vierzigern an Lungenkrebs, während die Eltern noch leben. Es ist entsetzlich. Wir werden nie ein Homo chemiae artificialis sein, kein Mensch der künstlichen Chemie. Wir können niemand anderem vertrauen als der Natur.

WIR KÖNNEN NIEMAND ANDEREM VERTRAUEN ALS DER NATUR.

BIODIVERSITÄT

Ein zaghaftes Signal eines Erwachens, eines Erkennens, dass wir derzeit in entscheidenden Jahren leben und es so nicht weitergehen kann, war im Oktober 2023 in Bonn zu vernehmen. Dort fand die fünfte Weltchemikalienkonferenz statt. Ergebnis war ein erstes – vier Jahre verspätetes – Rahmenabkommen, das den sicheren Umgang mit Chemikalien und Chemieabfällen organisieren soll. Das große Problem jedoch ist seine Unverbindlichkeit. Ja, es wurde eine Vision gezeichnet, es wurden Ziele vereinbart, es wurde ein Fonds gegründet, aus dem Entwicklungsländer schöpfen können, um ein „modernes Chemikalienmanagement" einzuführen, aber schon hier scheiterten die teilnehmenden Nationen daran, sich auf eine verpflichtende Abgabe der jeweiligen Chemiebranchen zu einigen. Die Täter werden weiter geschont. Wir kennen das von den jahrzehntelang unverbindlich gewesenen Klimavereinbarungen, die zu nichts geführt haben. Inger Andersen, die Untergeneralsekretärin des Umweltprogramms der Vereinten Nationen, verbarg nicht ihren Ärger, der sich schon allein aufgrund des verspäteten Beschlusses angestaut hatte: „Seit der ursprünglichen Frist für einen neuen Rechtsrahmen sind nach Schätzungen der Weltgesundheitsorganisation wahrscheinlich Millionen von Menschen an der direkten chemischen Verschmutzung von Luft, Wasser, Boden und Arbeitsplätzen gestorben. Unzählige Ökosysteme und Arten wurden verschmutzt und vergiftet. Der Schaden dürfte sich auf Billionen von Dollar belaufen." Andersens Lamento ist natürlich nachvollziehbar. Doch es ist davon auszugehen, dass das große Sterben auch und gerade mit einer verwässerten Chemikalienvereinbarung weitergeht.

JURISTEN MACHEN DIE ARBEIT DER POLITIK

Daher kommt in der Sphäre der Biodiversität wieder einmal den Gerichten eine große Rolle zu. Im Vorfeld der Biodiversitätskonferenz von Montreal 2022 hatte die bereits im Klimakapitel erwähnte NGO ClientEarth juristische „Landmark Cases" aufgelistet, die die politischen Entscheider daran erinnern sollten, dass es auch im Kampf um die Biodiversität auf die Kraft der Gesetze ankommt. Hier nur zwei der bemerkenswerten Fälle:

2021 konnte der Lebensraum des in China stark vom Aussterben bedrohten Grünen Pfaus gerettet werden. Friends of Nature, eine chinesische NGO, war es vor dem Obersten Gericht der Provinz Yunnan im Südwesten des Landes gelungen, die Bauarbeiten für ein Wasserkraftwerk stoppen zu lassen, das mit einem gigantischen Damm den Jiasa aufstauen sollte. Weite Waldhänge in der für ihre Biodiversität bekannten Region wären dem Untergang geweiht gewesen und mit ihnen die letzten 300 Exemplare des Grünen Pfaus. Nach einer Umweltverträglichkeitsprüfung musste die begonnene Dammkonstruktion tatsächlich zurückgebaut werden. Der Fall gilt deshalb als bahnbrechend, weil es Chinas erste erfolgreiche Präventivklage zum Schutz gefährdeter Wildtiere war. Bislang war man dort der Rechtsauffassung gefolgt, dass eine Schädigung erst dann behoben werden kann, wenn sie eingetreten ist.

Ebenfalls 2021 entschied der Oberste Gerichtshof Brasiliens gegen Firmen, die über viele Jahre hinweg ein Schlupfloch in der Gesetzgebung genutzt hatten, um auf gerodetem Land Geschäfte zu machen. Die Methode könnte man „Landwäsche" nennen. Extrem artenreicher Regenwald wurde illegal abgeholzt, danach das Land schnell an Unternehmen verkauft, die darauf Monokulturen pflanzten oder Viehzucht betrieben – und davonkamen mit der Behauptung, sie hätten nichts von der illegalen Abholzung des Landes gewusst. Nach dem Schließen des Schlupflochs können die Landbesitzer im Amazonasgebiet nun nicht mehr Dummheit vortäuschen. Sie haften, müssen Strafen zahlen und die Flächen renaturieren.

Das sind erfolgreiche, aber konservativ ausgefochtene Fälle. Revolutionär wäre etwas ganz anderes, etwas, das tief im Bewusstsein von indigenen Volksgruppen auf der ganzen Welt verwurzelt ist: die Personifikation von Natur. Für die Kogi in Kolumbien, die Krenak in Brasilien, die Maori in Neuseeland oder die Anishinaabe in Kanada haben Tiere, Pflanzen, Berge, Flüsse und ganze Landstriche den Status von Familienmitgliedern, von Freunden, von Symbiosepartnern, von Organen, die allesamt Respekt und Schutz verdienen. Sie wissen genau um deren Bedeutung und deren Leistungen im Netz des Lebens, und sie warnen den Westen seit vielen Jahren beharrlich davor, dieses Netz aus reiner Gier aufzuknüpfen. Für den Schutz ihrer letzten bislang vom Kapitalismus unangetasteten Territorien, die die höchsten Biodiversitätsdichten der Welt aufweisen, setzen sie ihre Gesundheit aufs Spiel und werden nicht selten von den Handlangern der Konzerne getötet. Menschen indigener Gemeinschaften machen etwa fünf Prozent der Weltbevölkerung aus, aber sie sind mit 34 Prozent aller 177 ermordeten Umweltaktivisten des Jahres 2022 überproportional vertreten. Diese von der Menschenrechts-NGO Global Witness erhobene Statistik gliedert sich ein in die erschütternden Daten des Dahinschwindens der Artenvielfalt.

Ecuador ist nun eines der wenigen Länder, das Naturwissen und Naturbewusstsein der Indigenen nicht nur ernst nimmt, sondern damit seinem Rechtssystem eine zeitgemäße Note verliehen hat. Seit 2008 genießt die Natur in Ecuador Verfassungsrechte. In Artikel 71 heißt es übersetzt:

„DIE NATUR ODER PACHA MAMA, IN DER SICH DAS LEBEN REPRODUZIERT UND VERWIRKLICHT,

SPHÄRE 5 -- BIODIVERSITÄT

-------- **HAT EIN RECHT AUF DIE VOLLE ACHTUNG IHRER EXISTENZ UND DIE ERHALTUNG UND REGENERATION IHRER LEBENSZYKLEN, STRUKTUREN, FUNKTIONEN UND EVOLUTIONÄREN PROZESSE."**

ARTIKEL 71 DER ECUADORIANISCHEN VERFASSUNG

Das führte 2021 etwa dazu, dass in einem spektakulären Gerichtsprozess die Natur gegen die Bemühungen von Konzernen gewann, Kupfer- und Goldminen in den Boden eines Schutzgebiets im Anden-Nebelwald von Los Cedros zu treiben. Alle Konzessionen für Exploration und Abbau, die dem staatlichen Bergbauunternehmen Enami überlassen worden waren, mussten aufgehoben werden. Zusammen mit Cornerstone Ecuador, einer Tochtergesellschaft des kanadischen Bergbaumultis Cornerstone Capital Resources, musste Enami laut Urteil jede weitere Art von Aktivität im Wald von Los Cedros unterlassen, bestehende Infrastrukturen entfernen und die betroffenen Gebiete wieder aufforsten.

Uganda zog 2019 nach. Dort heißt es in Artikel 4 des nationalen Umweltgesetzes: „Die Natur hat das Recht zu existieren, zu bestehen, ihre Lebenszyklen, ihre Struktur, ihre Funktionen und ihre Entwicklungsprozesse zu erhalten und zu regenerieren." Was wäre nun, wenn sich der Westen daran orientieren würde, eine Kultur also, in der die Natur oft nur noch zu Dekorations-, maximal zu Erholungszwecken Wertschätzung erfährt? Wie groß wäre das Geschrei in Deutschland! Die Natur aus ihrem bisherigen juristischen Objektstatus in den Subjektstatus zu hieven wäre hierzulande kaum möglich, zumindest fehlt mir für diese Utopie die Fantasie.

SPHÄRE 5 -- BIODIVERSITÄT

Wir Deutschen und gerade wir Rheinländer kennen z+war den indigenen Traditionen recht ähnliche Assoziationen, etwa die Personifikation von Vater Rhein, was wir noch den Römern zu verdanken haben, aber schauen Sie sich den Rhein heute an. Was haben wir alles mit ihm gemacht. Welchen Schweinereien haben wir ihn ausgesetzt. Die Sandoz-Katastrophe von 1986 mit dem nachgehenden Massensterben von Fischen war nur die auffälligste. Durch den Rhein schwimmende Minister oder Meldungen zur Rückkehr der Lachse haben immer darüber hinweggetäuscht, dass dieser faszinierende Strom, den wir seit dem 19. Jahrhundert zu einer Industriestraße transformiert haben, immer hoch belastet gewesen ist. Heute sind es unter anderem absurd hohe Mikroplastikkonzentrationen, die Greenpeace 2021 in einer Studie ermittelt hat – und zwar zwischen Köln und Düsseldorf. Hmm, welche Fabriken liegen denn da? Wäre Vater Rhein eine juristische Person, könnten die Konzerne, die ihn seit Jahren benutzen und missbrauchen, verklagt werden. Dann hätte selbst Leverkusen noch einmal die Chance, zum Luftkurort zu werden, zum Biodiversitäts-Hotspot, zur Kohlenstoffsenke. Zu schön, um wahr zu sein.

Doch wir sollten juristisch kreativ bleiben, erfinderisch mit den Paragrafen umgehen, die sich uns zurzeit bieten. Nur so konnte es etwa gelingen, von Wien aus den einstigen brasilianischen Präsidenten Jair Bolsonaro zu verklagen. Haben Sie das mitbekommen? Diese Mühen nahm der österreichische Ex-Uber-Chef Johannes Wesemann auf sich, der angesichts der von Bolsonaro vorangetriebenen Abholzung des Regenwaldes so wütend wurde, dass er sich mit seinen Anwälten, erfahrenen NGOs sowie internationalen Wissenschaftlern zusammensetzte. Heraus kam eine 300-seitige Klageschrift, die 2021 beim Internationalen Strafgerichtshof in Den Haag eingereicht wurde, der – wie zu Beginn des Buches beschrieben – noch keinen Straftatbestand des Ökozids kennt. Was er aber kennt, sind: Völkermord, Verbrechen der Aggression, Kriegsverbrechen und Verbrechen gegen die Menschlichkeit. Wieso nicht die Naturvernichtung Bolsonaros zu einem Verbrechen gegen die Menschlichkeit erklären, dachte sich der Aktivistenkreis, wo doch klar ist, dass die Verwüstungen im Amazonas mittelfristig das planetare Klimasystem kippen lassen könnten – mit nachfolgendem menschlichem Leid, Vernichtung von Lebensgrundlagen, Hungersnöten, Flucht, tausendfachem Tod. Ich möchte einem Hoffnungsträger und Unruhestifter wie Wesemann die letzten Zeilen dieses Kapitels überlassen – und melde mich bei ihm.

Herr Wesemann, es ist jetzt zweieinhalb Jahre her, dass Sie Strafanzeige gegen Jair Bolsonaro eingereicht haben. Bringen Sie uns auf den neuesten Stand.
Die Strafanzeige wurde akzeptiert, aber es gibt immer noch keine Stellungnahme. Die könnte entweder heißen: Wir lehnen ein Verfahren ab, weil Ökozid kein Straftatbestand ist. Diese Begründung könnte eine Blaupause sein, um es noch einmal zu versuchen. Oder sie sagen uns: Wir sehen sehr wohl einen Straftatbe-

stand erfüllt, weil die Zerstörung des Regenwaldes als „Verbrechen gegen die Menschlichkeit" zu werten ist mit Zehntausenden von Toten in den kommenden Jahren. Dann könnte endlich eine Voruntersuchung eingeleitet werden. Die große Herausforderung ist also, wie man bestehendes Recht, das nicht entwickelt wurde, um einer Klimakrise zu begegnen, sondern um einen Autounfall zu klären oder einen Mörder zu verurteilen, neu interpretieren kann. Wir hoffen, dass wir im ersten Halbjahr 2024 eine Rückmeldung erhalten.

Juristische Vorstöße wie Ihre sind immens wichtig geworden, weil sie der weiteren Zerstörung des Planeten relativ schnell Einhalt gebieten könnten. Trotzdem lässt man Sie warten. Wie erklären Sie sich die Hängepartie beim Strafgerichtshof?
Die Ironie des Schicksals ist, dass uns der Angriffskrieg Russlands gegen die Ukraine dazwischenkam und sich der Strafgerichtshof mit dem Haftbefehl gegen Wladimir Putin auseinandersetzen musste. Auf der einen Seite können wir als Gesellschaft stolz sein, diesen Gerichtshof zu haben. Auf der anderen Seite ist er – wie die Weltbank – ein Zusammenschluss aus Staaten, genauer gesagt haben zurzeit 121 Länder das Römische Statut ratifiziert. Der Gerichtshof wird von ihnen aber nicht ausreichend unterstützt. Er ist unterfinanziert und personell nicht gut ausgestattet. Das gesamte System wankt, weil man mit der Arbeit nicht nachkommt und unzureichend kommuniziert. Wir haben überhaupt kein Druckmittel, um den Strafgerichtshof und die Abläufe im Büro des Chefanklägers Karim Khan zu forcieren. Wir müssen warten. Das Einzige, was wir tun konnten, war, eine Kampagne und zwei Petitionen zu lancieren, womit es uns gelang, eine Million Unterschriften zu sammeln, um sie dem Strafgerichtshof zu übergeben. Damit wollten wir ihm aufzeigen: „Wie immer ihr entscheidet, es schauen euch sehr viele Leute zu und werden eure Entscheidung kommentieren!" Der Stagnation in der Politik steht eine Dynamik in der Bevölkerung gegenüber. Der Druck steigt. Daher darf man sich von den Verzögerungen nicht abschrecken lassen.

Gehen wir mal von einem positiven Entscheid für eine Voruntersuchung aus ...
Sollte der Strafgerichtshof sagen, dass er in die Voruntersuchung geht, würde das eine enorm abschreckende Wirkung haben. Sollte der neue brasilianische Präsident Lula die Regenwaldvernichtung weiterfahren, dann weiß er, dass ihm Gleiches widerfahren kann. Sollten alle anderen Politiker und CEOs auf der Welt unsere Klima- und Ökosysteme weiter plündern oder als Mülldeponie nutzen, dann wissen auch sie, dass ihnen Gleiches widerfahren kann. Niemand wird sich mehr hinter einem Amt oder einer Position verstecken können.

Sie setzen vor allem auf die symbolische Kraft des Prozesses?
Auf jeden Fall. Ob Bolsonaro irgendwann im Gefängnis sitzen wird, ist völlig irrelevant. Wir kämpfen auch mit der scharfen Waffe des Imageschadens. Den

JOHANNES WESEMANN

kann sich in Social-Media-Zeiten niemand mehr leisten. Weder eine Regierung noch ein Unternehmen will auf so großer Bühne in Mitleidenschaft gezogen werden.

Der Strafgerichtshof muss keine Frist einhalten, richtig?
Ja, es gibt keine Frist. Ich glaube sogar, dass er noch nicht einmal reagieren muss. Ich bin aber trotzdem hoffnungsvoll. Wir sind ja keiner eigennützigen, innenpolitischen Motivation gefolgt, um diese Strafanzeige voranzutreiben. Wir haben eine juristisch fundierte Strafanzeige erarbeitet mit klimatologischer Kausalität. Es würde mich wirklich wundern, wenn eine solche Strafanzeige abgewiesen werden würde. Auf der anderen Seite ist da aber eben diese politische Zeitbombe, die anfängt zu ticken, wenn eine Voruntersuchung eingeleitet wird. Es ist die Büchse der Pandora, die geöffnet werden würde. Gäbe man dem Fall ein Go, würde das eine Vielzahl anderer Klagen und Anzeigen nach sich ziehen – gerichtet auch gegen jene, die den Strafgerichtshof finanzieren.

SPHÄRE 5 -- BIODIVERSITÄT

Gehen Sie davon aus, dass auf die Finanziers des Strafgerichtshofs, also die Vertragsstaaten, Druck ausgeübt wird vonseiten der Konzerne, damit ihre CEOs eines Tages nicht vor den Kadi gezerrt werden können?

Ganz sicher. Ich bin davon überzeugt, dass das passiert. Der Strafgerichtshof in Den Haag ist keine unantastbare Organisation, die alle respektieren, auch wenn das oft so klingt. Ich erinnere nur daran, wie 2020 unter US-Präsident Donald Trump die damalige Chefanklägerin Fatou Bensouda mit Sanktionen belegt wurde, weil sie mögliche Kriegsverbrechen von US-Soldaten in Afghanistan untersuchte. Und die USA gehören noch nicht mal zu den Vertragsstaaten. Da passiert sicher einiges hinter den Kulissen.

Sie sind eigentlich Unternehmer, haben viel mit anderen CEOs und Investoren zu tun gehabt. Was können Sie zu den Persönlichkeitsstrukturen dieser Herren sagen?

Moral spielt bei denen überhaupt keine Rolle, wenn Sie das meinen. Das ist sicherlich das Ergebnis unseres Systems der vergangenen 50 Jahre..

Mit „unserem System" meinen Sie den Turbokapitalismus?

Richtig. Das auf Wachstum und auf Bonuszahlungen ausgelegte System. Dieses System zeigt uns aber auch ganz genau, wo man ansetzen muss, um das Problem in den Griff zu kriegen: dort, wo es am meisten wehtut, beim Geld! Diese Männer haben jedoch unglaubliche Mittel zur Verfügung, die es ihnen erlauben, am Ende als Sieger vom Platz zu gehen. Deshalb ist es extrem wichtig, dass Umweltschutzklagen ebenso mit ausreichend Kapital ausgestattet werden. Sie dürfen nicht vergessen, dass diese Art von Klagen zu 95 Prozent von NGOs eingebracht werden, die lediglich spendenfinanziert sind. Allein mit Spenden werden wir die Konzerne und ihre politischen Erfüllungsgehilfen auf Dauer nicht bekämpfen können. Daher glaube ich sehr stark, dass wir eine neue Kapitalgruppe brauchen, dass wir Financiers ansprechen müssen. Sie würden in eine Art Geschäftsmodell investieren, aus dem heraus Klima- und Umweltschutzklagen erarbeitet werden, über die Unternehmen endlich reguliert werden könnten.

„MORAL SPIELT ÜBERHAUPT KEINE ROLLE"

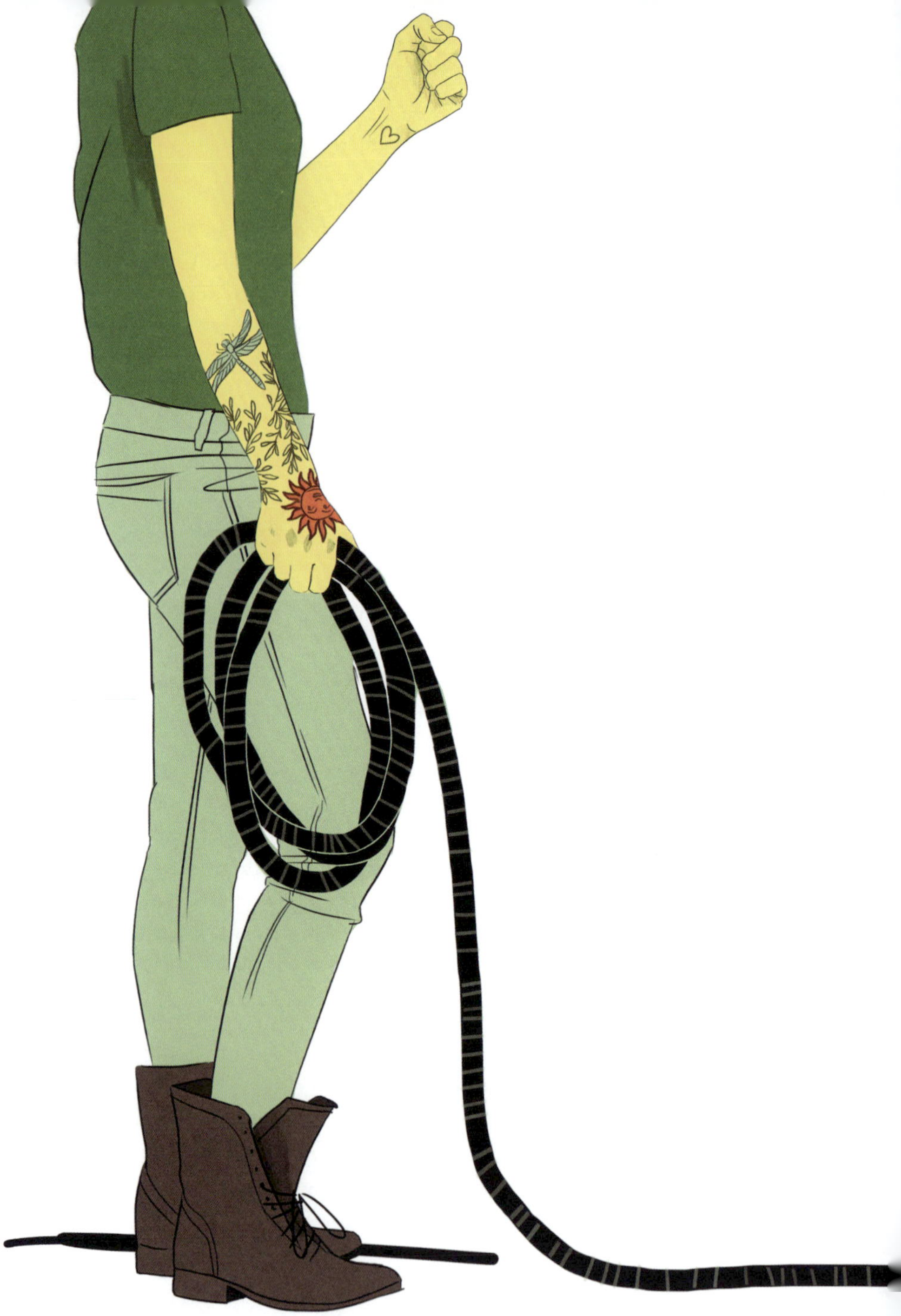

WIR
SIND DAZU VERDAMMT, DAS TAUZIEHEN ZU GEWINNEN!

....

EIN SCHLUSSAPPELL

-- SCHLUSSWORT

1980 veröffentliche der große US-Astronom Carl Sagan sein Lebenswerk. Er nannte es *Cosmos*. Es wurde zum internationalen Megaseller. Darin erzählte er die lange Geschichte des Universums und die kurze Geschichte der Menschheit. Er kombinierte Wissenschaft mit Philosophie und gab sich dem faszinierenden Gedanken hin, wie in 14 Milliarden Jahren kosmischer Evolution aus Materie Bewusstsein entstehen konnte. Ein Wunder. Im letzten Kapitel widmete sich Sagan jedoch der unsagbaren Widersprüchlichkeit des Menschen. Er beschrieb die durch das Wettrüsten wachsende nukleare Gefahr, die unseren paradiesischen Planeten binnen weniger Minuten vernichten könnte. Er fragte sich, wie das zusammenpasst: Einerseits fürchte doch jeder denkende Mensch den Atomkrieg, andererseits würden alle technisierten Staaten ihn planen. Er fragte sich auch, wie wir dieses globale Wettrüsten einem unbefangenen außerirdischen Beobachter begreiflich machen könnten? „Welchen Rechenschaftsbericht über unsere Verwaltung des Planeten wollen wir ablegen? Die von den atomaren Supermächten ins Treffen geführten Argumente kennen wir. Wir wissen, wer für die Nationen spricht. Aber wer spricht für die Menschheit? Wer tritt für die Erde ein?"

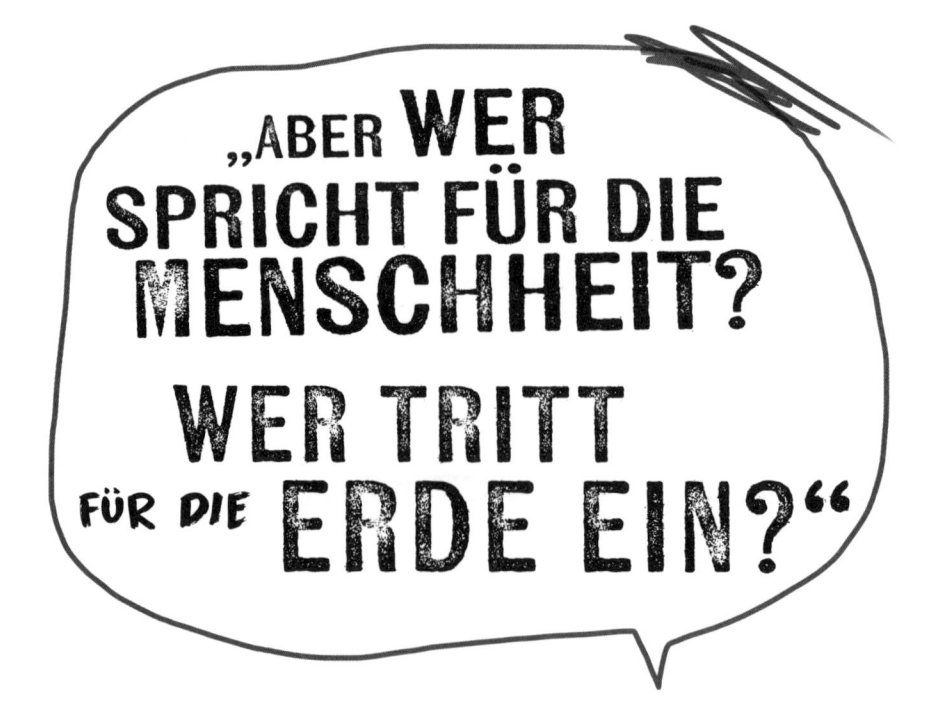

> „ABER WER SPRICHT FÜR DIE MENSCHHEIT? WER TRITT FÜR DIE ERDE EIN?"
>
> — CARL SAGAN

Die Großhirnrinde als Sitz von Intuition und Vernunft mache nun mal zwei Drittel der Masse des menschlichen Gehirns aus, so Sagan. Und weil wir doch auch von Hause aus gesellige Lebewesen sind, „schätzen wir die Gesellschaft von unseresgleichen, kümmern uns umeinander, arbeiten zusammen. Selbstlosigkeit und Nächstenliebe sind tief in uns verankert. Wir haben einige Baupläne der Natur geschickt herausgefunden, besitzen genügend Motivationen zur Kooperation und die Fähigkeit, uns die geeigneten Mittel und Wege dafür auszudenken. Wenn wir denn schon einen Atomkrieg und die völlige Vernichtung der im Entstehen begriffenen globalen Gesellschaft ins Auge fassen, warum nicht auch eine völlige Umstrukturierung unserer heutigen Gesellschaften?" Vom extraterrestrischen Blickwinkel aus könne unsere Zivilisation an ihrer wichtigsten Aufgabe – Leben und Wohlergehen der Bürger unseres Planeten zu schützen – nur scheitern, so Sagans Vermutung. Und dann stellt er zur Diskussion: „Sollten wir unter diesen Vorzeichen nicht tatkräftig und quer durch alle Nationen darangehen, unsere herkömmlichen Verfahrens- und Verhaltensweisen zu revidieren und unsere wirtschaftlichen, politischen, sozialen und religiösen Einstellungen von Grund auf zu erneuern?"

Sagans 44 Jahre alten Zeilen könnten nicht aktueller sein. Die Atomraketen der Großmächte stehen sich zwar immer noch gegenüber, doch muss uns heute nicht mehr die Furcht vor der nuklearen Vernichtung umtreiben. Es sind andere Waffen, die unsere Existenz bedrohen, nicht irgendwann, am Tag X, nachdem jemand auf einen roten Knopf gedrückt hat, sondern jetzt, unmittelbar. Es sind vor allem Treibhausgase und Chemiegifte, die den Planeten an den Rand der Auslöschung gebracht haben – Massenvernichtungswaffen, die noch viel perfider töten als Atombomben, weil sie Teil unseres Alltags werden durften. Was hätte angesichts dieser Bedrohung wohl Carl Sagan gesagt, der 1996 mit nur 62 Jahren starb? Wir müssen uns heute seiner zentralen Frage erinnern, sie mit noch mehr Nachdruck und Öffentlichkeit stellen, und wir müssen sie umtexten: „Wir wissen, wer für die Konzerne spricht. Aber wer spricht für die Menschheit? Wer tritt für die Erde ein?" Die Antwort muss natürlich lauten: Wir!

AUF DEN UNSICHTBAREN GIFTEN

Ich stehe auf einem Areal, das die Leverkusener Neulandpark nennen. Es ist genau der Platz, an dem man das ganze Schicksal der Stadt wahrnehmen kann, die ganze Tragödie einer Gesellschaft, die die Versprechen der Konzerne über das Wohl von Mensch und Natur gesetzt hat. Wachstum, ja, aber zu welchem Preis? Der Neulandpark liegt auf einem Hügel direkt am Rhein, links erstreckt sich der Chempark nach Norden, darin das Bayer-Werk, rechts quält sich der Verkehr über die Schleifen von A1 und A59 und die marode Rheinbrücke, die seit einem Jahrzehnt saniert wird. Dahinter mündet die Dhünn in die Wupper und die Wupper in den Rhein. Im Neulandpark führen Spazierwege zu bunten Beeten, zu Spielplätzen, einer Minigolfanlage, Restaurants, einer Dauerbühne für Veranstaltungen und natürlich dem unvermeidlichen Wildbienengarten mit Schautafeln. Die Straßen um den Neulandpark herum tragen die Namen von Nobelpreisträgern. Albert Einstein, Emil Fischer, Gerhard Domagk. Das könnte erhabene Gefühle wecken, aber das Gegenteil ist der Fall, wenn man weiß, dass genau unter den eigenen Füßen eine der größten chemischen Altlasten Europas liegt. Es ist ein künstlicher Hügel, der vor genau 100 Jahren anfing zu wachsen und am Ende 5,5 Millionen Kubikmeter Bauschutt, 1,1 Millionen Kubikmeter Müll und 900.000 Kubikmeter Reste aus der Chemikalienproduktion in sich vereinte. Darüber liegen nun seit rund 20 Jahren zentimeterdicke Folien und meterweise Mutterboden. Der Neulandpark ist nicht mehr als ein schön gestaltetes Heftpflaster auf einer alten Wunde, aus deren Untergrund Gifte aufgestiegen waren, die viele Menschen schwer erkranken ließen, zu früh aus dem Leben rissen, Familien zerstörten, während ein paar Hundert Meter weiter ein Unternehmen Milliarden machen konnte. Zwar wurden von Stadt und Konzern 150 Millionen Euro in die Hand genommen, um die Gefahr einzuhegen, aber reicht das, damit diese Wunde heilen kann?

Ich kann es an dieser Stelle nur kurz beschreiben, aber was sich hier von Mitte der Achtziger bis Anfang der Neunziger abspielte, war der reinste Horror. Auf der damals noch nicht ausreichend abgesicherten ehemaligen Deponie Dhünnaue von Bayer und Kommune war seit den Fünfzigerjahren eine Siedlung entstanden. Wohnhäuser, eine Schule, ein Kindergarten. Schon in den Anfängen der Bebauung hatte man sich gewundert, warum die auf den Grünflächen ausgestreuten Grassamen partout nicht aufgehen wollten, warum die Wäsche, die hinter den Häusern an der Leine hing, grün und gelb wurde, warum es so seltsam roch. Die Bronchitisfälle bei Kindern häuften sich. Als die Pfeiler für das nahe gelegene Autobahnkreuz in die Deponie getrieben wurden, klagten die Arbeiter über Gesundheitsprobleme, frischer Beton schien weggeätzt zu werden, und die Deponie gab neben Sitzungsprotokollen und Rechnungen auch schillernd bunte Substanzen frei.

Erst als Mitte der Achtziger die Siedlung erweitert werden sollte, hielt man aufgrund hoch belasteter Bodenproben endlich inne, schaute genauer hin – und stieß auf weitverbreitete Chemikalienbelastungen. In den Kellern, in den Gärten, im Blut und im Urin der Kinder. Die Ergebnisse waren so schockierend, dass aus Angst vor der Wahrheit Nachrichtensperren verhängt und Areale gesperrt wurden. Später kam heraus, was genau in den Proben steckte: Chlorbenzole und polychlorierte Biphenyle (PCBs), Polyzyklische Aromatische Kohlenwasserstoffe wie Phenol und Benzo(a)pyren, Trichloressigsäure und Schwermetalle wie Chrom, Cadmium, Arsen. Insgesamt konnten 57 Stoffe identifiziert werden, etwa die Hälfte davon – teils stark – krebserregend. Mein Gott. Nach und nach wurde evakuiert, umgesiedelt, abgerissen, abgedichtet und dekoriert – bis 2005 zum 75-jährigen Stadtjubiläum mit der Landesgartenschau der Neulandpark eröffnet wurde. Auf ihm gehen heute die Leverkusener spazieren, als sei nichts gewesen. Keine Gedenktafel ist zu sehen, kein

-- SCHLUSSWORT

Mahnmal, niemand, den ich fragte, kann sich an eine Entschuldigung von Konzern oder Kommune erinnern. Das Kapitel um die sogenannte Altlast Dhünnaue scheint geschlossen. Aber was wurde daraus gelernt?

Wo das Geld liegt, liegt die Lösung

Nein, Leverkusen ist nicht Vergangenheit. Leverkusen ist aktuell und hört nicht an seinen Stadtgrenzen auf. Immer neue Wunden werden in die Haut der Erde geschlagen, obwohl lange klar ist, dass sie zu einer globalen Sepsis und schließlich dem Kollaps führen werden. Wie genau der aussehen wird, weiß niemand. Was wir wissen, ist, dass jede Grenze der in diesem Buch betrachteten Sphären fast oder längst überschritten ist. Klima, Luft, Wasser, Boden, Biodiversität. Alles steht zum Verkauf, alles steht auf dem Spiel. Nach wie vor. Einerseits versucht die Politik in teils panischen Hauruck-aktionen ihre alten Fehler und Nachlässigkeiten auszubügeln, andererseits überlässt sie den Verursachern des Ökozids immer noch das Feld und kommt ihnen entgegen mit falschen Subventionen, Industriestrompreisen, Konzessionen und Zulassungsverlängerungen hochbedenklicher Produkte und Geschäftsmodelle. Für dieses nur scheinbar grüne Handeln wurde einmal der Begriff der „symbolischen Politik" erfunden. Unanständige Einigungen und industriefreundliche Deals sind jedoch in diesem so fortgeschrittenen Stadium der Erkrankung unseres Planeten nicht mehr zu akzeptieren. 2024 können wir nicht mehr verhandeln wie 1994. Wir *müssen* die Konzerne zur Kapitulation auffordern und gleichzeitig zur Kasse bitten. Es geht gar nicht anders. Dort, wo die Milliardengewinne landen, liegt auch die Lösung – und zwar jetzt!

LEVERKUSEN IST NICHT VERGANGENHEIT.

LEVERKUSEN IST IMMER NOCH ÜBERALL.

-- SCHLUSS WORT

Dass man noch zehn, zwanzig, dreißig Jahre bräuchte, um mit dem Geld aus den alten Geschäftsmodellen die aufzubauenden Infrastrukturen der neuen Geschäftsmodelle zu bezahlen, ist ein Märchen. Es ist längst genug Geld und ausreichend Knowhow da, um innerhalb von drei Jahren ausschließlich nachhaltige Energielösungen, nachhaltige Produktlösungen, nachhaltige Ernährungslösungen zu schaffen. Alles dafür Notwendige liegt in den Schubladen und ist auf den Mikrochips der Konzerne und der Regierungen gespeichert. Weil die Politik zu lange auf die Falschen gehört hat, sind wir hinter der Zeit, ja, deshalb blicken wir zurück auf ein verlorenes Jahrhundert. Weil es so spät ist, brauchen wir nun so etwas wie eine positive Variante des Manhattan-Projekts – und das ist möglich. Erinnern Sie sich? Im Wettrennen gegen die Deutschen bescherte diese gemeinsame Kraftanstrengung von Politik, Wissenschaft und Industrie den Amerikanern in nur drei Jahren die Atombombe, eine völlig neue Waffe, eine neue Form der Vernichtung. Sagt uns nicht allein die Logik, dass wir Menschen auch zum Gegenteil fähig wären? Zusammenzuarbeiten, um diesen Planeten zu bewahren, anstatt ihn zu vernichten?

ES BRAUCHT EINE GLOBALE REPARATIONS-STEUER FÜR ALLE KONZERNE!

Solange dieses durchaus realistische Szenario nicht umgehend eingeleitet wird, was mit einer Niederlegung der ökozidalen Waffen einhergehen müsste, bräuchte es eine Art globale Reparationssteuer für alle Konzerne ab einem bestimmten (auch historischen) Ressourcen-Fußabdruck zur Wiederherstellung der planetaren Balancen. Dazu bräuchte es Strafzölle und realistische Bepreisungen, strengere Schadstoff-Obergrenzen und Verbote, Regulierung und Rückbau, Mäßigung und Genügsamkeit. Bevor jetzt wieder das Gejaule beginnt: Nein, dies sind keine Negativismen. Es sind moderne Begriffe, die wieder auf den Weg der Normalität führen, den Weg, der der Menschheit erlaubt zu überleben. Lassen Sie sich nicht täuschen: Trotz tausendfach wiederholter Warnungen, trotz tausendfach wiederholter Geschichten von gelungener Transformation sind wir noch weit davon entfernt. Es sei eine Illusion, sagte etwa Klimaforscher Ottmar Edenhofer im November 2023 kurz vor der COP28 in Dubai, dass wir uns jetzt schon auf dem richtigen Weg befänden.

Ohne Regulierung durch Politik und Justiz werden die Konzerne die Erde auffressen. Klingt brutal, liegt aber in der Natur der Sache. Vor einigen Jahren traf ich in Stockholm den schwedischen Mathematiker Per Molander, einen klugen Mann, der die Weltbank, die EU-Kommission und die eigene Regierung beriet. Für die schwedische Abordnung von Transparency International war er einige Jahre Vizepräsident. Sein Buch *Die Anatomie der Ungleichheit* hatte mich sehr beeindruckt. Darin beschrieb er sehr anschaulich einen fatalen Mechanismus, der jedem ökonomischen Kräftemessen innewohnt – von Kindern, die mit unterschiedlich vielen Murmeln an den Start gehen, bis hin zu unterschiedlich ausgestatteten Playern großer Wirtschaftssysteme. Vereinfacht gesagt: Wer mehr hat, wird sich immer gegen den, der weniger hat, durchsetzen. Theoretisch so lange, bis einer alles hat und alle anderen nichts mehr haben. Das Monopoly-Prinzip. Übertragen auf dieses Buch, hieße das: Wird die Natur in dieses Spiel hineingezogen, ist sie der Brutalität der Konzerne ausgeliefert – und damit auch wir Menschen. Erniedrigt und missbraucht als bloße Bestandteile unzähliger Wertschöpfungsketten, würden wir den Monopolisten am Ende quasi gehören. Ein abwegiger Gedanke? Per Molander sagt, dass der Mechanismus der Verschiebung von Reichtum nur dann gestoppt werden kann, wenn eine höhere Instanz eingreift. Ich melde mich mal wieder bei ihm in Uppsala.

„Wenn die Länder, die Nationalstaaten, der Wirtschaft freien Lauf ließen, würde gemäß des von Ihnen beschriebenen Mechanismus unser Planet mitsamt seines biologischen Inventars eines Tages wenigen Konzernen gehören, richtig?" – „Die kurze Antwort wäre: Ja. Der Mechanismus hinter der Instabilität des Gleichgewichts ist ganz generell und gilt sowohl zwischen Menschen als auch zwischen Rechtspersönlichkeiten verschiedener Art. Das Ergebnis eines Wettstreits zwischen einem Unternehmen und einem Staat ist heutzutage offen. Es gibt manche Großunternehmen, die ein größeres Einkommen haben als ein Staat mittlerer Klasse. Die privaten Aktiva in der Welt wachsen, während die öffentlichen schrumpfen. Die Staaten werden also relativ schwächer." Geschockt hätte ihn persönlich vor allem das Eindringen der Konzerne ins politische Leben der Entwicklungsländer,

-- SCHLUSSWORT

**PER MOLANDER,
SCHWEDISCHER MATHEMATIKER**

was zum Verfall der Verwaltung und der Schwächung der Demokratie geführt habe. Ein anderer Auswuchs, der ihn unheimlich ärgere, seien die Heucheleien in Form von Greenwashing und getarnter Corporate Social Responsibility, wo Moral nur zur Schau getragen, aber weiter den alten Handlungsmustern gefolgt wird. Aus diesen völlig gekippten Machtverhältnissen komme man nur noch heraus, indem „die öffentliche Macht durch politische Mobilisierung wiederhergestellt wird, juristisch und finanziell". Molander schreibt gerade, so sagt er mir, sein nächstes Buch, genau zu diesem Thema. Auch er gehört offensichtlich zu denen, die eingesehen haben, keine Ruhe geben zu dürfen und stetig an die barbarischen Bataillone erinnern zu müssen, die sich unserer Erde bemächtigen.

GEGEN DAS VERGESSEN

Auch das hier ist ein Buch gegen das Vergessen. Alles von mir Beschriebene ist bekannt. Aber wer weiß es? Ich meine nicht Forscher, Manager, Politiker, Militärs, Geheimdienste oder Umweltschützer. Sie kennen die Abgründe. Sie wissen, was die Uhr geschlagen hat, doch sie sind in der totalen Minderheit. Ich meine: Welcher *normale Bürger* weiß das? Welchen in den täglichen Routinen gefangenen Eltern, die keine Zeit für Tiefenrecherchen haben, ist bewusst, in welch existenziellen Gefahren sich ihre Töchter und Söhne befinden? Damit meine ich noch nicht mal die Bewohnbarkeit des Planeten in einigen Jahren. Ich meine Gefahren, die schon hier und jetzt greifen, Gefahren, die morgens mit der Lastenradfahrt zur Kita beginnen, auf der die Kleinen 50 Zentimeter über der Fahrbahn den ersten Teil ihrer Tagesdosis Nanofeinstaub einatmen dürfen, und sich fortsetzen, wenn sie ihren ersten Apfel aufgeschnitten bekommen, der im konventionellen Anbau 38 Mal (!) gespritzt wurde. Welcher entkräftete Arbeiter macht sich nach Schichtschluss auf die Suche nach Erkenntnis? Welchen Schülerinnen und Schülern, die keiner Klimabewegung angehören und keinen Chemieleistungskurs belegt haben – was wohl die große Mehrheit ist –, ist klar, dass sie in eine Welt hineinwachsen, in der fast gar nichts stimmt, angefangen bei den Billig-Sneakern, die im Monatsrhythmus zu Kunststoffmüll werden, über die gesundheitsgefährdenden Azofarbstoffe in ihren Süßigkeiten bis hin zu den selbstverständlich gewordenen Mallorca-Trips? Noch einmal: Alles, was sich nicht an den Kreisläufen der Natur orientiert, ist nicht zukunftsfähig. Alles, was festen, flüssigen oder gasförmigen Abfall produziert, der auch noch giftig ist, ist falsch erfunden. Wer weiß das? Und wer weiß, welche Konzerne hinter diesem organisierten Ökozid stecken? Wer weiß, wer die wahren Schuldigen sind? Wer macht sich schließlich bewusst, dass zu den Opfern eines Ökozids eben nicht nur seltene Pflanzen gehören, erlegte Nashörner und die berühmten Insekten, sondern auch Menschen, Millionen von Menschen, jedes Jahr, unschuldige Klima- und Umwelttote, die zwar auf gewöhnlichen Friedhöfen liegen, deren Ruhestätten aber eigentlich Teil gewaltiger Mahnmale sein müssten, über deren Eingängen stehen könnte: „Den Opfern der Industrie". Wer weiß das alles? Wir haben es hier sicher nicht mit einem angeborenen Desinteresse zu tun. Verführung und Irreführung der Bevölkerung sind Teil des turbokapitalistischen Systems. Dass einige Wahrheiten nicht mehr unten ankommen, erleichtert es den Tätern, fortzufahren. Ich erinnere an Noam Chomsky.

Was wir deshalb brauchen, ist eine neue und dauerhafte Form der Kriegsberichterstattung von den Schlachtfeldern des Ökozids. Wir sind es gewohnt, dass Reporter tagtäglich aus der Ukraine und dem Gazastreifen – früher aus Afghanistan und dem Irak, noch früher aus Vietnam – ihre dramatischen Recherchen übermitteln. Das war und ist notwendig, um den wahren Schrecken von mit Waffen geführtem Krieg und

Terror zu erahnen. Doch wir müssen unsere Definition von Krieg ausweiten. Bilder und Berichte von den Kämpfen der Konzerne gegen Natur und Mensch sind hingegen nur selten zu sehen, werden – wenn überhaupt – verlagert in die sogenannten Auslandsformate, die Politikmagazine, die neu geschaffenen Nachhaltigkeitsressorts. Da müssen sie raus! Kriegsberichte vom Ökozid müssen in die Topnachrichten. Jeden Tag. Schicksale von Geschädigten müssen in die Talkshows. Jeden Tag. Klagen gegen die Konzerne müssen auf die Titelseiten. Jeden Tag. Nicht nur, wenn eine Untat eine gewisse Größe erreicht hat. Nicht nur, wenn mal wieder ein IPCC-Bericht mit neuen Zahlen herauskommt. Es gibt Tausende von Geschichten, die die Menschen aus ihrer Duldungsstarre herausholen würden.

DIE KRIEGS-BERICHTE VOM ÖKOZID MÜSSEN IN DIE TOPNACHRICHTEN, JEDEN TAG!

Wer sich allerdings nur noch jenseits klassischer Medien aufhält, in den Social Networks, und sich nicht für die Zukunft interessiert, dem hilft auch die Kriegsberichterstattung von den Fronten des Ökozids nichts, da die Algorithmen ihm oder ihr lediglich die persönliche Informationsblase organisieren, wo nicht selten Nonsens und Konsum dominieren. Für sie ist die Welt in Ordnung. Aber die Welt ist nicht in Ordnung. Die digitale Täuschung wirkt verheerend, denn sie belässt Milliarden Menschen in der Passivität, macht aus ihnen willfährige Objekte, die sich schleichend verseuchen lassen und sich irgendwann wundern, warum sie krank werden. Da sind die Schulen gefragt und die Eltern, engagierte Lehrerinnen

-- SCHLUSSWORT

und Lehrer, Väter und Mütter. Wir brauchen derzeit alle Kräfte, um es in unseren entscheidenden Jahren mit den Konzernen und der von ihnen bestimmten Politik aufzunehmen. Wir können die Abwehrschlachten nicht nur eifrigen Juristen und Wissenschaftlern überlassen. Wir müssen die Aktivitäten der Fridays for Futures, der Extinction Rebellions, der Letzten Generationen, der Greenpeaceniks, der Empörten vieler anderer NGOs und der Mutigen indigener Gemeinschaften aufnehmen, fortsetzen, verstärken, bündeln. Dabei müssen wir den Protest gerade hierzulande neu ausrichten auf die wahren Schuldigen, ihre Zentralen und Zufahrtswege, ihre Financiers und Aktionäre.

ES LIEGT AN UNS

Ich hätte gern mit einem dieser Verantwortlichen gesprochen, aber in dem halben Jahr, in dem dieses Buch entstand, war niemand zur Beantwortung meiner Fragen zu bewegen. Stattdessen konnte ich lesen, wie Ex-RWE-Chef Jürgen Großmann verlautbarte, dass „unsere ärgsten Gegner (…) die Ritter der Apokalypse" seien. „Sie wollen die ganze Welt retten, aber uns reiten sie geradewegs in den Abgrund." Mein lieber Jürgen Großmann, Sie versuchen es hier mit einer Täterumkehr. Nicht den Verteidigern der Natur gehören „die Zügel aus der Hand gerissen", wie Sie bei *Bild* sagen durften. Es sind Männer Ihrer Kragenweite, die wir von den Hebeln der Macht entfernen müssen. Sie wissen es doch selbst ganz genau, dass all Ihre Profite auf Kosten der Natur gegangen sind. Sie wissen doch selbst ganz genau, dass Sie ohne die billigen Ressourcen der Natur niemals ein so angesehener Manager geworden wären. Zeigen Sie deshalb Demut. Das ist auch viel sympathischer. Vielleicht kommt das noch. Vielleicht finden andere CEOs oder ehemalige CEOs auch irgendwann den Mut, sich vor die Mikrofone zu wagen. Vielleicht lassen sie sich in die Seelen schauen und outen sich doch noch als Menschen. Vielleicht bringen sie Dateien mit und bieten sich als Kronzeugen an. Es ist nie zu spät, die Waffen zu strecken, auszusteigen und Mitretter dieses Planeten zu werden.

Solange müssen wir den Kampf aufnehmen und Druck aufbauen, bis dahin dürfen wir die Hoffnung nicht verlieren. Ich gebe zu, dass das bei den vielen Blicken in den Abgrund – Altmanager Großmann würde sagen: in die Apokalypse – schwerfällt. Gerade deshalb möchte ich schließen mit einer hoffnungsvollen Geschichte. Sie hat zu tun mit den Erkenntnissen des amerikanischen Psychologieprofessors und Verhaltensforschers Curt P. Richter, dessen Eltern aus Deutschland stammten. Er führte erstaunliche Experimente mit Ratten durch. In einem dieser Versuche setzte er einige Exemplare dieser als gute Schwimmer bekannten Spezies in Glaszylinder mit derart glatten und hohen Wänden, dass es den Ratten unmöglich war, sich daraus zu befreien. Er beobachtete, wie manche Tiere schon nach wenigen Minuten das Schwimmen einstellten und untergingen. Genau diese Exemplare rettete er im letzten Moment. Er holte sie heraus, setzte sie ins Trockene, ließ sie kurz durchatmen.

-- SCHLUSSWORT

Danach gab er sie noch einmal in den Glaszylinder – und stellte fest, dass sich diese Ratten bis zu 60 Stunden (!) über Wasser hielten. Er schrieb in seinen Ergebnissen: „Die Ratten lernen schnell, dass die Situation nicht wirklich hoffnungslos ist. (…) Nach der Beseitigung der Hoffnungslosigkeit starben sie nicht." Im stillen Wissen um die Möglichkeit der Rettung entfesselten sie ungeahnte Kräfte.

Das fast vergessene Experiment aus den Fünfzigerjahren gilt als eine Art Nachweis eines funktionierenden Überlebenswillens lernender Lebewesen. Nun sind wir keine Nagetiere, und wir haben auch keinen Professor neben uns stehen, der uns mit riesiger Hand aus der Misere hebt. Aber könnten wir nicht von Curt P. Richter lernen, dass es sich lohnt, nicht aufzugeben, dass wir Vertrauen haben können? Denn Aspekte der Hoffnung, des Wandels, viele kleine helfende Hände, an die wir unser Überleben knüpfen können, sind überall. Sie heißen Benedikt Bösel und Katrin Schuhen, sie heißen Johannes Wesemann und Jürgen Resch, sie heißen Gilles-Éric Séralini und Damián Verzeñassi. Leute wie sie sind die ärgsten Kontrahenten der alten Kräfte. Die Zeit der Manager ist abgelaufen, nicht unsere. Den Widerstand, den wir noch spüren, ihre letzten Siege, das ist eigentlich *ihr* Überlebenskampf. Wichtig wird sein, dass wir in diesen entscheidenden Jahren auf die richtige Seite treten und nicht aufhören zu schwimmen – zuweilen auch gegen den Strom. Wir haben doch keine andere Wahl.

DIE ZEIT DER MANAGER IST ABGELAUFEN, NICHT UNSERE!

DEN WIDERSTAND, DEN WIR NOCH SPÜREN, IHRE LETZTEN SIEGE, DAS IST EIGENTLICH IHR ÜBERLEBENSKAMPF.
....

ENDE

DIE ~~UN~~BEANTWORTETEN FRAGEN AN DIE CEOs

1 Aus welcher inneren Motivation heraus haben Sie Ihr Amt angetreten?

2 Mit welchem höheren Sinn verknüpfen Sie Ihre Arbeit?

3 Sind Sie stolz auf das, was Sie jeden Tag leisten?

4 Welchen ethisch-moralischen Standards folgen Sie persönlich?

5 Widerstrebt Ihnen manche Entscheidung persönlich? Wobei war das zuletzt der Fall?

6 Plagt Sie ab und zu das schlechte Gewissen, weil bestimmte Geschäftszweige – trotz Transformation in anderen Bereichen – kaum ökologisch nachhaltig zu nennen sind?

7 Mussten Sie sich schon einmal vor Freunden oder Familienmitgliedern rechtfertigen für Unternehmensentscheidungen, die andere als unmoralisch ansahen? Wobei war das der Fall?

8 Welche Entscheidung bereuen Sie?

9 Gab es Momente der inneren Zerrissenheit, in denen Sie am liebsten Ihren Konzern verlassen hätten? Wobei war das der Fall?

10 Könnten Sie sich einen Wechsel vorstellen – heraus aus den globalen Konzernstrukturen, hinein in den Aufbau eines rundum nachhaltigen Start-ups? Falls ja, was hindert Sie daran?

11 In welcher Weise fühlen Sie sich von den immer drastischer werdenden Warnungen, Mahnungen und Vorwürfen (etwa in Hinblick auf Klimawandel, Artensterben etc.) des UN-Generalsekretärs António Guterres angesprochen?

12 Was hindert(e) Sie daran, mit Ihrem Unternehmen besser bzw. einige Schritte weiter zu sein?

QUELLENHINWEISE

-- EINLEITUNG

Felschen, Christina: „Patagonia-Gründer verschenkt Firma an Umweltstiftungen". zeit.de, 15.9.2022

Gonzales, Juan: „Censoring Science: Inside the Political Attack on Dr. James Hansen and the Truth of Global Warming" – Interview mit James Hansen. democracynow.org, 21.3.2008

Greffrath, Matthias: „Alles kommt einmal zum Ende" – Interview mit dem Soziologen Wolfgang Streeck. deutschlandfunk.de, 12.4.2015

Hansen, James et al.: „Global Warming in the Pipeline". Oxford Open Climate Change, Volume 3, Issue 1, 2023

Harvey, Fiona: „Fossil fuel firms ‚have humanity by the throat', says UN head in blistering attack". The Guardian, 17.6.2022

Honegger, Lorenz: „Ehemaliger Blackrock-Topmanager: ‚Ich zweifle, ob es klug ist, New Yorker Bankern das Schicksal des Planeten anzuvertrauen' ". Neue Zürcher Zeitung, 31.5.2023

International Agency for Research on Cancer: „Prognostizierte Anzahl von Krebstodesfällen weltweit im Zeitraum von 2020 bis 2040". In: Onkologie Journal, 23.6.2023

Lovelock, James: „Gaia". Edition Oxford Landmark Science, 2016

ptz/dpa: „Keine Ausreden. Keine Verzögerungen". spiegel.de, 7.12.2022

Rahmstorf, Stefan: „Ein Forscher sagte schon 1977 den Klimawandel voraus - leider arbeitete er bei Exxon". spiegel.de, 30.11.2019

Riley, Tess: „Just 100 Companies responsible for 71 % of global emissions, study says". The Guardian, 10.7.2017

Roberts, David: „None of the world's top industries would be profitable if they paid for the natural capital they use". grist.org, 17.4.2013

Rose, Matthew D.: „Ecocide – Kill The Corporation Before It Kills Us: Review". resilience.org, 11.11.2020

Solnit, Rebecca: „Big oil coined ‚carbon footprints' to blame us for their greed. Keep them on the hook". The Guardian, 23.8.2021

vki/dpa/AFP: „Noch nie wurden weltweit mehr Pflanzenschutzmittel eingesetzt". spiegel.de, 12.1.2022

Whyte, David: „Ecocide". Manchester University Press, 2020

Ziegler, Philip: „Wer im Kapitalismus moralisch ist, wird weggefegt" – Interview mit Nobelpreisträger Robert Shiller. zeit.de, 9.9.2016

SPHÄRE 1 -- KLIMA

ani/dpa: „Mehr als 2400 Lobbyisten sind auf der Uno-Klimakonferenz". spiegel.de, 5.12.2023

Asselt, Harro van; Newell, Peter: „Pathways to an International Agreement to Leave Fossil Fuels in the Ground". Global Environmental Politics, Volume 22, Issue 4, 10.11.2022

Bein, Hans-Willy: „Hässliche Vorwürfe gegen Vorstände". sz.de, 17.5.2010

Bertelmann, Magdalena: „IPCC-Bericht: Anleitung für eine lebenswerte Zukunft". deutscherwetterdienst.de, 25.3.2023

Bukold, Steffen: „RWE – Vom Winde verweht? Eine Kurzanalyse". EnergyComment im Auftrag von Greenpeace, 3/2021

Bukold, Steffen: „The Dirty Dozen – The Climate Greenwashing of 12 European Oil Companies". Hamburg, 2023

Burck, Jan et al.: „Climate Change Performance Index. Results – Monitoring Climate Mitigation Efforts of 59 Countries plus the EU – covering 92 % of the Global Greenhouse Gas Emissions". Bonn, Berlin, Köln, 11/2022

Cafi: „COP26: Landmark $500 million agreement launched to protect the DR Congo's forest". un.org, 2.11.2021

Carrington, Damian: „Revealed: Saudi Arabia's grand plan to ‚hook' poor countries on oil". The Guardian, 27.11.2023

Christ, Gunter et al.: „Strafanzeige gegen die leitenden Mitarbeiter und aufsichtführenden Personen in dem Unternehmen RWE Power AG". 2022

Deckwirth, Christina: „Wie die Gaslobby das Heizungsgesetz entkernt hat". lobbycontrol.de, 5.7.2023

Deckwirth, Christina: „Pipelines in die Politik – Die Macht der Gaslobby in Deutschland". lobbycontrol, 2/2023

Dohmen, Frank: „Die Milliarden-Abzocke beim Strom". Der Spiegel, 44/2021

dpa: „Deutschland auf 4,4-Grad-Kurs – So viel fehlt uns zu den Pariser Klimazielen". zdf.de, 10.4.2023

dpa: „Klimaklage gegen RWE: Konzern weist Vorwürfe zurück". merkur.de, 24.11.2016

Dreyer, Torben: „Endlich da! Ein EU-Gesetz für weltweiten Waldschutz". greenpeace.de, 8.12.2023

Dufner, Markus: „RWE-Strategie ‚Growing Green' ist Greenwashing". kritischeaktionaere.de, 26.4.2022

Dufner, Markus: „RWE-Tribunal (Teil 4) am 11./12.03. in Köln", kritischeaktionaere.de, 27.2.2023

Dufner, Markus: „Tausende vorzeitige Todesfälle durch RWE! Unwort des Jahres ‚Klimaterroristen' passt auf RWE", kritischeaktionaere.de, 10.3.2023

Elmore, Bart: „Banking On A Global Catastrophe". theassemblync.com, 22.5.2023

Elton, Charlotte: „First lung - This rainforest could be the world's most important carbon sink." euronews.com, 31.3.2023

fdo/gt: „Verbraucherschützer fordert Gesetzesänderungen wegen Strom-Abzocke". spiegel.de, 1.11.2021

Gelles, David: „California Sues Giant Oil Companies, Citing Decades of Deception". The New York Times, 15.9.2023

Greenfield, Patrick: „Destruction of world's pristine rainforests soared in 2022 despite Cop26 pledge". The Guardian, 27.6.2023

Groß, Thomas: „Zwei Jahre Klimabeschluss des Bundesverfassungsgerichts". verfassungsblog.de, 18.3.2023

Hallez, Emile: „BlackRock and its ESG woes". esgclarity.com, 6.9.2022

hba/AFP/dpa: „ ‚Widerwärtig!' – Opec-Brief gegen Abkehr von Fossilen sorgt für Empörung". spiegel.de, 9.12.2023

Hecking, Klaus: „Fossile Konzerne investieren Hunderte Milliarden Dollar in neue Öl- und Gasfelder". spiegel.de, 15.11.2023

Herrmann, Christian et al.: „BASF hat uns ins Energiedrama geführt" – Interview mit Claudia Kemfert. ntv.de, 16.2.2023

Hoesung, Lee et al.: „Climate Change 2023. Synthesis Report. Summary for Policymakers". IPCC, 2023

Hoferichter, Andrea et al.: „Wie Bayer, BASF & Co für PFAS lobbyieren". tagesschau.de, 23.2.2023

joe/dpa: „So viel Kohle, Gas und Öl dürfen wir noch fördern". spiegel.de, 9.9.2021

Kaiser, Tobias: „Die moralische Wucht des Begriffs Ökozid". welt.de, 3.7.2023

Kemp, Luke et al.: „Climate Endgame: Exploring catastrophic climate change scenarios". PNAS, Vol. 119, Nr. 34, 1.8.2022

Kerry, John (Hrsg.): „The Long-Term Strategy of the United States: Pathways to Net-Zero Greenhouse Gas Emissions by 2050". US Department of State, US Executive Office of the President, Washington DC, 11/2021

Kirchner, Ruth: „Zwei neue Kohlekraftwerke pro Woche". tagesschau.de, 29.8.2023

Klindworth, Lennard: „10 Punkte: Blackrock-Chef Larry Fink über die ‚stille Krise' der Altersvorsorge und Co.". private-banking-magazin.de, 20.3.2023

Kopansky, Diana: „Critical ecosystems: Congo Basin peatlands". unep.org, 27.2.2023

Kosonen, Kaisa: „From drifting to action Key takeaways from the IPCC report on Impacts, adaptation and vulnerability". greenpeace.org, 28.2.2022

Krumenacker, Thomas: „Bereit machen für das ‚Klima-Endspiel' ". spektrum.de, 1.8.2022

Kuefner, Torsten: „BASF: Klage gegen die Tochter". deraktionaer.de, 5.10.2021

Lakhani, Nina: „How dash for African oil and gas could wipe out Congo basin tropical forests". The Guardian, 10.11.2022

Lewsey, Fred: „Climate Endgame Potential for global heating to end humanity ‚dangerously underexplored' ". University of Cambridge, 2022

Marx, Uwe: „BASF-Chef warnt vor historisch beispiellosen Gefahren". faz.net, 29.4.2022

Mavambu, Raphael: „Congo oil auction: Perenco is interested, local communities want it out". greenpeace.org, 23.5.2023

Meredith, Sam: „Exxon Mobil CEO urges COP28 to focus on reducing emissions – not phasing out fossil fuels". cnbc.com, 2.12.2023

mf: „Weltweit sind 1.380 neue Kohlekraftwerke in Planung". energiezukunft.eu, 5.10.2018

Monbiot, George: „The ‚flickering' of Earth systems is warning us: act now, or see our already degraded paradise lost". The Guardian, 31.10.2023

Moulds, Josephine: „Backroom deals, mystery companies and a ‚killer lake': inside DRC's gas and oil auction". thebureauinvestigates.com, 2.11.2023

QUELLENHINWEISE

Mwenda, Mike: „DRC oil exploration in protected areas draws environmental warnings". lifegate.com, 24.3.2023

Neuerer, Dietmar: „Gasindustrie kämpft um Einfluss – 40 Millionen Euro für Lobbyarbeit". Handelsblatt, 15.2.2023

N.N.: „Abholzen für die Weltwirtschaft". mdrwissen.de, 22.1.2023

N.N.: „BlackRock sagt ‚Nein' zu einem Investitionsstopp in Kohle, Öl und Gas in Großbritannien". marketscreener.com, 18.10.2022

N.N.: „Carrie Perrodo & family". Forbes List, 18.7.2023

N.N.: „Gletscher schmelzen, Verantwortung wächst". rwe.climatecase.org/de, abgerufen am 15.12.2023

N.N.: „Global assessment reveals huge potential of peatlands as a climate solution". unep.org, 17.11.2022

N.N.: „HSBC caught greenwashing by ad regulator". bankonourfuture.org, 19.10.2022

N.N.: „Klimaklagen als erhebliches Risiko für fossile Konzerne: Unternehmen müssen darüber berichten". germanwatch.org, 25.5.2023

N.N.: „New maps show the Congo basin is the epicenter of oil and gas expansion threats to tropical forests". rainforestfoundationuk.org, 10.11.2022

N.N.: „Oxfam-Bericht: Reiche leben viel klimaschädlicher als arme Menschen". tagesschau.de, 20.11.2023

N.N.: „The Climate Case: Saúl vs. RWE". germanwatch.org, abgerufen am 15.12.2023

Nordhaus, William: „Climate Clubs: Overcoming Free-riding in International Climate Policy". American Economic Review, 2015

Peigné, Maxence et al.: „Immobilien, Weingüter und Technologie: So landen die Offshore-Ölgewinne von Perenco wieder in Europa". investigate-europe.eu, 8.12.2022

Peigné, Maxence et al.: „Inside the dirty secrets of the oil company Perenco". disclose.ngo, 8.11.2022

Peigné, Maxence et al.: „Oil giant Perenco's suspicious deals with companies close to Congo's ex-president". investigate-europe.eu, 20.7.2023

Peigné, Maxence et al.: „Toxic fumes and leaks: Perenco's polluting oil business in Democratic Republic of Congo". investigate-europe.eu, 9.11.2022

Podbregar, Nadja: „2042 reißt die Welt wichtige Klima-Marke – wie die Erde dann aussieht". scinexx.de, 17.8.2023

Podbregar, Nadja: „COP28: Skandal um die Klimakonferenz? Vereinigte Arabische Emirate sollen Gipfel-Vorgespräche zum Einfädeln fossiler Deals genutzt haben". scinexx.de, 28.11.2023

Quaglia, Maria Pia: „BlackRock CEO says Shell decarbonisation ruling ‚not a solution' ". reuters.com, 4.6.2021

Raupp, Judith: „Kampf zwischen Ölfirmen und Forschern um Regenwald des Kongo". derstandard.de, 9.4.2023

Ray, Gene: „Den Ökozid-Genozid-Komplex beschreiben: Indigenes Wissen und kritische Theorie in der finalen Phase". documenta14.de, 2016

Reiter, Anja: „Anwältinnen der Erde". Greenpeace Magazin, 3/2022

QUELLENHINWEISE

Rolley, Sonja: „Exclusive: Firm chosen to extract gas from Congo's Lake Kivu failed criteria". reuters.com, 2.11.2023

Ruf, Sonja: „Peinliche Enthüllung auf COP28: Vor Ort sind mehr als 160 Gruppen, die den Klimawandel leugnen". Frankfurter Rundschau, 12.12.2023

RWE (Hrsg.): „Ordentliche Hauptversammlung der RWE Aktiengesellschaft am 4. Mai 2023 – Gegenanträge und Wahlvorschläge". Essen, 2023

Schaaf, Stefan: „Warum aktivistische Investoren Blackrock-Boss Fink stürzen wollen". capital.de, 8.12.2022

Schlieker, Reinhard: „Klimaziele einhalten? Warum das den großen Ölkonzernen völlig egal ist". focus.de, 24.9.2023

Schmid, Beat: „Greenwashing-Vorwurf: Britische Werbeaufsicht verbietet Kampagne von HSBC". tippinpoint.ch, 19.10.2022

Stuchtey, Martin: „Carbon Credit Markets Aren't Working Out as Planned. A Better Alternative". barrons.com, 15.6.2023

Thériault, Annie: „Richest 1 % emit as much planet-heating pollution as two-thirds of humanity". oxfam.org, 20.11.2023

Thome, Matthias: „Ökozid als Straftat: Sind wir alle Schwerverbrecher, Frau Mehta?". geo.de, abgerufen am 15.12.2023

Urner, Maren: „Politik und Wissenschaft werden es nicht bringen. Jetzt sind die Juristen an der Reihe!". perspective-daily.de, 6.9.2018

Wefing, Heinrich: „Das Wort Ökozid erinnert natürlich an Genozid". zeit.de, 31.10.2021

Welsby, Dan et al.: „Unextractable fossil fuels in a 1.5 °C world". Nature, Vol. 597, 8.9.2021

West, Thales A. at al.: „Action needed to make carbon offsets from forest conservation work for climate change mitigation". Science, Vol. 381, Issue 6660, 24.8.2023

Wiegandt, Klaus (Hrsg.): „Eine Erde, wie wir sie nicht kennen (wollen)". oekom.de, 5.7.2022

Willmroth, Jan: „Umweltschützer werfen Blackrock Greenwashing vor". sz.de, 13.1.2021

SPHÄRE 2 -- LUFT

AFP: „99 Prozent der Menschen atmen schlechte Luft". zdf.de, 5.4.2022

Anderson, Curt: „Judge: Carnival Cruise Line not doing enough to clean up its act after pollution conviction". usatoday.com, 10.3.2019

Arnu, Titus: „Gifte auf den Gipfeln". sz.de, 19.2.2020

Besson, Sylvain et al.: „Vom Schiffsjungen zum Multimilliardär". welt.de, 31.10.2022

Bundesamt für Gesundheit BAG: „Direktionsbereich Verbraucherschutz: Gesundheitsgefährdung durch Kunstrasen?", Faktenblatt Kunstrasen, 5/2017

Carini, Marco: „Mikrofaser-Granulat hat ausgespielt". taz.de, 17.7.2019

Diesener, Sönke: „Mythos klimafreundliche Containerschiffe". nabu.de, 3/2014

Dijkstra, Constanze et al.: „The Return Of The Cruise". European Federation for Transport and Environment AISBL, 6/2023

Doerfel, Annette: „Drei Millionen Plastikflaschen in der Luft". spektrum.de, 14.12.2022

dpa: „Schlechte Luft schadet den Kindern und Jugendlichen in Europa". In: aerzteblatt.de, 24.4.2023

Europäische Kommission, Vertretung in Deutschland: „Der europäische Grüne Deal: Vorschläge für bessere Luft- und Wasserqualität". germany.representation.ec.europa.eu, 28.10.2022

Europäischer Rat (Hrsg.): „Maßnahmenpaket für saubere Luft: Verbesserung der Luftqualität in Europa". consilium.europa.eu, 25.2.2020

Europäischer Rechnungshof (Hrsg.): „Sonderbericht: Luftverschmutzung: Unsere Gesundheit ist nach wie vor nicht hinreichend geschützt". Luxemburg, 2018

European Environment Agency (Hrsg.): „Air Pollution And Children's Health". Briefing no. 07/2023. eea.europa.eu/publications, 24.4.2023

Grass, Siegfried: „Experte: Luft in Leverkusen teils schlechter als in Peking". Rheinische Post, 7.2.2020

Haegler, Max: „Es bleibt schmutzig". zeit.de, 16.5.2023

Hasse, Marc: „Landstrom-Pflicht – Tschentscher sagt: Ja, aber". Hamburger Abendblatt, 20.4.2023

Heinrich-Böll-Stiftung in Zusammenarbeit mit dem BUND (Hrsg.): „Plastikatlas 2019". 6. Auflage. Berlin, 8/2021

Hoferichter, Andrea: „Tödliches Gummi". sz.de, 7.12.2020

Hoffmann, Markus: „Abgasskandal: Ex-Audi-Chef Stadler sagt vor Gericht aus: Täuschen war lange Teil einer Arbeitskultur". anwalt.de, 15.1.2021

jme/AFP: „Nur 16 Prozent des Plastikmülls werden wiederverwendet". spiegel.de, 6.6.2019

Koberstein, Hans: „VW-Schlappe vor Gericht: Was das nun bedeutet". zdf.de, 20.2.2023

Krieger, Rolf: „Leverkusener Arzt besorgt über starke Zunahme von Lungenkrankheiten". Kölner Stadt-Anzeiger, 23.5.2016

Mülleneisen, Norbert: „Auswirkungen der Luftverschmutzung (durch Kfz-Verkehr) in Leverkusen". levmussleben.eu, abgerufen am 18.12.2023

N.N.: „Der Weg und die Herausforderungen zum 100 Prozent nachhaltigen Reifen". news.michelin.de, 9.12.2021

N.N.: „Deutlich mehr Luftverschmutzung durch Kreuzfahrten in Hamburg". ndr.de, 17.6.2023

N.N.: „Gianluigi Aponte – ‚Käpt'n Gnadenlos' schlägt in Hamburg zu". handelszeitung.ch, 15.9.2023

N.N.: „Giftige Substanzen aus Reifenabrieb in Salat". science.ORF.at, 24.1.2023

N.N.: „Wie Evonik ‚Greenwashing' betreibt - am Beispiel der Reifen-‚Veredelung'!" rf-news.de, 18.12.2019

O'Donovan, Anna: „The UN Right to Breathe Clean Air: An ESG Responsibility". allergystandards.com, 20.12.2022

Resch, Jürgen: „Druck machen!". Ludwig, München, 2023

Rindelaub, Joel D.: „Evidence and Mass Quantification of Atmospheric Microplastics in a Coastal New Zealand City". Environ. Sci. Technol. 2022, 12/2022

QUELLENHINWEISE

RND/dpa: „Mehr als 400.000 Tote jährlich: Luftverschmutzung bedroht Gesundheit am stärksten". In: rnd.de, 8.9.2020

sak/dpa: „Schlechte Luft tötet jährlich mehr als 1200 Kinder". spiegel.de, 24.4.2023

Sieben, Peter: „Kunstrasen vor dem Aus? Warum Sportplätze Probleme machen". ingenieur.de, 2.11.2021

Wissenschaftlicher Dienst des Deutschen Bundestages: „Kunstrasenplätze – Mögliche Risiken von Granulat auf Kunstrasenplätzen". Dokumentation WD 8 - 3000 - 009/17, 2017

SPHÄRE 3 -- WASSER

AFP: „Chemiekonzerne schließen Milliardenvergleich wegen Wasserverschmutzung". faz.net, 3.6.2023

AFP: „Nur neun Prozent des weltweit verwendeten Plastiks wird recycelt". zeit.de, 22.2.2022

ak: „Chemiker kriegen unzerstörbare Schadstoffe doch noch klein". spiegel.de, 19.8.2022

Atif, Emal: „Wenn die Outdoor-Jacke PFAS enthält". tagesschau.de, 10.7.2023

Brock, Joe et al.: „Trash and Burn – Big Brands Stoke Cement Kilns With Plastic Waste As Recycling Falters". reuters.com, 28.10.2021

Chandra, Pinky: „Bans, clean-ups, recycling push: Why all of this has failed to beat plastic pollution". citizenmatters.in, 22.6.2023

Colborn, Theo et al.: „Out Stolen Future". Penguin Group, 1996

dpa: „IHK besorgt wegen Schließung von 3M-Werk im Chemiedreieck". sz.de, 28.7.2023

Einhorn, Catrin: „How Widespread Are These Toxic Chemicals? They're Everywhere". The New York Times, 22.2.2023

Flood, Chris: „Big investors call on companies to slash use of plastics". Financial Times, 4.5.2023

Frings, Ina: „Nachweis neuartiger umweltschädlicher Substanzen in Flüssen". blogs.helmholtz.de, 26.4.2022

Greenpeace Deutschland (Hrsg.): „Nicht sauber, sondern Rhein – Mikroplastik-Untersuchungen auf dem Rhein". Hamburg, 3/2021

Guéguen, Lucile: „San Cristobal de las Casas, the Mexican town that drank more coke than water". voiceskopje.org, 22.8.2022

Heimericks, Koen et al.: „Dark Waters: what DuPont scandal can teach companies about doing the right thing". theconversation.com, 26.2.2020

Hoferichter, Andrea: „Wie Bayer, BASF & Co für PFAS lobbyieren". tagesschau.de, 23.2.2023

Hofmann, Johannes: „Trinkwasser soll besser geschützt werden". tagesschau.de, 31.3.2023

Joeres, Annika et al.: „Wassermangel: Konsum der Landwirtschaft offenbar massiv unterschätzt". correctiv.org, 2.2.2023

Kelly, Sharon: „DuPont's deadly deceit: The decades-long cover-up behind the ‚world's most slippery material' ". salon.com, 24.1.2016

Köhler, Oliver: „Currenta will riesige Mengen Grundwasser abpumpen". wdr.de, 11.5.2022

QUELLENHINWEISE

Laville, Sandra: „Report reveals ‚massive plastic pollution footprint' of drinks firms". The Guardian, 31.3.2020

Lopez, Oscar: „In Town With Little Water, Coca-Cola Is Everywhere. So Is Diabetes." The New York Times, 14.7.2018

McCormick, Erin: „Coke and Pepsi sued for creating a plastic pollution ‚nuisance' ". The Guardian, 27.2.2020

McGee, Grant: „Art Schaap: Saving the aquifer not helping dairies". The Eastern New Mexico News, 29.4.2023

Milner, Kate: „Profile: Vicente Fox". BBC News, bbc.co.uk, 3.7.2000

Munteanu, Nina: „Why DuPont Executives Are Heartlessly Killing People and Wildlife — And Getting Away With It". themeaningofwater.com, 6/2022

N.N.: „Fast ein Drittel des Mikroplastiks im Meer entsteht durch den Straßenverkehr". bund.net, 6.9.2019

N.N.: „Fossil Fuel and Chemical Industries Registered More Lobbyists at Plastics Treaty Talks than 70 Countries Combined". ciel.org, 16.11.2023

N.N.: „Petrochemical Interests Jeopardize Plastics Treaty Negotiations". breakfreefromplastic.org, 19.11.2023

N.N.: „PFAS im Grundwasser". vsr-gewaesserschutz.de, abgerufen am 18.12.2023

N.N.: „Pulver und Politik". Der Spiegel, 6/1966

N.N.: „Ungeheure Geschäfte". Der Spiegel, 7/1966

Pearson, Tamara: „Mexican groups call for global protests against corporate water plundering". greenleft.org.au, 22.2.2023

Pilz, Sarah et al.: „Jahrhundertgift PFAS: Wie verseucht ist Deutschland?". daserste.ndr.de, 23.2.2023

Pskowski, Martha: „Coca-Cola Sucks Wells Dry in Chiapas, Forcing Residents to Buy Water". truthout.org, 13.9.2017

Schreier, Doro: „Die dunkle Geschichte von DuPont – Von der Atombombe über Nylonstrümpfe zum Genmais". netzfrauen.org, 17.11.2013

Schuh, Edwin: „Wasserknappheit in Mexiko spitzt sich zu". gtai.de, 1.8.2022

Severin, Renée: „PFAS: geruchlos, geschmacklos, krebserregend?". zdf.de, 17.3.2023

wgr/lui: „Grundwasserquelle versiegt – Nestlé entlässt 170 Vittel-Mitarbeitende in Frankreich". blick.ch, 22.8.2023

SPHÄRE 4 -- BODEN

Bösel, Benedikt: „Rebellen der Erde – Wie wir den Boden retten und damit uns selbst". Scorpio, München, 2023

Brandstätter, Elke et al.: „Verbot von Pestizid-Exporten – mit Lücken". tagesschau.de, 29.6.2023

Busch, Alexander: „ ‚Die Monsanto-Übernahme durch Bayer schließt einen Teufelskreis' ". wirtschaftswoche.de, 27.2.2018

Busse, Tanja: „Tod auf dem Feld". zeozwei, 4/2015

QUELLENHINWEISE

Carstens, Peter: „Äpfel 28 Mal im Jahr gespritzt: Diese Fakten über den Pestizideinsatz sollten Sie kennen". geo.de, 18.1.2022

Carstens, Peter: „Studie deckt auf: So funktioniert die Agrarlobby". geo.de, 30.4.2019

Chemnitz, Christine et al.; Heinrich-Böll-Stiftung (Hrsg.): „Pestizidatlas 2022". Berlin, 2022

Dowley, Laura (Hrsg.): „Beschwerde gegen den Agrar-Riesen Cargill wegen Entwaldung und Menschenrechtsverletzungen in Brasilien". clientearth.de, 4.5.2023

dpa: „EuGH zum Streit um Glyphosat-Zulassung – EU-Regeln für Pflanzenschutzmittel sind gültig". Legal Tribune Online, 1.10.2019

Götz, Karla: „Lobbyisten haben sich professionalisiert". up2date.uni-bremen.de, 11/2019

Herre, Roman: „Agricultural traders' second harvest". eu.boell.org, 31.10.2017

Hölzel, Corinna: „BUND-Erdbeertest: Giftige Verlockung im Körbchen". bund.net, 5.6.2023

Jordan, Lucy: „Cargill: the company feeding the world by helping destroy the planet". unearthed.greenpeace.org, 25.11.2020

la/mmo: „US-Kläger wollen Nachschlag von Bayer". managermagazin.de, 8.8.2023

Montgomery, David R.: „Dirt – The Erosion of Civilizations". The University of California Press, 2007

Nieschwitz, Ingo; NABU (Hrsg.): „Studie zu Verflechtungen und Interessen des Deutschen Bauernverbandes (DBV)", Bremen/Berlin, 4/2019

N.N.: „DBV/IVA: Probleme werden mit zu wenig Pflanzenschutzmitteln verstärkt. Diskussionen über die Zukunft des Pflanzenschutzes in Brüssel. Gemeinsame Pressemitteilung des Deutschen Bauernverbands e. V. (DBV) und des Industrieverbands Agrar e. V. (IVA)". iva.de, 11.1.2018

N.N.: „Warum exportiert Bayer Pflanzenschutzmittel, die in der EU verboten sind?". bayer.com/de16.9.2022

Ramm, Wolf-Christian; terre des hommes (Hrsg.): „Pestizide & Kinder – Die Gefahr von Umweltgiften für Kinder – Fakten, Fälle, Forderungen". Osnabrück, 2011

Séralini, Gilles-Éric: „Die Affäre um die Monsanto Papers: Wie ein Weltkonzern unsere Gesundheit gefährdet und die Freiheit der Wissenschaft bedroht". Kamphausen Media, Bielefeld, 2022

Séralini, Gilles-Éric: „Oil discovered in pesticides: a toxicological revolution". seralini.fr, 17.11.2022

Séralini, Gilles-Éric et al.: „Petroleum in Pesticides: A Need to Change Regulatory Toxicology". Toxics 10/2022

Verzeñassi, Dámian et al.: „Transformaciones en los modos de enfermar y morir en la region agroindustrial de Argentina". Rosario, 2019

Watts, Jonathan: „Grain trader Cargill faces legal challenge in US over Brazilian soya supply chain". The Guardian, 4.5.2023

Waxman, Henry A. (Hrsg.): „Cargill: The Worst Company In the World". mightyearth.org, 7/2019

Wiechmann, Jan-Christoph: „Argentinien – Besuch in einem vergifteten Land". stern.de, 11.4.2018

Zaehle, Prof. Dr. Sönke: „Die überdüngte Erde". mpg.de, 18.10.2022

SPHÄRE 5 -- BIODIVERSITÄT

ani/dpa: „Ein Fünftel der europäischen Flora und Fauna ist vom Aussterben bedroht". spiegel.de, 8.12.2023

Becker, Andreas: „Keine Entlastung für Bayer-Vorstand". deutschewelle.de, 26.4.2019

Blaschke, Stefan: „Unternehmen und Gemeinde. Das Bayerwerk im Raum Leverkusen 1891–1914". SH-Verlag, Köln, 1999

Böhning-Gaese, Katrin; Bauer, Friederike: „Vom Verschwinden der Arten". Klett-Cotta, Stuttgart, 2023

Budde, Joachim: „Fünf Jahre Krefelder Studie – Wie geht es den Insekten heute?". deutschlandfunk.de, 1.11.2023

Diaz, Sandra et al.; Intergovernmental Science-Policy Platform on Biodiversity and Ecosystem Services (Hrsg): Summary for Policymakers of the IPBES Global Assessment Report on Biodiversity and Ecosystem Services, 2019

Fernandez, Manuel: „Neue Studie: Umweltverschmutzung durch Chemikalien und Plastik hat die Belastungsgrenzen des Planeten überschritten – Natürliche Lebensgrundlagen der Menschheit bedroht". bund.net, 4.2.2022

Furtado, Marcelo et al.: „Umweltverbrechen multinationaler Konzerne". Greenpeace International, Amsterdam, 2002

Gessner, Mark O. et al.: „Synthetic chemicals as agents of global change". Frontiers in Ecology and the Environment. Vol. 15, 3/2017

Guzmán, Vilma: „Verfassungsgericht in Ecuador: Bergbau im Nebelwald verstößt gegen die Rechte der Natur". amerika21.de, 9.12.2021

Haas, Michaela: „‚Ich glaube an die abschreckende Wirkung solcher Urteile'". sz-magazin.sueddeutsche.de 8.12.2021

Hensen, Katharina et al.: „‚Ich denke nicht, dass viele Menschen wirklich wissen, was auf dem Spiel steht'". fzs.org, 5.12.2022

Hochkirch, Axel et al.: „A multi-taxon analysis of European Red Lists reveals major threats to biodiversity". journals.plos.org, 8.11.2023

Hörren, Thomas et al.: „More than 75 percent decline over 27 years in total flying insect biomass in protected areas". PLoS ONE 12(10), 18.10.2017

Jiang, Boya et al.; ClientEarth (Hrsg.): „10 Landmark Cases for Biodiversity". clientearth.org, 9/2021

Kevany, Sophie: „‚A war on nature': rangers build mountain out of wildlife traps found in Uganda park". The Guardian, 29.6.2023

Klaus, Katrin: „Insekten selbst in Naturschutzgebieten von Pestiziden bedroht". br24.de, 26.4.2023

Kolbert, Elizabeth: „Das 6. Sterben". Suhrkamp, Berlin, 2015

Krone, Tobias et al.: „Wenn Flüsse, Seen und Tiere auf einmal klagen können". deutschlandfunk.de, 22.8.2023

Leclère, David et al.: „Bending the curve of terrestrial biodiversity needs an integrated strategy". Nature, Vol. 585, 10.9.2020

Mihatsch, Christian: „Chemikalien werden erstmals global reguliert". klimareporter.de, 2.10.2023

QUELLENHINWEISE

Neugart, Melanie: „Biodiversitätsbewusstsein in Land- und Forstwirtschaft – Wie eine Trendwende beim Biodiversitätsschutz gelingen kann". nachrichten.idw-online.de, 11.10.2023

N.N.: „Die Weltchemikalienkonferenz – Warum wir sie brauchen". umweltbundesamt.de, 8.9.2023

N.N.: „Massiver Verlust von Biodiversität – Globaler IPBES-Bericht in Paris vorgestellt". de-ipbes.de, 5/2019

N.N.: „MIT-Forscher haben genau berechnet, wann das nächste Massensterben kommt – sehr bald". Business Insider Deutschland, 16.10.2022

N.N.: „Rasche Ausbreitung eines tödlichen Pilzes bedroht Amphibien". welt.de, 19.3.2023

N.N.: „Salamanderpest: Verbreitung durch Schuhe und Reifen". Deutsche Gesellschaft für Mykologie, 16.8.2020

N.N.: „Wie unser Ressourcenhunger unsere Biodiversität aufzehrt". greenpeace.de, 16.2.2023

Palan, Dietmar: „Aktionäre rebellieren gegen Bayer-Chef Baumann". managermagazin.de, 29.4.2019

Pauli, Marko: „Das größte Massensterben seit 66 Millionen Jahren". deutschlandfunkkultur.de, 24.3.2022

Persson, Linn et al.: „Outside the Safe Operating Space of the Planetary Boundary for Novel Entities". Environ. Sci. Technol. 2022, 56

Pflügl, Jakob: „Ex-Uber-Chef gründet Umweltorganisation und zieht gegen Jair Bolsonaro vor Gericht". derstandard.de, 12.10.2021

Russell, Ruby: „Länder machen Natur zu Personen vor Gericht – und werden so zum Klima-Vorbild". focus.de, 6.2.2020

Sala, Enric: „We need to save our wild places. We can't survive without them". weforum.org, 20.1.2019

Sleeper, Aric: „How a Tribal Rights Lawyer Is Winning Back the Rights of Nature". resilience.org, 11.5.2023

Whalen, Eamon: „How Giving Legal Rights to an Indigenous Food Could Stop a Pipeline". motherjones.com, 9.2.2022

-- SCHLUSSWORT

Bohne, Hildegard: „Die Dhünnaue – Eine historische Darstellung der größten bekannten Altlast Europas". Grin-Verlag, München, 2004

Bressler, R. Daniel: „The mortality cost of carbon". Nature Communications, Vol. 12, 29.7.2021

Großmann, Jürgen: „‚Stoppt die Ritter der Klima-Apokalypse'". bild.de, 16.10.2023

Lehner, Marco et al.: „Apfelanbau: 38 Mal Pestizide in einer Saison". br24.de, 25.1.2023

Richter, Curt P.: „On the Phenomenon of Sudden Death in Animals and Man". Psychosomatic Medicine, Vol. 19, 4/1957

„REINE LUFT, REINES WASSER UND WENIGER LÄRM DÜRFEN KEINE PAPIERENEN FORDERUNGEN BLEIBEN. ES IST BESTÜRZEND, DASS DIESE GEMEINSCHAFTSAUFGABE, BEI DER ES UM DIE GESUNDHEIT VON MILLIONEN MENSCHEN GEHT, BISHER FAST VÖLLIG VERNACHLÄSSIGT WURDE."

— WILLY BRANDT, 1961

„NICHTS KOMMT VON SELBST. UND NUR WENIG IST VON DAUER. DARUM BESINNT EUCH AUF EURE KRAFT UND DARAUF, DASS JEDE ZEIT EIGENE ANTWORTEN WILL UND MAN AUF IHRER HÖHE ZU SEIN HAT, WENN GUTES BEWIRKT WERDEN SOLL."

— WILLY BRANDT, 1992

DER AUTOR

MARTIN HÄUSLER

Hier stehe ich an der Markierung, die die Binnenschiffe auf den Rheinkilometer 701 hinweist. Sie ragt in Leverkusen exakt auf Höhe der versiegelten Altlast Dhünnaue auf, wenige Hundert Meter vom Bayer-Werk entfernt. Es ist ein Gebiet, das ich meide, weil es mich einfach fertigmacht. 1974 wurde ich auf der anderen, grüneren, bergischen Seite Leverkusens geboren. Meine ersten Texte schrieb ich als junger Lokalreporter für die *Rheinische Post*. Nach dem Abitur zog ich nach Münster, wo mich im Studium von Publizistik- und Kommunikationswissenschaften, Geografie und Soziologie starke Professorinnen und Professoren prägten. Ich volontierte in Köln, arbeitete dort auch als freier Radiojournalist beim WDR. Von 2000 bis 2009 war ich in Hamburg fest angestellt bei Gruner+Jahr und Axel Springer, danach ging es in die Selbstständigkeit. Die Begegnung mit dem Verleger Christian Strasser 2010 war wegweisend. Er veröffentlichte die meisten meiner Bücher in seiner Verlagsgruppe. Den Anfang machte *Die wahren Visionäre unserer Zeit,* es folgte *Fürchtet euch nicht – Die Vertreibung der deutschen Angst*. In beiden Büchern dienten die Lebensgeschichten bekannter wie unbekannter Menschen, neue Perspektiven aufzuzeigen, als Inspiration für neue Ansätze, den Herausforderungen der Welt zu begegnen. Zwischendurch half ich Lothar Matthäus, seine Memoiren aufzuschreiben (*Ganz oder gar nicht,* 2012), mit Martin Schulz wagte ich eine Art Familienaufstellung (*Verstehen Sie Schulz,* 2017). Danach durfte ich zwei Jahre lang das Nachhaltigkeitsmagazin der KfW-Bankengruppe leiten. Mit der Zuspitzung der globalen Lage kehrte ich zu den Büchern zurück, unterstützte Benedikt Bösel bei seinem Bestseller *Rebellen der Erde* über regenerative Landwirtschaft (2023) und schrieb das von Eckart von Hirschhausen herausgegebene Werk *Als ich mich auf den Weg machte, die Erde zu retten* (2023). Nicht unerwähnt lassen möchte ich meinen ersten Roman *Gezählte Tage* (2023) über einen der größten Visionäre des vergangenen Jahrhunderts, John Lennon. Was würde er wohl heute zu dem ganzen Elend sagen? Welche Ideen hätte er? Man würde sicher mehr von ihm hören als von manch anderem Künstler. Auch in dieses Buch hier hat er sich wieder eingeschlichen. Haben Sie's bemerkt?

Ich danke meiner Hamburger Familie – Ariane, John Henry und Georgie – für ihre liebevolle Unterstützung sowie der rheinländischen Fraktion – meinen Eltern und meiner Schwester – für ihre Inspirationen. Dank selbstverständlich an den wirklich großartigen Christian Strasser, an die beteiligten Mitarbeiterinnen und Mitarbeiter im Europa Verlag sowie an mein bewährtes Team aus Romina Rosa und Till Schaffarczyk, die für die so besondere Optik verantwortlich sind. Schließlich Dank an alle mutigen Kronzeugen in diesem Buch, allen voran Prof. Michael Braungart.

DIE ILLUSTRATORIN

ROMINA ROSA

Ein Teil des Wassers, das der Rhein an Leverkusen vorbeiträgt, trug vorher der Main am Zuhause von Romina Rosa vorbei. Die Würzburgerin hat dieses Buch illustriert. Kennengelernt habe ich sie, als wir damit beauftragt waren, das Nachhaltigkeitsmagazin der KfW zu inszenieren. Ich war von Rominas Strich und ihren ausgefallenen Ideen so nachhaltig beeindruckt, dass sie seitdem einige meiner Buchprojekte mit ihrer Optik adelt. Schon Rominas Masterarbeit im Fach Informationsdesign über die Abgründe des menschlichen Konsums und die damit verbundene Ausbeutung der Tierwelt wurde mehrfach ausgezeichnet, weitere Designpreise folgten. Seit 2021 ist sie Dozentin für „Zeichnen und konzeptionelles Darstellen" an der Hochschule Würzburg. Auch im Privaten kämpft Romina auf der richtigen Seite. Seit ihrem zehnten Lebensjahr isst sie kein Fleisch mehr, sie engagiert sich bei der Organisation Foodsharing, ist Mitglied bei der Solidarischen Landwirtschaft Würzburg, und auf ihrer eigenen Terrasse widmet sie sich dem Urban Gardening – und zwar insektengerecht.